15.95

P9-AZX-202

111

OCÉANO ATLÁNTICO

ÁN

○La Habana

CUBA

Santiago

JAMAICA

HAITÍ

REPÚBLICA
DOMINICANA

Santo Domingo

San Juan

○
●Ponce

PUERTO RICO

MAR CARIBE

JRAS

cigalpa

NICARAGUA

gua

Lago de
Nicaragua

COSTA RICA

San José

PANAMÁ

Canal de Panamá

○Panamá

ZONA DEL CANAL

Caracas
○

Río Orinoco

VENEZUELA

Río Magdalena

○Bogotá

COLOMBIA

BRASIL

¡En camino!

A CULTURAL APPROACH

TO BEGINNING SPANISH

¡En camino!

A CULTURAL APPROACH
TO BEGINNING SPANISH

Eduardo Neale-Silva
Robert L. Nicholas

University of Wisconsin, Madison

Scott, Foresman and Company   Glenview, Illinois

Dallas, Tex.   Oakland, N.J.   Palo Alto, Cal.   Tucker, Ga.   Abingdon, England

Library of Congress Cataloging in Publication Data

Neale-Silva, Eduardo.
¡En camino!

Includes index.
1. Spanish language—Grammar—1950-
I. Nicholas, Robert L., joint author. II. Title.
PC4112.N39   468′.2′421   76-41875
ISBN 0-673-07993-7

Drawings by John Michael Downs

Copyright © 1977 Scott, Foresman and Company.

All Rights Reserved.

Printed in the United States of America.

5 6-RRC-84 83 82 81 80 79

Preface

The mastery of a foreign language depends on the acquisition of new linguistic and mental habits. It is difficult to achieve this objective in the usual two semesters of the college year, or the two years of a high school program, but *¡En camino!* does provide the basic foundation necessary for ultimately realizing such a goal.

This book motivates students toward fluency in Spanish by making their study of it an exercise in self-expression and in understanding other peoples and their culture. Through this kind of emphasis, it is hoped that students will look upon even the first stages of language learning as something far more purposeful than the manipulation of words and phrases.

¡En camino! involves students totally: The various textual materials have real human significance, and numerous exercises challenge students to be creative participants both in the classroom and when studying by themselves.

I Materials

1. The dialogues and sketches have a Hispanic flavor; they are either light commentaries on people and their problems, more serious discussions of contemporary issues, or dramatizations of life situations.
2. The dialogues and exercises seek a balance between peninsular and Spanish-American expression. It is erroneous to maintain that one is better than the other; both are equally authentic in their respective cultural contexts. Starting with the first lessons, the authors have employed only natural Spanish.
3. *¡En camino!* avoids learned discussions of linguistic subtleties and unnecessary nomenclatures, both old and new. This calculated simplicity is the expression of a conviction, not of professional naïveté. However, when a construction is likely to lead students into possible confusions, more elaborate explanations are included in the *Instructor's Handbook*.
4. Grammatical points are arranged in a general order of difficulty; however, troublesome constructions are often anticipated so that the student will accept them early as everyday realities of the language.

5. Some exercises call for automatic responses, but most require thoughtful preparation. The authors believe that a graduated manipulation of the linguistic vehicle in direct relationship to meaning is more rewarding than repeated mimicry-memorization exercises.

6. The illustrated materials are integral parts of this book. They relate to the persons, objects, and incidents mentioned in the various lessons. In addition to the numerous black and white illustrations and a 16-page full color insert, authentic realia found throughout the text enhance students' interest in everyday aspects of Hispanic culture.

7. To help prevent disappointment through improper study habits, several basic hints are given the student in the section entitled "To the Student."

8. *¡En camino!* presents cultural notes in English in each lesson. These insights into Hispanic customs and values enliven and enrich students' linguistic study.

9. Self-testing exercises are found after every three lessons to enable students to appraise their progress at regular intervals. The answers to these self-tests are in the appendix.

10. A complete Spanish-English glossary is provided.

II Structure

1. The usual components of each lesson are: (1) **Texto 1,** containing the grammatical points to be studied; (2) a **Práctica,** to allow preliminary practice with new constructions; (3) cultural notes in English; (4) grammatical explanations broken into as many segments as required, each segment followed by various exercises; (5) brief commentaries on Spanish pronunciation, presented in the first six lessons; (6) **Texto 2,** introducing other points of grammar; (7) another **Práctica;** (8) a second set of grammatical commentaries in short segments, also followed by exercises; (9) a reading passage, beginning with the sixth lesson; (10) a brief section entitled **Expresión Oral;** (11) **Otra Vez** *(Once Over),* designed to provide practice with the more difficult points presented in each lesson; (12) **Vocabulario Activo,** a list for students to gauge their vocabulary growth.

2. Despite this general pattern, there is considerable variety. Novelties such as polls, informational exercises, materials for character sketches, poems, etc., are included.

3. There are self-testing exercises after every three lessons. Students should take these self-tests and compare their answers with those given in Appendix II. They will thus be able to appraise their progress at regular intervals.

III Method

1. The two texts of each lesson should be studied in conjunction with the **Prácticas.** The English meaning of new words appears in the margin to the right, so students will not have to break their concentration by constantly referring to the end vocabulary.
2. Each text is based on active vocabulary that has been carefully controlled in order to keep it within reasonable limits.
3. Basic vocabulary, constructions, and idioms are repeated frequently; re-entry is a distinguishing feature of *¡En camino!*
4. The **Prácticas** provide for immediate self-testing and reinforcement of the new vocabulary.
5. The exercises in *¡En camino!* are eclectic in nature, incorporating the best features of the oral and the traditional approaches. They provide varied practice with basic constructions and new vocabulary. To facilitate the transition from controlled drills to self-expression, most lessons also feature exercises that require the student to create original answers.
6. The exercises avoid, almost completely, the use of English. Even the directions for them are given only in Spanish after the first lessons.
7. Several quick-practice exercises have been supplied whenever a construction or verbal series requires intensive and repeated drill.
8. The principle of repeated exposure has also been applied to matters of pronunciation. Rather than one lengthy explanation, this book presents essentials in the preliminary sections, and the more detailed points of articulation in each of the first six lessons.

IV Supplementary Materials

The *Instructor's Handbook* for *¡En camino!* contains lesson plans, the answers to many exercises, sample quizzes, supplementary class aids, and suggestions on methodology and the use of special devices. These recommendations offer various approaches to difficult points of grammar, more detailed explanations for the teacher, rationales for the organization of class materials, hints on how to vary the presentation of each lesson, and aids for avoiding common pitfalls and confusions.

The *Workbook and Laboratory Manual* provides additional exercises on grammar and vocabulary. Containing twenty-six units that correspond to the text and tapes, the workbook is designed for independent study. Students may check their answers against those given in the back of the workbook to assess their own progress, thus relieving the teacher from constant individual assistance. Supplementary, enrichment exercises are also included to challenge students to use what they have learned creatively.

The accompanying tape program, which is available for duplication from the publisher, provides abundant drills to assist students in their aural-oral practice either as first exposure or review. A variety of voices has been used in producing these tapes to give students maximum practice in imitating native speakers.

The authors of this book wish to express their gratitude to Professor Karen Kvavik of the University of Wisconsin for her valuable suggestions on the treatment of Spanish pronunciation. They are also indebted to Carole Nicholas for compiling and typing the glossary and to both her and Mrs. Lillie Neale-Silva for their patience and encouragement during the writing of this book.

E. N-S.
R. L. N.

To the Student

1. You will undoubtedly encounter a new terminology in this book related to the study of grammar. These terms are explained in the lessons in which they first appear; there are not too many of them, but be sure that you know what they mean.
2. Write all your notes and daily assignments in the same notebook. Do not insert answers in the textbook itself because, if you do, you will not be able to provide a genuine test of your knowledge when you begin to review.
3. When you are assigned written work, make all the necessary corrections at the time this work is taken up in class. Memorizing incorrect materials is a waste of time.
4. Learn to be accurate. Check on your knowledge frequently: Write down the examples given in the book and then review them, one by one. Always be careful with details.
5. Avoid needless repetitions. When memorizing new materials, do not keep repeating what you already know.
6. Learn to pronounce words and phrases as you write them, making sure, of course, that you are pronouncing them correctly.
7. Your most common mistakes will involve sentence organization. Some of your Spanish sentences will at first read like this: You and I has many book. Always make words fit properly into a sentence.
8. Never assume that you will be able to speak Spanish by memorizing rules. Instead, practice through exercises and speak Spanish. Do not just talk about it.
9. Mastering another language is like building a new house. Do not leave gaps or fail to put in the necessary walls. If you miss a lesson, go back to it, as you will need this knowledge later.
10. This text provides you with several auxiliary tools that should be very useful in checking on your progress. They are:
   (a) The *Workbook and Laboratory Manual.* Its exercises and lists of correct answers will be invaluable to you in reviewing;
   (b) The accompanying tapes will provide you with ample opportunity for oral review of the work covered in the grammar, while getting also a check on your pronunciation;
   (c) The self-tests appearing after every third lesson in the grammar contain the essentials studied in class; take them regularly and check with the right answers given in the appendix.

Contents

La ciudad *en el mundo hispánico representa el pasado y el progreso del país. Cada ciudad conserva algo de su historia: Madrid (abajo, izquierda) tiene la Plaza Mayor, y Barcelona (abajo, derecha) las Ramblas. En la ciudad de México (arriba, izquierda) y en Bogotá (arriba, derecha), lo moderno domina el panorama.*

El mercado al aire libre *se halla en el campo y también en la ciudad. Hay puestos de frutas y vegetales, artículos de ocasión, flores, sombreros, etc. Muchos mercados venden artesanías del país: cerámica, tejidos, objetos de plata y artículos de cuero.*

El trabajo *es necesario para vivir, pero, por lo general, los hispanos no viven para trabajar. Hay trabajos que no han cambiado en muchos años. Adelantos técnicos han creado nuevos trabajos que ofrecen más oportunidades, tanto para las mujeres como para los hombres.*

Las diversiones *hacen la vida un poco más agradable. El domingo es día de fiesta. Unos van a la playa; otros van a montar a caballo o al parque. La familia sale junta a visitar a otros parientes o amigos. Cuando los hispanos se reunen, la música casi nunca falta.*

Las fiestas religiosas y las nacionales *se celebran con mucho colorido y ceremonia, aun en los pueblos y ciudades más pequeños. Durante la Semana Santa en Sevilla (abajo, izquierda) hay solemnes procesiones por toda la ciudad. En México (medio, izquierda) los jóvenes llevan trajes regionales durante las fiestas nacionales.*

La fiesta brava, *o sea, la corrida, sigue siendo popular principalmente en España, México y en varios otros países. La mayor parte del mundo hispánico prefiere los deportes, especialmente el fútbol.*

El arte público *es una contribución cívica. El parque Güel de Barcelona (arriba, derecha) es una de las obras del arquitecto Gaudí. Los muralistas más famosos de México —Orozco, Siqueiros y Rivera— han servido de inspiración a muchos artistas hispánicos que trabajan en ciudades norteamericanas.*

En la historia *del mundo hispánico se ven las influencias de muchas culturas avanzadas. En las cuevas de Altamira, en España, (arriba, izquierda) se descubrieron pinturas prehistóricas de la civilización ibérica. Segovia conserva las ruinas de un acueducto romano (arriba, derecha). En el sur de España se encuentran maravillosos ejemplares de la arquitectura morisca.*

En Hispanoamérica vemos la mezcla de las culturas indígenas con la española, particularmente en la Plaza de las Tres Culturas, en la ciudad de México (medio, izquierda). Entre las culturas más desarrolladas están la azteca, la inca y la maya.

La vida rural *por lo general es difícil. Además de vender los productos de sus tierras, muchos pescan y también llevan artículos hechos a mano al mercado. El mercado de Otavalo, en el Ecuador, (abajo, derecha) es famoso por los tejidos de la región.*

First Day Activities

The Spanish alphabet

a	a	**j**	jota	**r**	ere
b	be	**k**	ka	**rr**	erre
c	ce	**l**	ele	**s**	ese
ch	che	**ll**	elle	**t**	te
d	de	**m**	eme	**u**	u
e	e	**n**	ene	**v**	ve
f	efe	**ñ**	eñe	**w**	doble ve
g	ge	**o**	o	**x**	equis
h	hache	**p**	pe	**y**	i griega
i	i	**q**	cu	**z**	zeta

In Spanish, **ch, ll,** and **rr** are considered single letters having a distinctive sound of their own. The letters **k** and **w** appear only in words of foreign origin. The **h** is always silent. **Q** is always followed by a silent **u.**

Important: Words beginning with **Ch, Ll,** and **Ñ** are listed in the Spanish dictionary after all the c's, l's, and n's, respectively:

C	L	N
coliflor	labor	nota
Cuzco	loco	nupcial
CH	**LL**	**Ñ**
champaña	llama	ñandú
chico	llorar	ñoño
chocolate	lluvia	ñudo
etc.	etc.	etc.

Ch is pronounced as in English *church;* **ll** resembles the *lli* in *million;* **ñ** is like *ni* in *onion.*

Vowels and Consonants

There are five basic vowel sounds in Spanish. For the time being, do not be concerned with slight variations due to position. The sounds of most Spanish consonants will be studied one at a time in the pronunciation sections of the first six lessons. Now repeat the following sounds after your instructor.

A. Single words

a: approximately like **a** in **L**a**s V**e**g**a**s:**

a	ba	ca	fa
ama	bala	casa	fama
cama	banana	chá, chá, chá	

e: approximately like **e** in **L**a**s V**e**g**a**s:**

e	de	me	te
eme	déle	mete	teme
Elena	escena	emblema	

i[1]: approximately like **i** in **R**í**o Grande:**

i	mi	ti	si
y	mimí	tipi	Pili
misa	Lima	Italia	

o: approximately like **o** in **S**a**n Fr**a**nci**s**c**o:**

o	lo	mo	to
oro	lobo	mozo	todo
Dolores	frijoles	Montoya	

u: approximately like **u** in **T**u**cs**o**n:**

u	cu	fu	mu
un	cuna	fuma	mucho
Cuba	puma	Neptuno	

B. Sentences

a: Ana es americana.   *Ann is an American.*
Es amiga de Carmen.   *She is a friend of Carmen (Carmen's friend).*

e: Pepe es de México.   *Joe is from Mexico.*
Elena es inteligente.   *Helen is intelligent.*

i: Pili escribe con lápiz.   *Pili writes with (a) pencil.*
Silvia es inglesa.   *Sylvia is English.*

o: Pablo es alto.   *Paul is tall.*
Manolo es gracioso.   *Manuel is witty (funny).*

u: Ventura es mi alumno.   *Ventura is my student.*
Estudia en la universidad.   *He studies in (at) the university.*

---

[1] i becomes y when it stands alone.

C. r and rr

First listen, then repeat.

r: Caracas, María, Carmen, Carlos, Margarita
rr: Socorro, Larra, Rafael,[2] Roberto, Rita

D. Syllables to remember

Listen and repeat.

ca: California, café
que: Roque, Velázquez
qui: mosquito, tequila
co: Colombia, Coronado
cu: Cuba, cucaracha

ga: García, Galicia
gue: San Miguel, Guernica
gui: guitarra, Guinea
go: Gómez, amigo
gu: Laguna, gusto

ja: Jalisco, San Jacinto
ge (je): Los Ángeles, Jesús
gi (ji): Gibraltar, Jiménez
jo: José, Joaquín
ju: julio, junio

za: Zapata, Zaragoza
ce: Cervantes, Centro América
ci: San Francisco, Valencia
zo: Arizona, zorro
zu: azul, azúcar

Diphthongs

When a strong vowel (**a, e, o**) and a weak vowel (**i, u**) appear together, they usually form one syllable. This combination is called a diphthong. Some examples are: **ai, au, ei, ia, ie, io.**

Listen and repeat.

baile (bai-le)   estudia (es-tu-dia)
auto (au-to)   también (tam-bién)
aceite (a-cei-te)   gracioso (gra-cio-so)

If the weak vowel carries a written accent, there is no diphthong:

María (Ma-rí-a)   Kalúa (Ka-lú-a)

Two strong vowels do *not* form a diphthong:

Rafael (Ra-fa-el)   Bilbao (Bil-ba-o)

---

[2]A single **r** at the beginning of a word is pronounced as **rr**.

Word stress

Words ending in a vowel, **n,** or s are stressed on the next-to-last syllable:

Sacra**men**to	**Car**los	Vir**gi**nia	seño**ri**ta
Du**ran**go	**Chi**le	**Car**men	**Lo**la

Words ending in any other consonant are stressed on the last syllable:

Ecua**dor**	Trini**dad**	Por**tu**gal	Para**guay**

All exceptions to the first two rules must carry a written accent:

Santa **Bár**bara	**Mé**xico	San Jo**sé**	La U**nión**
Málaga	Pe**rú**	A**mé**rica	El Capi**tán**

You might remember these rules more easily if you visualize them in the following manner:

First rule: Words ending in vowel, **n,** or s.

      ´ __   **Lo**-la
      ´ __   **Car**-men
__ ´ __   fran-**ce**-sas

Second rule: Words ending in a consonant, except **n** or s.

__ ´   us-**ted**
__ __ ´   pro-fe-**sor**
__ __ ´   es-pa-**ñol**

Third rule: All words not following the above rules take a written accent.

A-**mé**-ri-ca
in-**glés**
Gó-mez

PRONUNCIACIÓN

Unión de palabras *(Linking between words)*

In conversational Spanish, words are "run together" according to the following principles:

1. Join a final consonant and an initial vowel:

   San Antonio (Sa-nan-to-nio)
   Repitan ustedes. (Re-pi-ta-nus-te-des.)
   Los Ángeles (Lo-sán-ge-les)

2. Join a final vowel and a different initial vowel:

   Pablo es profesor. (Pa-bloes-pro-fe-sor.)
   Escriba usted. (Es-cri-baus-ted.)
   Pase usted. (Pa-seus-ted.)

3. Blend a final vowel and the same initial vowel into one:

   Es una alumna. (E-su-na-lum-na.)
   Escribe en español. (Es-cri-be-nes-pa-ñol.)
   Pepe es de México. (Pe-pes-de-Mé-xi-co.)

Primer día de clases en la Universidad Nacional Autónoma de México (UNAM), en la ciudad de México.

Greetings and classroom commands

Repeat after your instructor.

Saludos	Greetings
Buenos días, señor.	Good morning, sir.
Buenas tardes, señora.	Good afternoon, madam.
Buenas noches, señorita.	Good evening (night), miss.
¿Qué tal?	How are you?
Bien, gracias.	Fine, thanks.
¿Cómo se llama usted?	What is your name?
Me llamo Pablo (Elena).	My name is Paul (Helen).
Adiós. Hasta mañana.	Goodbye. Until tomorrow.

Mandatos	Commands
Abra usted el libro.	Open your book.
Cierre usted el libro.	Close your book.
Conteste usted.	Answer.
Escriba usted.	Write.
Pase usted a la pizarra.	Go to the board.
Repita usted.	Repeat.

1. Gender of nouns
2. Plural of nouns
3. Asking questions
4. Making sentences negative
5. Subject pronouns
6. *Tú* and *usted*
7. Regular verbs of the first conjugation

Lección UNO

TEXTO 1: Conversación entre amigos

Conversation Among Friends

Tomás es un *muchacho* norteamericano *que estudia español;*[1]   boy, who, studies, Spanish
Elena es una señorita de Toronto que *habla inglés y francés.*   speaks, English, and, French

ELENA   Buenos días, Tomás, *¿qué tal?*   how are you?

TOMÁS   *Muy* bien, gracias. *¿Y tú?*   Very, And you?

ELENA   *Así,* así. *(En voz baja.) ¿Quién es la muchacha*   So, In (a) low voice, Who, the, girl
con pelo largo?   with, hair, long

TOMÁS   Es Carmen Sánchez.

ELENA   ¿No es la profesora de español?

TOMÁS   No, es *otra de* las *alumnas* de la clase. La profesora   another, of, students
es la señora Díaz. Es una persona *amable* y   pleasant
simpática.   charming

ELENA   *¿De dónde es?*   Where is she from?

TOMÁS   Es de la *ciudad* de México.   city

CULTURAL NOTE   ►*Latin Americans refer to U.S. citizens as nor-
teamericanos, since they also consider themselves americanos.
They may, of course, be more specific and say sudamericano (South
American) and centroamericano (Central American).*

---

[1]It is also correct to say **Estudia el español (el inglés, el francés).**

◄Estudiantes universitarios de la ciudad de México.   7

Dos amigos conversan en la Universidad Central de Quito, Ecuador.

Práctica

Complete con expresiones del Texto 1. *(Complete with expressions from Texto 1.)*

ELENA   Buenos días, Tomás, ¿_____?

TOMÁS   _____. ¿Y tú?

ELENA   Así, así. (En voz baja.) ¿Quién es _____?

TOMÁS   Es Carmen Sánchez, otra _____. La profesora es _____. Es una persona _____ y _____. La profesora es de _____.

EXPLICACIÓN

I. Gender of nouns

All nouns in Spanish are either masculine or feminine. Most nouns ending in **-o** and those that refer to a male being are masculine. Most nouns ending in **-a** and those that refer to a female being are feminine.[2]

---

[2]Two important exceptions are **el día** *(day)* and **la mano** *(hand)*.

As shown in the following examples, the definite article *the* (**el, la**) and the indefinite article *a* (**un, una**) must agree with the nouns they accompany:

MASCULINE		FEMININE	
el amigo	un amigo	la amiga	una amiga
el profesor	un profesor	la señora³	una señora

Most nouns ending in **-d** or **-ión** are feminine:

    la ciuda**d**   una lecc**ión**
    la conversac**ión**   una universida**d**

Since many nouns have other endings, it is a good idea to learn the nouns along with their definite article **el** or **la: el inglés, la clase.**

Práctica

  I. Complete según el modelo. *(Complete according to the model.)*

        Modelo: Carmen es _____ alumna.

            Carmen es **una** alumna.

    1. Tomás es _____ alumno. 2. Elena es _____ muchacha. 3. La señora Díaz es _____ profesora amable. 4. Martín es _____ muchacho. 5. Carmen es _____ amiga simpática.

  II. Complete según el modelo.

        Modelo: _____ muchacho es _____ alumno norteamericano.
            El muchacho es **un** alumno norteamericano.

    1. _____ muchacha es _____ persona amable. 2. _____ señora es _____ profesora. 3. _____ profesor es _____ señor español. 4. _____ señorita es de _____ ciudad norteamericana. 5. _____ alumna es _____ señorita de Toronto.

III. ¿El o la?

    1. señora   4. clase
    2. profesora   5. amigo
    3. ciudad   6. persona

---

³The titles **señor, señora,** and **señorita** are preceded by the definite article when used in indirect address:

  El señor García es español. *Mr. García is Spanish.*
  La señora Díaz es mexicana. *Mrs. Díaz is (a) Mexican.*

IV. **¿Un o una?**

1. profesor
2. conversación
3. persona
4. señor
5. muchacha
6. ciudad

2. Plural of nouns

If a noun ends in a vowel, the plural is formed by adding **-s:**

el muchacho   los muchachos   la alumna   las alumnas

If a noun ends in a consonant, the plural is formed by adding **-es:**

la ciudad   las ciudades   el profesor   los profesores

A noun that ends in **-z** changes the **-z** to **-c** before adding **-es:**

la voz   las voces   el lápiz   los lápices

Note that the plurals of **el** and **la** are **los** and **las,** respectively. A noun that ends in **-n** or **-s** with an accent mark on the last syllable must drop the accent mark in the plural:

conversación   conversaciones   inglés   ingleses

Práctica

Cambie al plural. *(Change to the plural.)*

1. el muchacho
2. la conversación
3. la señorita
4. la clase
5. el profesor
6. la alumna
7. la ciudad
8. el día
9. el lápiz
10. el amigo

3. Asking questions

There are several ways of asking questions in Spanish.

A. Invert the word order of the sentence, placing the subject immediately after the verb or at the end:

La profesora es de México.   *The teacher is from Mexico.*
¿Es la profesora de México?⎫
¿Es de México la profesora?⎭ *Is the teacher from Mexico?*

Tomás estudia español.   *Thomas studies Spanish.*
¿Estudia Tomás español?⎫
¿Estudia español Tomás?⎭ *Does Thomas study Spanish?*

Unlike English, no helping verb (*Do* you . . . ? *Does* she . . . ?) is needed in Spanish. Notice that an inverted question mark must always be placed at the beginning of a question.

Conversación entre alumnos centroamericanos que estudian inglés en la universidad.

B. Use an interrogative word to introduce the question:

¿Quién es Elena? *Who is Helen?*
¿De dónde es la profesora? *Where is the teacher from?*

C. Add an interrogative word at the end of the sentence:

La señora Díaz es de México, **¿no?**
Mrs. Díaz is from Mexico, isn't she?

Usted es mexicano, **¿verdad?** *You are a Mexican, aren't you?*

D. Simply raise the pitch of your voice at the end of the sentence:

Carmen es alumna. *Carmen is a student.*
¿Carmen es alumna? *Carmen is a student?*

Práctica

Cambie según el modelo. *(Change according to the model.)*

Modelo: Tomás es un amigo.
    (a) ¿Es Tomás un amigo?
    (b) Tomás es un amigo, ¿no?

1. Carmen estudia con Tomás.   2. Tomás es un muchacho norteamericano.
3. Elena es otra de las alumnas.   4. La profesora es una persona muy simpática.   5. La señora es de la ciudad de México.

4. Making sentences negative

To make a sentence negative in Spanish, place **no** immediately before the conjugated verb:

Martín estudia en la clase. *Martin studies in the class.*
Martín **no estudia** en la clase. *Martin does not study in the class.*

Práctica

I. Conteste usted negativamente, usando oraciones completas. (*Answer negatively, using complete sentences.*)

1. ¿Habla Elena español? 2. ¿Es la señora Díaz de Toronto? 3. ¿Es Carmen Sánchez la profesora de español? 4. ¿Es Tomás de la ciudad de México? 5. ¿Estudia Tomás el inglés?

II. Conteste usted.

1. ¿Quién es Tomás? 2. ¿Con quién habla Tomás? 3. ¿Quién es la muchacha con pelo largo? 4. ¿Quién es amable y simpática? 5. ¿De dónde es la profesora?

Estudiantes latinos de una universidad en Miami.

PRONUNCIACIÓN

b, v

B and **v** are pronounced exactly the same in Spanish. However, they have two sounds according to their position.

A. At the beginning of a word or breath-group and after **m** or **n,** they have a hard (occlusive) sound, almost like English *b* in *boy:*

buenos días	bien	verde
conversación	también	voz

B. In all other positions, **b** and **v** have a soft (fricative) sound. Pay particular attention to these sounds when they appear between vowels. To pronounce the soft **b** or **v,** bring your lips together until the air barely passes through (it may be helpful to place a piece of paper between your lips):

hablamos	vivir	amable
sabemos	a ver	favorito

d

Spanish **d** also has two different sounds, hard (occlusive) and soft (fricative), depending on its position.

A. At the beginning of a word or breath-group and after **n** or **l, d** is pronounced almost like English *d* in *dumb,* but the tip of the tongue touches the back side of the upper front teeth:

dar	cuan**d**o	**d**os
el **d**ía	**d**onde	**d**inero

B. In all other positions, and particularly between vowels, the soft **d** is similar to *th* in English *this.* This sound is even softer at the end of a word, just before a pause:

a**d**iós	uste**d**	encanta**d**o
estu**d**iar	ciu**d**a**d**	vi**d**a

g

Spanish **g** (before **a, o, u**) also has two different sounds. (For **ge, gi,** see page 43.)

A. At the beginning of a word or breath-group and after **m** or **n,** it is hard (occlusive) and sounds almost like English *g* in *gum:*

Gómez	lenguas	gracias
Guatemala	tango	inglés

B. In all other positions, and particularly between vowels, it is soft (fricative). To pronounce the soft **g,** raise the back of your tongue so as to almost touch the roof of the mouth:

amigo	Málaga	largo
Santiago	Las Vegas	luego

Pronuncie en español. *(Pronounce in Spanish.)*

1. Soft b: Isabel Maraval no es **b**oliviana.
2. Hard b: **V**amos a in**v**itar a Hum**b**erto.
3. Soft d: Él es **d**e la ciu**d**ad **d**e México.
4. Hard d: ¿**D**ónde está An**d**alucía?
5. Soft g: Die**g**o es un ami**g**o uru**g**uayo.
6. Hard g: Ten**g**o uno en len**g**ua in**g**lesa.
7. Soft b's and soft d's: Mis pa**d**res no vi**v**en en Monte**v**i**d**eo.
8. Hard b's and hard d's: An**d**rés conversa con **d**on **B**asilio.

TEXTO 2: Saludos

Greetings

TOMÁS	Carlos, *te presento* a una amiga uruguaya.	let me introduce (present) to you
CARLOS	*Mucho gusto,* señorita.	Pleased to meet you
ISABEL	Isabel Maraval. *Encantada.*	Delighted (to meet you)
CARLOS	*¿Qué lenguas estudia* usted?	What, languages, are you studying
ISABEL	*Estudio* inglés y francés. *Deseo hablar* las *dos* lenguas bien.	I am studying, I want, to speak, two
CARLOS	*¿Cómo practica* usted el francés?	How, do you practice
ISABEL	*Converso con* una amiga de París...	I converse (talk), with
TOMÁS	*Bueno,* no *más* conversación. ¡*A trabajar!*	All right, more, (Let's get) to work
CARLOS	*Hasta luego,* Isabel.	See you later (*literally:* until soon)
ISABEL	*Adiós,* Carlos.	Goodbye

CULTURAL NOTES ▶*1. Spaniards and Spanish Americans always shake hands when making a new acquaintance or greeting friends.* ▶*2. Good friends who have not seen each other for some time may pat each other on the back while embracing. Women often kiss each other lightly on each cheek.* ▶*3. When two strangers are introduced, each generally states his or her own name as they extend their hands.*

En los países hispánicos, el abrazo es muy común entre buenos amigos (Cali, Colombia).

Práctica

I. Complete con expresiones del Texto 2.

TOMÁS   Carlos, te presento a _____.

CARLOS   _____, señorita.

ISABEL   Isabel Maraval. _____.

CARLOS   ¿Qué lenguas _____?

ISABEL   Estudio _____.

CARLOS   ¿_____ el francés?

ISABEL   Converso con _____.

II. Conteste Ud.
1. ¿Quién estudia lenguas?
2. ¿Es Isabel norteamericana?
3. ¿Qué lenguas estudia Isabel?
4. ¿Qué practica Isabel?
5. ¿Con quién?

EXPLICACIÓN

5. Subject pronouns

	SINGULAR		PLURAL	
FIRST PERSON	yo	*I*	nosotros *(m.)* nosotras *(f.)*	*we*
SECOND PERSON	tú	*you (familiar)*	vosotros *(m.)* vosotras *(f.)*	*you (familiar)*
THIRD PERSON	él ella usted	*he* *she* *you (formal)*	ellos *(m.)* ellas *(f.)* ustedes	*they* *they* *you (formal)*

A. Subject pronouns are usually omitted in Spanish since the verb endings frequently indicate the subject:

Estudio español.   *I study Spanish.*
Hablas inglés.   *You speak English.*

Usted and **ustedes,** however, are often used as a matter of politeness. Otherwise, make it a rule only to use subject pronouns:

1. for clearness, if the same verb can refer to more than one subject:

Ella estudia y usted estudia también.
She studies and you study also.

2. for emphasis:

Él estudia español, pero **yo** no.
He studies Spanish, but I don't.

B. Note that except for **ustedes,** the plural pronouns may be either masculine or feminine, according to the gender of the group they refer to. If the group includes males and females, the masculine form is used:

Isabel y Elena = **ellas**
Marta, Carlos y Tomás = **ellos**
Usted y la profesora = **ustedes**

Práctica

Cambie según el modelo.

Modelo: Carlos y Tomás = **ellos**

1. Carmen y María   2. Juan y Tomás   3. Tomás y María   4. Carmen y Juan
5. Ud. y la señora Díaz

Una profesora habla con uno de sus alumnos.

6. *Tú* and *usted*

Spanish has two forms that translate English *you:* **tú hablas** and **usted habla** both mean *you speak*. **Tú** is the familiar form and is used among close friends, family members, classmates, and with small children and pets. **Usted** is the formal mode of address and is used when speaking with older persons, casual acquaintances, and anyone whose social or professional status requires certain formality and respect.

Strictly speaking, **vosotros** is the plural of **tú.** Vosotros is heard extensively in Spain but rarely in Spanish America. There, **ustedes** serves as the plural of both **tú** and **usted.** Note that **usted** is usually abbreviated to **Ud.** and **ustedes** to **Uds.**

Práctica

¿Tú o usted?

1. Speaking to your teacher.   2. Addressing your doctor.   3. Talking to a schoolmate.   4. Speaking to a store clerk.   5. Asking something of your youngest brother.   6. Conversing with your father.   7. Talking respectfully to your grandfather and grandmother.   8. Talking (in Spanish America) to your brother and sister.

7. Regular verbs of the first conjugation

Spanish verbs are divided into three conjugations, according to the ending of the infinitive.[4] Verbs ending in **-ar** belong to the first conjugation; those ending in **-er** and **-ir** to the second and third, respectively. Examples of verbs in each of these conjugations are: **estudi*ar*** *(to study),* **comprend*er*** *(to understand),* and **viv*ir*** *(to live).*

The present indicative of first conjugation verbs is formed by dropping the **-ar** ending of the infinitive and adding the following endings:

SINGULAR	PLURAL
-o	-amos
-as	-áis
-a	-an

The majority of **-ar** verbs are regular, that is, they follow this general pattern.

		hablar	*(to speak)*
	(yo)	hab**lo**	*I speak*
SINGULAR	(tú)	hab**las**	*you speak*
	(él, ella, Ud.)	hab**la**	*he, she speaks; you speak*
	(nosotros, -as)	hab**lamos**	*we speak*
PLURAL	(vosotros, -as)	hab**láis**	*you speak*
	(ellos, ellas, Uds.)	hab**lan**	*they, you speak*

The Spanish present tense has three possible English translations: **hablo** = *I speak, I am speaking, I do speak.*

---

[4]The infinitive is the form of the verb listed in dictionaries as the main entry.

Práctica

I. Complete según el modelo.

Modelo: *Ella* estudia con Tomás.
       Yo
       (Yo) estudio con Tomás.

  1. (hablar)   *Los alumnos* hablan en la clase.
                 Tú / Ellas / Yo / Usted / Nosotros
  2. (conversar) *(Yo)* converso con una amiga de París.
                 Ellos / Usted / Nosotras / Tú / Ustedes
  3. (practicar) *(Nosotros)* practicamos el español.
                 Carlos / Él / Nosotros / Ellas / Yo
  4. (estudiar)   *(Yo)* estudio inglés y francés.
                 Nosotros / Vosotros /Él / Tú / Yo
  5. (trabajar)   *Uds.* trabajan en la ciudad.
                 Tú / Isabel / Ud. / Yo / Las muchachas

II. Dé usted todos los pronombres que corresponden a cada verbo. *(Give all the pronouns that could correspond to each verb.)*

Modelo: Estudian español.
       Ellos (Ellas, Uds.) estudian español.

  1. Habla con Carmen.
  2. Habláis con la profesora.
  3. Estudian español.
  4. Conversamos en inglés.
  5. Estudias en la clase.
  6. Practica las dos lenguas.
  7. Trabajan con un amigo.
  8. Estudiamos con Elena.
  9. Conversáis en francés.
 10. Trabajas en Los Ángeles.

III. Preguntas personales. *(Personal questions.)*

  1. ¿Qué lengua estudia Ud.?
  2. ¿Habla Ud. dos lenguas?
  3. ¿Quién es el profesor (la profesora) de español?
  4. ¿Dónde practica Ud. el español?
  5. ¿Con quién conversa Ud. en español?

EXPRESIÓN ORAL

Presente usted a otros miembros de la clase. *(Introduce other members of the class to each other.)*

YO   _____, te presento a una amiga (un amigo).

USTED   Mucho _____.

ÉL (ELLA)   _____.

USTED   ¿De dónde _____?

ÉL (ELLA)   _____.

USTED   ¿Qué estudia _____?

ÉL (ELLA)   _____.

OTRA VEZ *(ONCE OVER)*

Pronuncie en español.

1. No más conversación. Hasta luego, Isabel.
2. **D**eseo hablar **d**os lenguas **b**ien.
3. La amiga **d**e Tomás es uruguaya.
4. ¿**D**e **d**ónde es usted, señora **D**íaz?

VOCABULARIO ACTIVO

Palabras que usted debe saber. *(Words you must know.)*[5]

ADJECTIVES
amable / *friendly*
norteamericano, -a / *American*
otro, -a / *(an)other*
simpático, -a / *nice, pleasant*

ADVERBS
así / *so*
bien / *well*
muy / *very*

CONJUNCTIONS
y / *and*

IDIOMS
encantado, -a / *pleased (to meet you)*
hasta luego / *see you later*
mucho gusto / *pleased to meet you*

NOUNS
alumno, -a / *student*
amigo, -a / *friend*
la **ciudad** / *city*
la **clase** / *class*
la **conversación** / *conversation*
el **español** / *Spanish*
el **francés** / *French*
el **inglés** / *English*
lengua / *language*
muchacho, -a / *boy, girl*
persona / *person*
profesor, -a / *teacher*

PREPOSITIONS
con / *with*
de / *of, from*
en / *in, at*

VERBS
conversar / *to converse, talk*
desear / *to want, desire*
estudiar / *to study*
hablar / *to speak*
practicar / *to practice*
presentar / *to present, introduce*
trabajar / *to work*

---

[5]Cover the Spanish words and translate the English words into Spanish. You should know them all. If you do not, go over all the items you missed before going on to the next lesson.

Lección DOS

TEXTO 1: La calle más famosa de Buenos Aires

Buenos Aires' Most Famous Street

Nosotros *no vivimos* en la calle Florida, *naturalmente, porque* es una calle comercial, *pero paseamos allí* con frecuencia. *Tomamos* un *café o* un *aperitivo* en un bar, y *discutimos* las buenas y *malas noticias del* día con amigos, o *comemos* en un restaurante. *También miramos* la enorme *variedad* de artículos *que venden* en las *tiendas:* cuadros, *libros,* cámaras fotográficas, *ropas,* perfumes y muchos objetos artísticos que *son*[1] una tremenda tentación.

do not live, naturally
because, but, we stroll, there
We take (drink), coffee, or, apertif
we discuss, bad, news, of the
we eat, Also, we look at
variety, that, they sell, stores
pictures, books, clothes
are

CULTURAL NOTES ►*1. The* **paseo** *is a popular tradition in all of the Hispanic world. It is nothing more than an evening stroll along the main streets or around a park to chat with friends and, occasionally, to sip a drink at a sidewalk café. This custom is such an integral part of the everyday social life of the community that the sidewalks may be literally jammed with people every evening.* ►*2. The more fashionable streets of a city are the preferred areas for the* **paseo.** *People from all over the city may get dressed up and go there in order to see and be seen. La calle Florida in Buenos Aires is such a street. It is a popular mall, paved with artistic tiles and lined with elegant shops. The people who are seen there expect to be associated with its glamor and social status.*

---

[1]**Son** *(they, you are)* is the plural of **es** *(he, she, it is; you are).*

◄ Arriba: En un café de La Paz, Bolivia. Abajo: El paseo es una tradición muy popular en los países hispánicos.

23

Práctica

Conteste Ud.

1. ¿Qué es la calle Florida?
2. ¿Qué tomamos allí?
3. ¿Con quiénes hablamos?
4. ¿De qué hablamos?
5. ¿Dónde comemos?
6. ¿Qué miramos?
7. ¿Qué venden en las tiendas?
8. ¿Qué son muchos objetos artísticos?

EXPLICACIÓN

8. Contractions

There are only two contractions in Spanish, **al** and **del.** The preposition **a** combines with the masculine article **el** to form **al:**

Hablan **al** profesor.   *They speak to the teacher.*

The preposition **de** combines with **el** to form **del:**

Conversan de las noticias **del** día.

They talk about the news of the day.

No other forms contract in Spanish:

Hablo **a la** señora.   *I speak to the lady.*
Hablamos **de los** alumnos.   *We speak about the students.*
Es amigo **de la** profesora.
He is (a) friend of the teacher (He is the teacher's friend).

Práctica

Cambie según los modelos.

    (a) Modelo: El profesor habla a _____ alumnos.
                 El profesor habla **a los** alumnos.

1. _____ amigos   4. _____ señor
2. _____ señora   5. _____ señoritas
3. _____ clase   6. _____ muchacho

    (b) Modelo: Hablan de _____ alumno.
                 Hablan **del** alumno.

1. _____ muchachas   4. _____ tienda
2. _____ libro   5. _____ cuadros
3. _____ clase   6. _____ restaurante

9. Possession with *de*

Spanish uses the preposition **de** to express the idea of possession.
There is no *'s* in Spanish:

la amiga de Elena   *Helen's friend*
las ropas de las muchachas   *the girls' clothes*

Práctica

Exprese según el modelo.

Modelo: the day's: noticias
          las noticias del día

1. the teacher's: amigo
2. Isabel's: cuadros
3. the students': conversación
4. the young ladies': clase
5. the boy's: libro
6. the woman's: perfume

La calle Florida de Buenos Aires, Argentina, es una calle comercial donde venden una enorme variedad de artículos en las tiendas.

10. Regular verbs of the second and third conjugations

The present indicative of second and third conjugation verbs is formed by dropping the **-er** and **-ir** endings of the infinitive and adding the following endings:

<table>
<tr><td colspan="2" align="center">-er verbs</td><td colspan="2" align="center">-ir verbs</td></tr>
<tr><td>SINGULAR</td><td>PLURAL</td><td>SINGULAR</td><td>PLURAL</td></tr>
<tr><td>-o</td><td>-emos</td><td>-o</td><td>-imos</td></tr>
<tr><td>-es</td><td>-éis</td><td>-es</td><td>-ís</td></tr>
<tr><td>-e</td><td>-en</td><td>-e</td><td>-en</td></tr>
</table>

Notice that the only difference between the two sets of endings is in the first and second persons plural. The large majority of **-er** and **-ir** verbs are regular:

comer *(to eat)*		**vivir** *(to live)*	
como	*I eat*	vivo	*I live*
comes	*you eat*	vives	*you live*
come	*he, she eats; you eat*	vive	*he, she lives; you live*
com**emos**	*we eat*	viv**imos**	*we live*
com**éis**	*you eat*	viv**ís**	*you live*
com**en**	*they, you eat*	viv**en**	*they, you live*

Práctica

I. Use Ud. los verbos con los sujetos indicados. *(Use the verbs with the subjects given.)*

Yo, Nosotros
{ 1. no *vivir* en la calle Florida.
{ 2. *pasear* allí con frecuencia.

Ud., Ellas
{ 3. tomar un café o un aperitivo.
{ 4. discutir las noticias del día.

Tú, Él
{ 5. comer en un restaurante.
{ 6. mirar la enorme variedad de artículos.

Ella, Nosotros
{ 7. vender muchos objetos artísticos.
{ 8. hablar con los amigos.

Un restaurante colonial donde comen y toman café.

II. Cambie Ud. al plural.

> Modelo: (Él) habla.
> (Ellos) hablan.

1. estudio
2. (él) desea
3. miras (*in Spanish America*)
4. (ella) discute
5. (él) come
6. (Ud.) vive
7. (ella) toma
8. paseo

III. Cambie Ud. al singular.

> Modelo: Ustedes venden.
> Usted vende.

1. vivimos
2. (ellos) desean
3. (Uds.) miran
4. habláis
5. estudiamos
6. (ellas) practican
7. (Uds.) conversan
8. discutimos

IV. Complete Ud.

1. Los dos habl____ en el café.
2. (Yo) estudi____ en la clase.
3. (Ellos) discut____ las noticias.
4. (Yo) te present____ a un amigo.
5. Elena y yo pase____ en la calle Florida.
6. ¿No dese____ (tú) conversar con ella?
7. ¿Con quiénes viv____ (Uds.)?
8. (Yo) me llam____ Carlos.
9. Una muchacha vend____ perfumes.
10. ¿Dónde trabaj____ (tú)?

V. Use las palabras de cada ilustración en oraciones originales. *(Use the words with each illustration in original sentences.)*

la clase / estudiar **1.**

2. la tienda / mirar

el bar / tomar **3.**

4. la calle / pasear

el restaurante / comer **5.**

6. la ciudad / vivir

los amigos / discutir **7.**

8. los alumnos / trabajar

PRONUNCIACIÓN

c, qu, z

Spanish **c** before **a, o,** and **u,** and **qu** before **e** and **i** are pronounced like English *k* but without the puff of air (aspiration) that often follows the English sound:

calle	**que**so	**qui**ero	**co**mo	**Cu**ba
casa	**que**da	**qui**en	**co**mer	**Cu**zco

In Spain, **c** before **e** and **i**, and **z** before **a, o,** and **u** are pronounced like the *th* in English *thin*. In Spanish America, both letters sound like English *s* in *seek* in these positions.

zapato	fran**cés**	**ci**udad	**zo**rro	a**zú**car
azafata	vo**ces**	tenta**ción**	**A**rizona	a**zul**

Pronuncie en español.

1. Carmen va a comer con nosotros.
2. Carolina estudia ciencias sociales y economía.
3. Los zapatos cuestan quince dólares.
4. ¿Quién es Cabeza de Vaca?
5. La ciudad es un centro social de cierta importancia.

TEXTO 2: Pasando el rato

Passing the time (of day)

  Cada barrio de una ciudad hispánica *tiene* un bar favorito. Los buenos amigos *charlan* y *beben cerveza aquí. Siempre hay* dos o *tres* que *pasan* largos *ratos* en el bar, especialmente en la tarde, *a* la *hora* de la siesta. *Si preguntamos* «¿Qué *hacen* Uds. aquí?» *uno dice:* «Pasando el rato». Y *otros explican:* «La *vida* es *corta...* y la *muerte,* larga».

Each, district, has

chat, drink, beer, here, Always, there are
three, spend, periods (of time)
at, hour (time), If, we ask, are you doing
one, says, others, explain
life, short, death

CULTURAL NOTES ►1. *The various neighborhoods of a large city are called* **barrios** *in Spanish. In the Hispanic world,* **barrio** *refers to the houses, apartments, parks, shops, cafés, and other small businesses that are clustered together in a unit.* ► 2. *"Taking a* **siesta"** *is probably the oldest and staunchest of Hispanic customs. In many parts of the Hispanic world, stores and businesses are still closed from 1:00 or 1:30 to 4:00 or 4:30 every afternoon, thus allowing a leisurely family meal and, perhaps, a nap. However, the "rat race" has thoroughly affected numerous aspects of modern Hispanic life and, as a consequence, many businesses now allow their employees only short lunch breaks.*

Práctica

I. Conteste Ud.

1. ¿Qué tiene cada barrio de una ciudad hispánica?
2. ¿Quiénes charlan en el bar?
3. ¿Qué beben?
4. ¿A qué hora pasan largos ratos en el bar?
5. ¿Qué preguntamos?
6. ¿Qué dice uno?
7. ¿Qué explican los otros?
8. ¿Tiene Ud. un bar favorito?

II. Complete Ud.

Modelo: Charlan a la _____.
Charlan a la **hora de la siesta.**

1. Cada barrio tiene _____.
2. Los buenos amigos _____.
3. Siempre hay dos o tres que _____.
4. Preguntamos «¿_____?»
5. Uno dice: «_____».
6. Y otros explican: «_____».

EXPLICACIÓN

11. Irregular presents: *decir, hacer, tener*

These three verbs do not follow the patterns of regular **-er** and **-ir** verbs, so the best thing is to memorize them. Notice that all three have a common feature, the **g** in the first person singular.

decir	hacer	tener
(to tell, say)	*(to make, do)*	*(to have)*
digo	hago	tengo
dices	haces	tienes
dice	hace	tiene
decimos	hacemos	tenemos
decís	hacéis	tenéis
dicen	hacen	tienen

Práctica

I. Complete Ud.

1. (tener) Yo (Tú, Ellos) _____ un bar favorito.
2. (charlar) Nosotros (Ud., Tú) _____ con los amigos.
3. (beber) Ellos (Nosotros, Yo) _____ cerveza aquí.
4. (pasar) Ud. (Ella, Nosotros) _____ el rato.
5. (preguntar) ¿Qué _____ Uds. (ella, tú)?
6. (decir) ¿Qué _____ él (tú, Uds.)?
7. (explicar) Él (Nosotras, Uds.) _____ la lección.
8. (discutir) Carmen (Los dos amigos, Nosotros) _____ las noticias del día.

II. Complete con una forma de **hacer**.

1. Ellas _____ ropas. 2. ¿Qué _____ (tú) aquí? 3. Yo _____ el café. 4. Nosotros _____ objetos artísticos. 5. ¿Qué _____ vosotros si no trabajáis?

III. Construya oraciones originales. *(Construct original sentences.)*

1. Yo / tener / bar favorito
2. Ella / charlar / amigos
3. Uds. / pasar / largos ratos / aquí
4. Nosotros / beber / cerveza
5. Él / preguntar / ¿Qué hacen . . . ?
6. Yo / decir / «La vida es . . .».

IV. Conteste Ud. en español. [NOTE: Questions with **hacer** usually call for a different verb in the answer.]

1. ¿Qué hacemos en un bar?
2. ¿Qué hacen Uds. en una tienda?
3. ¿Qué hace Ud. con los amigos a la hora de la siesta?
4. ¿Qué haces tú aquí?
5. ¿Qué hacen los alumnos en la clase?

12. Agreement of adjectives

All adjectives in Spanish agree in gender and number with the nouns they modify.

A. Gender
Adjectives ending in **-o** change the **-o** to **-a** when they modify a feminine noun:

un barrio hispánico   **una** ciudad hispánica

Adjectives not ending in **-o** remain the same when modifying a singular noun, masculine or feminine:

un libro **especial**   **una** clase **especial**
un bar **interesante**   **una** lección **interesante**

Adjectives of nationality are an exception. If they end in a consonant you must add **-a** for the feminine form:

el muchacho **español**   **la** muchacha **española**
un señor **francés**   **una** señora **francesa**

B. Number

To make an adjective plural, add **-s** if the adjective ends in a vowel, and **-es** if it ends in a consonant:

el alumno **inteligente** **los** alumnos **inteligentes**
una lección **especial** **unas** lecciones **especiales**

Adjectives of nationality, however, add **-es** to form the masculine plural and **-as** to form the feminine plural:

los cuadros **españoles** **las** tiendas **españolas**

Práctica

Cambie Ud. según los modelos.

  Modelo: Es _____ amiga _____. (francés)
     Es **una** amiga **francesa.**

(a) Con el adjetivo **simpático:**
1. Es _____ muchacha _____.
2. Hablo con _____ alumno _____.
3. Tienen _____ profesora _____.
4. Practico con _____ amigo _____.
5. Conversamos con _____ señora _____.

(b) Con el adjetivo **inglés:**
1. Hay _____ bar _____.
2. Tenemos _____ amigo _____.
3. Te presento a _____ señorita _____.
4. Viven en _____ barrio _____.
5. Es _____ ciudad _____.

  Modelo: Son _____ amigos _____. (hispánico)
     Son **los** amigos **hispánicos.**

(c) Con el adjetivo **español:**
1. Son _____ restaurantes _____.
2. Trabajamos en _____ bares _____.
3. Conversa con _____ amigas _____.
4. Son _____ ciudades _____.
5. Practica con _____ señorita _____.

(d) Con el adjetivo **favorito:**
1. Hablan de _____ barrios _____.
2. Son _____ clases _____.
3. Estudio con _____ profesores _____.
4. Conversan con _____ muchachas _____.
5. Beben _____ cerveza _____.

Pasando el rato por la tarde en Málaga, España. Los buenos amigos charlan y beben en su bar favorito.

13. Impersonal verb *hay*

This verb means both *there is, there are*. In a question it translates *is there?, are there?* In negative sentences, **no** is required immediately before **hay**:

En las tiendas **hay** muchos objetos artísticos.
In the stores there are many artistic objects.

¿**Hay** un restaurante en la Calle Florida?
Is there a restaurant on Florida Street?

No hay cámaras fotográficas aquí.
There are no (There aren't any) cameras here.

Práctica

Exprese en español.

1. En el restaurante (there are) dos señoras.
2. ¿(Is there) un bar aquí?
3. (There isn't) una calle comercial allí.
4. ¿(Aren't there) objetos artísticos en la tienda?
5. (There is) una muchacha con pelo largo en la clase.
6. (There are no) restaurantes en la universidad.

14. Interrogatives and relatives

Interrogatives always bear an accent; the corresponding relative pronouns do not:

¿cómo?	*how? what?*		como	*as*
¿cuándo?	*when?*		cuando	*when*
¿dónde?	*where?*		donde	*where*
¿qué?	*what?*		que	*that, which*
¿quién?	*who?*		quien	*who*

¿Qué dice él? Dice **que** es su amiga.
What does he say? He says that she is his friend.

¿Cuándo estudia usted? Estudio **cuando** él trabaja.
When do you study? I study when he works.

EXPRESIÓN ORAL

Conteste Ud.

1. ¿Qué haces con la lección?
2. ¿De dónde es la profesora Díaz?
3. ¿Quiénes charlan en un bar?
4. ¿Hay un bar interesante en la ciudad?
5. ¿Cómo se llama?
6. ¿Qué cerveza bebe Ud.?

OTRA VEZ

Construya oraciones originales con los sustantivos de A y los adjetivos de B.

Modelo: la(s) ciudad(es)   mexicano, famoso
             Es una ciudad mexicana.
             Hay dos ciudades famosas allí.

A	B
1. la(s) calle(s)	1. simpático
	2. bueno
2. la(s) tienda(s)	3. interesante
	4. favorito
3. la(s) profesora(s)	5. corto
	6. hispánico
4. el (los) restaurante(s)	7. tremendo
	8. famoso
5. la(s) clase(s)	9. amable
	10. largo
6. la(s) cerveza(s)	11. comercial
	12. enorme

VOCABULARIO ACTIVO

ADJECTIVES
bueno, -a / *good*
famoso, -a / *famous*
favorito, -a / *favorite*
malo, -a / *bad*

ADVERBS
allí / *there*
aquí / *here*
también / *also, too*

CONJUNCTIONS
pero / *but*
porque / *because*

INTERROGATIVES
¿cómo? / *how? what?*
¿cuándo? / *when?*
¿dónde? / *where?*
¿qué? / *what?*
¿quién? / *who?*

NOUNS
barrio / *district*
el café / *coffee, café*
la calle / *street*
cerveza / *beer*
cuadro / *painting*
hora / *hour (time)*
libro / *book*
noticia / *news item; pl. news*
el restaurante / *restaurant*
ropa / *clothes*
tienda / *store*

VERBS
beber / *to drink*
comer / *to eat*
charlar / *to chat*
decir / *to tell, say*
discutir / *to discuss*
hacer / *to make, do*
hay / *there is, are*
mirar / *to watch, look at*
pasear / *to stroll*
preguntar / *to ask (a question)*
tener / *to have*
tomar / *to take, drink*
vender / *to sell*
vivir / *to live*

EN TOLEDO...
HOSTAL DEL CARDENAL

JARDIN
BAR RESTAURANTE RESIDENCIA
TELEFONO 22 49 00

HRs
★ ★ ★

Lección TRES

TEXTO 1: La familia

CARLOS	*Tú das mucha* importancia *a tu* familia, *¿verdad?*	You give, much (a lot of), to, your don't you? (isn't that true?)
ISABEL	*Sí, para* nosotros la familia *es lo primero.*	Yes, for, comes first
CARLOS	*¿Cuántos* hay en tu familia?	How many
ISABEL	Con *mi padre,* mi *madre,* la *abuela* Maraval y... *ahora* con *cinco sobrinos, somos diez* en total.	my, father, mother, grandmother now, five, nieces and nephews, we are, ten
CARLOS	¡Diez! *¿Por qué* también los sobrinos?	Why
ISABEL	Son los *hijos* de mi *hermana* Julia. *Ya no* vive *su esposo. Van a* vivir con nosotros. Ahora *sus niños* son la responsabilidad de *toda nuestra* familia.	children, sister, No longer, her husband, They are going to, her kids, all, our
CARLOS	*Comprendo...* La familia es lo primero.	I understand

CULTURAL NOTE ▶ *In the Hispanic world, the immediate family often includes more than the two parents and their children. It may extend to grandparents and even aunts and uncles. Since homes have traditionally been large, it has been common for a family to take in relatives in need. This explains why the entire family may assume a role in the rearing of children, thereby providing a more relaxed atmosphere for all. The practice of employing baby-sitters is only recently becoming a part of the Hispanic way of life and primarily in the large cities.*

◀ Un muchacho pasea con su abuelo en Palamós, España.

37

Práctica

Conteste Ud.

1. ¿De qué hablan Isabel y Carlos?
2. ¿Qué importancia tiene la familia?
3. ¿Cuántas personas hay en la familia de Isabel?
4. ¿Quiénes son sus sobrinos?
5. ¿Por qué viven con la familia de Isabel?
6. ¿Quiénes son la responsabilidad de toda la familia ahora?

EXPLICACIÓN

15. Irregular presents: *dar, ir*

dar *(to give)*	ir *(to go)*
doy	voy
das	vas
da	va
damos	vamos
dais	vais
dan	van

Note that both first persons singular end in **-y.**

Práctica

Conteste Ud. según los modelos.

(a) Modelo: ¿Quiénes van a la tienda? (María y yo)
María y yo vamos a la tienda.

1. ¿Con quiénes va Carlos a la Calle Florida? (los amigos)
2. ¿Van Uds. a la ciudad? (Sí, . . . con dos muchachas)
3. ¿Cuándo vais al restaurante? (ahora)
4. ¿Quiénes van al bar? (yo)
5. ¿Cuándo van Uds. al bar? (a la hora de la . . .)

(b) Modelo: ¿Qué da Ud. a Carmen? (libro)
Doy un libro a Carmen.

1. ¿Qué das a Carlos? (cuadro)
2. ¿Qué dan ellos al padre? (ropa)
3. ¿Qué da Ud. a Julia? (un perfume francés)
4. ¿Qué da Ud. a sus amigos? (café)
5. ¿Qué dan Uds. a la clase? (las noticias del día)

Los abuelos en los países hispánicos tienen mucha importancia y toman parte en todas las actividades de la familia.

16. *Ir a* + infinitive

Ir a followed by an infinitive is the equivalent of English *to be going to*, and is a common way to express the future:

Voy a hablar con Carmen.   *I am going to speak with Carmen.*
Van a estudiar dos lenguas.   *They are going to study two languages.*

To ask the question *Where?*, meaning *Where to?*, always use **¿Adónde?**:

¿Adónde vas?   *Where are you going?*

Vamos a + infinitive may mean either *we are going to do something* or *let's do something:*

Vamos a trabajar. $\begin{cases} \textit{We are going to work.} \\ \textit{Let's work.} \end{cases}$

Práctica

I. Cambie Ud. según el modelo.

> Modelo: Hablas español.
>   Vas a hablar español.

1. Das un cuadro a Elena.
2. Vivimos en otro barrio.
3. Charlamos en la calle.
4. Beben cerveza.
5. Hacemos el café.
6. Comprendéis la lección.
7. Tienes muchos amigos.
8. Trabaja en la ciudad.
9. Doy la noticia a la señora García.
10. Hablamos con ellos en el bar.

II. Exprese en español las palabras en inglés.

1. ¿(Where) van los muchachos?
2. ¿(Where) vive ella?
3. ¿(Where) beben ellos cerveza?
4. ¿(Where) van las señoritas?
5. ¿(Where) trabaja tu hermana?
6. (Let's eat) en un restaurante.
7. (Let's live) en la ciudad.
8. (Let's work) ahora.

17. Possessive adjectives

Possessive adjectives agree in number with the noun they modify:

POSSESSIVE ADJECTIVES WITH A SINGULAR NOUN

mi hermano	*my brother*	**nuestro** hermano	*our brother*
mi hermana	*my sister*	**nuestra** hermana	*our sister*
tu hermano	*your brother*	**vuestro** hermano	*your brother*
tu hermana	*your sister*	**vuestra** hermana	*your sister*
su hermano	*his, her, your brother*	**su** hermano	*their, your brother*
su hermana	*his, her, your sister*	**su** hermana	*their, your sister*

Notice that the singular possessive adjectives are invariable except for **nuestro** and **vuestro,** which change -o to -a for the feminine.

When the possessive adjectives modify a plural noun, an -s is added to the singular form:

POSSESSIVE ADJECTIVES WITH A PLURAL NOUN

mis hermanos	*my brothers*	**nuestros** hermanos	*our brothers*
mis hermanas	*my sisters*	**nuestras** hermanas	*our sisters*
tus hermanos	*your brothers*	**vuestros** hermanos	*your brothers*
tus hermanas	*your sisters*	**vuestras** hermanas	*your sisters*
sus hermanos	*his, her, your brothers*	**sus** hermanos	*their, your brothers*
sus hermanas	*his, her, your sisters*	**sus** hermanas	*their, your sisters*

Possessive adjectives always precede the noun and agree with the thing possessed, not with the possessor:

Mis sobrinos son simpáticos. *My nieces and nephews are nice.*
Vamos a charlar con **nuestras amigas.**
We are going to chat with our (girl)friends.
Su profesor es el señor González. *Their teacher is Mr. González.*

You will notice that **su** and **sus** are used for all third persons as well as for **Ud.** and **Uds.** These forms will be explained further in the following section.

Práctica

I. Complete Ud. con la forma correcta.

> Modelo: (su) Elena conversa con _____ hermanas.
> Elena conversa con **sus** hermanas.

1. (su) Nicolás charla con _____ amigos.
2. (Mi) _____ padre tiene dos hermanas.
3. (tu) ¿Hablas con _____ hijos?
4. (Nuestro) _____ ciudad es interesante.
5. (su) Señoritas, ¿de dónde es _____ madre?
6. (nuestro) Hay muchas señoritas en _____ clases.
7. (su) María y Carolina hablan de _____ amigos.
8. (Mi) _____ cuadros son españoles.
9. (Vuestro) _____ tienda es famosa.
10. (Su) _____ hermana tiene muchos niños.

II. Cambie Ud. según los modelos.

> (a) Modelo: *Yo* hablo de mi amigo.
> Juana
> **Juana habla** de su amigo.

1. Nosotros
2. María y Tomás
3. Él
4. Ellas
5. Tú

> (b) Modelo: *Ellos* dicen que su padre es mexicano.
> Yo
> **Yo digo** que mi padre es mexicano.

1. Isabel
2. Ella
3. Los muchachos
4. Tú
5. Nosotros

18. *Su* and *sus*

As you have learned, **su** and **sus** have more than one meaning. In order to clarify who the possessor is, Spanish sometimes uses the following constructions: definite article + noun + **de** + a pronoun. For example:

su amigo = **el** amigo **de él, de ella, de Ud., de ellos, de ellas, de Uds.**
sus amigas = **las** amigas **de él, de ella, de Ud., de ellos, de ellas, de Uds.**

Voy a vender **sus** ropas.
Voy a vender **las** ropas **de él.** } *I am going to sell his clothes.*

Ella explica **sus** lecciones.
Ella explica **las** lecciones **de ellos.** } *She explains their lessons.*

Práctica

Escriba Ud. una oración según el modelo. *(Write a sentence according to the model).* [NOTE: Add a few words to complete the sentence.]

Modelo: (her) madre
La madre de ella (es muy amable).

1. (their) alumnos
2. (his) cámara
3. (your, *sing.*) restaurante
4. (their) familia
5. (her) perfume

6. (their) hermanos
7. (his) libros
8. (your, *pl.*) tienda
9. (their) objetos artísticos
10. (its) calles

Una familia celebra el día del santo de la abuela.

Para nosotros la familia es lo primero.

PRONUNCIACIÓN

j, g

The Spanish **j** is a guttural sound that has no counterpart in English. It resembles a harsh *h* (strongly aspirated) in English. (It is quite close to the **ch** in German **ach!**) **G** before **e** or **i** sounds just like Spanish **j**:

La Jolla	Tejas	La Junta
San José	El Cajón	Los Ángeles

Pronuncie en español.

1. Gertrudis Jiménez estudia dos lenguas.
2. No trabajo en junio y julio.
3. Juan estudia geografía y geología.
4. Julián habla con José en voz baja.
5. Don Jaime es un ingeniero argentino.

TEXTO 2: En un restaurante

Luis va con Norah, su amiga norteamericana, al barrio de La
Boca donde hay un restaurante famoso.

LUIS	Ahora vas a *ver* una *cena* argentina.	to see, dinner (supper)
MOZO	¿Qué van a comer los señores?[1]	waiter
LUIS	Una *parrillada*.	grilled meat (barbecue)

Después de un *buen* rato el mozo *trae* a su *mesa* una parrillada
enorme: *carne de vaca, de cerdo, de cordero...* y *cuatro clases*
de *salchichas*.

After, good, brings, table
meat, beef, pork, lamb, four, kinds
sausages

NORAH	El aroma es irresistible, *¿sabes?*	you know?

Media hora *después* el mozo trae dos menús.

(A) half, later

MOZO	Y ahora, ¿qué *traigo* a los señores para la cena?	do (shall) I bring
NORAH	¿La cena? *¡Qué barbaridad!*	Good grief!

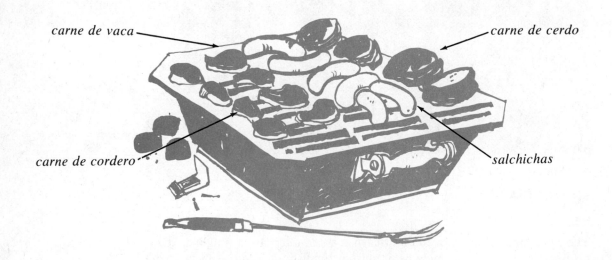

carne de vaca

carne de cerdo

carne de cordero

salchichas

---

[1]**Señores** refers to both a group of men and to a group of men and women.

CULTURAL NOTES ►1. *La Boca is a well-known waterfront quarter in Buenos Aires that is a favorite haunt of painters, sculptors, and poets. Visitors to La Boca can enjoy a variety of tasty domestic and foreign foods in its many restaurants.* 2. *Many Argentine restaurants are famous for their* **parrilladas.** *If you order one, the waiter will bring a portable grill to your table. It will be covered with many different cuts of beef, pork, lamb, or veal. They may include ribs, sausages, chops, steaks, and many others, all kept sizzling by the charcoal underneath. You may select whatever pieces you wish. Your regular meal (soup, salad, main dish) begins after the* **parrillada.**

Práctica

Conteste Ud.

1. ¿Qué es La Boca?
2. ¿Quiénes van a La Boca?
3. ¿Qué va a ver Norah?
4. ¿Qué van a comer Luis y Norah?
5. ¿Cuándo trae el mozo la parrillada?
6. ¿Qué carnes hay en la parrillada?
7. ¿Qué es irresistible?
8. ¿Qué trae el mozo después de media hora?
9. ¿Qué pregunta el mozo?
10. ¿Y qué dice Norah?

EXPLICACIÓN

19. **Irregular presents:** *saber, traer, ver*

saber *(to know)*	**traer** *(to bring)*	**ver** *(to see)*
sé	traigo	veo
sabes	traes	ves
sabe	trae	ve
sabemos	traemos	vemos
sabéis	traéis	veis
saben	traen	ven

Note that all three verbs are irregular in the first person singular only.

Práctica

Ejercicio de sustitución. *(Substitution exercise.)*

1. (saber)   (Yo) sé que es famoso.
               Él / Nosotros / Tú / Ustedes
2. (ver)   (Él) ve muchas ropas.
               Mis amigos / Ustedes / Yo / Elena
3. (comprender) (Nosotros) comprendemos el francés.
               Yo / Julia / Tú / Ellas
4. (ir)   (Ellos) van al restaurante.
               Yo / Nosotros / Vosotros / Tú
5. (traer)   (Él) trae el menú.
               Yo / Usted / Ella / Tú

La parrillada es una especialidad del Uruguay y de la Argentina.

20. Position of adjectives

A. Limiting adjectives

Adjectives expressing number or quantity (*four, many, several*) are called *limiting* and normally precede the nouns they modify:

La calle Florida tiene **muchas** tiendas.   *Florida Street has many stores.*
Tengo **tres** hermanos.   *I have three brothers.*

Possessive adjectives and definite and indefinite articles, which you have already learned, are also considered limiting.

Práctica

Use Ud. los siguientes sustantivos y adjetivos en oraciones completas.
(*Use the following nouns and adjectives in complete sentences.*)

ADJETIVOS	SUSTANTIVOS
1. mi(s)	1. tienda
2. el, la, los, las	2. restaurante
3. mucho, -a, -os, -as	3. menú
4. un, -a	4. ciudades
5. su(s)	5. objetos artísticos
6. nuestros, -as	6. hija
7. tu(s)	7. personas
8. otros, -as	8. mozo

B. Descriptive adjectives

Some adjectives are called *descriptive* because they describe some characteristic of the nouns they modify, such as size, shape, color, or nationality. Descriptive adjectives usually follow the noun:

Es una muchacha **inteligente.**   *She is an intelligent girl.*
Hay un restaurante **famoso** allí.   *There is a famous restaurant there.*
¿Quién es tu amiga **norteamericana?**   *Who is your North American friend?*

Práctica

I. ¿Dónde ponemos los adjetivos? (*Where should we put each adjective?*)

1. (norteamericana, mi) Norah es _____ amiga _____.
2. (un, famoso) La Cabaña es _____ restaurante _____ de Buenos Aires.
3. (argentina, una) Ahora vas a ver _____ cena _____.
4. (irresistible, un) Las carnes tienen _____ aroma _____.
5. (enorme, una) Ellos siempre van allí a comer _____ parrillada _____.

II. Invente Ud. oraciones originales. (*Invent original sentences.*)

1. restaurante / famoso / de La Boca
2. barrio / interesante / de la ciudad
3. cena / argentina / parrillada
4. mis / amigos / ingleses
5. nuestra / tienda / favorita

C. **Bueno** and **malo**

The adjectives **bueno** and **malo** may precede or follow the noun.
However, if they precede a masculine singular noun, they drop the final
-o. This shortening does not take place with the feminine form:

un muchacho **bueno**   un **buen** muchacho
un hotel **malo**   un **mal** hotel
una amiga **buena**   una **buena** amiga

Práctica

Use Ud. la forma correcta de los adjetivos indicados.

1. (bueno) El señor Blanco tiene un _____ restaurante.
2. (malo) Tengo dos alumnos _____.
3. (bueno) Rosa hace un _____ café.
4. (malo) Tenemos noticias _____.
5. (bueno) Tienen una _____ profesora.

21. Numerals: 1–10

Be sure to pronounce correctly the italicized vowels!

1 uno		6 s*ei*s *(Notice: ei)*
2 dos		7 s*ie*te *(Notice: ie)*
3 tres		8 ocho
4 c*ua*tro		9 n*ue*ve
5 cinco		10 d*ie*z *(Notice: ie)*

Práctica

I. Lea Ud. en español. *(Read in Spanish.)*

Modelos: 2 + 4 = 6 (dos más [or: y] cuatro son seis)
8 − 3 = 5 (ocho menos tres son cinco)

1. 2 + 3 son _____.   6. 8 − 2 son _____.
2. 4 + 5 son _____.   7. 5 − 4 son _____.
3. 7 + 1 son _____.   8. 10 − 1 son _____.
4. 6 + 1 son _____.   9. 7 − 4 son _____.
5. 8 + 2 son _____.   10. 9 − 3 son _____.

II. Preguntas personales.

1. ¿Cuántas personas hay en tu familia?
2. ¿Cómo se llama tu padre?
3. ¿Cuántas hermanas tiene tu madre?
4. ¿Dónde trabaja su madre?
5. ¿Y su padre?
6. ¿Cuántas hijas hay en su familia?

Este tipo de restaurante es una de la exportaciones más populares de los Estados Unidos.

7. ¿Tiene Ud. sobrinos? ¿Cuántos? ¿Dónde viven?
8. ¿Dónde vive tu abuela?
9. ¿Dónde charla Ud. con sus amigos?
10. ¿Hablas con tus amigos en la clase?

EXPRESIÓN ORAL

Conversación entre dos alumnos: A pregunta y B contesta.

1. A. Ask where he (she) is going.
   B. Say that you and your friends are going to Florida Street.
2. A. Ask him (her) what they are going to do.
   B. Say that you want to look at shops.
3. A. Ask if they are going to eat there later.
   B. State that you are going to eat a **parrillada**.
4. A. Ask what (there) is in a **parrillada**.
   B. Explain that a **parrillada** has beef, pork, lamb, and sausages.
5. A. Ask if anyone is going with them.
   B. Ask if he (she) wants to eat with you (pl.).

OTRA VEZ

I. Complete Ud. según el modelo.

> Modelo: (Her teacher) tiene un hijo.
> (a) Su profesora tiene un hijo.
> (b) La profesora de ella tiene un hijo.

1. (His friends) son mexicanos.
2. ¿Quién es (her sister)?
3. (Their children) comen con nosotros.
4. (Your camera) es norteamericana.
5. ¿Es famosa (their family)?
6. (Your nieces and nephews) estudian en la ciudad.
7. (His mother) vive en Montevideo.
8. ¿De dónde es (her grandmother)?

II. Llene Ud. los espacios en blanco. *(Fill in the blanks.)*

1. ¿No ves tú que yo tengo muchas amigas?
   Sí. Yo _____ que tú _____ muchas amigas.
2. ¿Sabe Ud. que yo voy a México?
   Sí. Yo _____ que Ud. _____ a México.
3. ¿No ve Ud. que tenemos clase ahora?
   Sí. Yo _____ que Uds. _____ clase ahora.
4. ¿No saben Uds. que nosotros damos una cena?
   No. Nosotros no _____ que Uds. _____ una cena.
5. ¿Dices que tu padre va a México?
   Sí. Yo _____ que mi padre _____ a México.

AIRE ACONDICIONADO - AIR CONDITIONED

Mesón de San Javier

El más distinguido y señorial de España por su historial

MESON DE SAN JAVIER MADRID

VOCABULARIO ACTIVO

ADJECTIVES
mucho, -a / *much, a lot (of)*
todo, -a / *all*

ADVERBS
ahora / *now*
después (de) / *after, afterwards, later*
sí / *yes*

IDIOMS
¿verdad? / *(Isn't that the) truth?, Right?*

INTERROGATIVES
¿adónde? / *where?*
¿cuántos, -as? / *how many?*
¿por qué? / *why?*

NOUNS
abuelo, -a / *grandfather, grandmother*
la carne / *meat*
— **de cerdo** / *pork*
— **de cordero** / *lamb*
— **de vaca** / *beef*
cena / *dinner, supper*
esposo, -a / *husband, wife*
hijo, -a / *son, daughter*
familia / *family*
hermano, -a / *brother, sister*
la madre / *mother*
el menú / *menu*
mesa / *table*
mozo / *waiter*
niño, -a / *child*
el padre / *father*
sobrino, -a / *nephew, niece*

PREPOSITIONS
a / *to*
para / *for, (in order) to*

VERBS
comprender / *to understand*
dar / *to give*
explicar / *to explain*
ir / *to go*
saber / *to know*
traer / *to bring*
ver / *to see*

RESTAURANT "LA VIÑA"
CARRETERA PANAMERICANA AL LADO PARQUE HUMBOLDT
MERIDA - VENEZUELA
Nº 1850

Self-test I

1. ¿El o la?

1. conversación
2. ciudad
3. calle
4. café
5. clase
6. restaurante

2. Cambie Ud. al plural.

1. inglés
2. español
3. voz
4. lección
5. profesor
6. cuadro

3. Use Ud. el pronombre que corresponde a cada verbo. *(Use the pronoun that corresponds to each verb.)*

> Modelo: Hablan con los amigos.
> Ellos (Ellas, Uds.) hablan con los amigos.

1. Comes en un restaurante.
2. Practica en la clase.
3. Vais a la tienda con frecuencia.
4. No tenemos libros.

4. Dé Ud. la forma correcta del verbo. *(Give the correct form of the verb.)*

1. (mirar) Tú _____ el cuadro.
2. (comer) Yo _____ una parrillada.
3. (charlar) Juan y Carlos _____ en el bar.
4. (tener) ¿Quiénes _____ diez sobrinos?
5. (decir) Yo _____ «buenos días» a mi amigo.
6. (hacer) ¿Qué _____ yo en la clase?
7. (tomar) José y yo _____ café.
8. (ir) Yo _____ a hablar con ella.
9. (trabajar) Tú y Elena _____ en Los Ángeles, ¿no?
10. (saber) Tú siempre _____ la lección.
11. (ir) Nosotros no _____ a París.
12. (vivir) Nosotros no _____ en el barrio de La Boca.
13. (ver) Yo siempre _____ primero el menú.
14. (dar) Yo _____ mi libro a Isabel.
15. (decir) ¿Qué _____ Ud.?
16. (saber) Yo no _____ si tengo muchos amigos.

Answers for the Self-tests appear in Appendix II.

5. Escriba Ud. estos cálculos. *(Write out these calculations.)*

    1. $3 + 7 = 10$ 2. $2 + 6 = 8$ 3. $9 - 4 = 5$ 4. $1 + 7 = 8$

6. Dé Ud. la forma correcta del adjetivo posesivo.

    1. (My) padre no trabaja.
    2. (Your, *fam., sing.*) cena es muy buena.
    3. (Her) ropas son de París.
    4. (Our) familia vive en la ciudad.
    5. (Their) padre es inglés.

7. ¿Dónde debemos insertar el adjetivo? *(Where should we insert the adjective?)*

    1. (famoso, -a, -os, -as) La Cabaña es un restaurante de Buenos Aires.
    2. (mucho, -a, -os, -as) Hay señoritas en la clase.
    3. (mexicano, -a, -os, -as) La señora Ortiz es una profesora.
    4. (todo, -a, -os, -as) Nuestra familia tiene la responsabilidad ahora.

8. Traduzca Ud. al español. *(Translate into Spanish.)*

    1. Yo tengo (my sister's book).
    2. (I'm going to work) en el restaurante.
    3. Él habla (to the teacher).
    4. (Let's see) el menú.
    5. ¿Es él (a good son)?

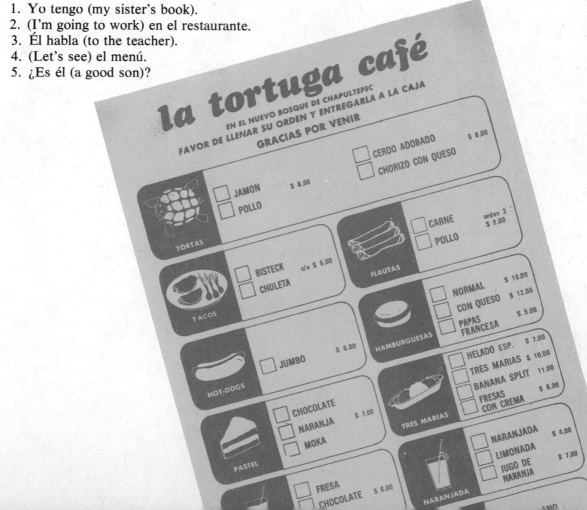

Lección CUATRO

TEXTO 1: Don César habla con su hija

ESTELA	Papá, tú *estás triste hoy*. ¿Estás *enfermo*?	you are, sad, today, ill
DON CÉSAR	*Pues...*, voy a *ser franco*; no *estoy* muy contento con tu amigo... ¡Jacinto! ¡Es *tan aburrido*!	Well, to be, frank, I am so, boring
ESTELA	Pero, papá, es poeta...	
DON CÉSAR	Poeta *pobre*, que *no gana para* comer.	poor, doesn't earn (enough), to
ESTELA	Papá, tú no eres justo. Jacinto es *alegre*, generoso y muy *listo*.	cheerful clever
DON CÉSAR	Sí, y *alto*, simpático, romántico, etcétera, etcétera.	tall
ESTELA	Pero...	
DON CÉSAR	Hija, con *ese* muchacho no vas a ser *feliz*. ¡No es un buen *partido*!	that, happy prospect
ESTELA	Papá, tú *siempre* con la *misma* obsesión: ¡el buen partido!	always, same

CULTURAL NOTES ►1. *Don* and *doña* are untranslatable titles used before the first names of men and women, respectively. They are the perfect forms of address for acquaintances who wish to be neither too familiar nor too formal. Generally these titles are used with people whose age or social status warrants certain deference. ►2. The changing relationships between people of various ages may drastically affect the structure of traditional Hispanic life, which is based on close family ties, patriarchal authority, traditional religious practices, and so on. Ever increasing numbers of today's youth are insisting upon the right to make their own decisions and to live their own lives. Many parents who believe they should have a strong voice in their children's future feel more and more frustrated and confused by such filial independence.

◄ Los domingos los muchachos van de paseo.

Práctica

Conteste Ud.

1. ¿Quiénes hablan aquí?
2. ¿De quién hablan?
3. ¿Cómo está el padre?
4. ¿Qué dice Estela de Jacinto?
5. ¿Gana mucho él?
6. ¿Qué dice de Jacinto la hija?
7. ¿Y el padre?
8. ¿Qué obsesión tiene el padre?

EXPLICACIÓN

22. **Irregular presents:** *estar, ser*

estar *(to be)*		**ser** *(to be)*	
estoy	*I am*	soy	*I am*
estás	*you are*	eres	*you are*
está	*he, she is; you are*	es	*he, she is; you are*
estamos	*we are*	somos	*we are*
estáis	*you are*	sois	*you are*
están	*they, you are*	son	*they, you are*

Práctica

Use Ud. **ser** y **estar** con los adjetivos indicados.

(a) **ser** with **simpático, -a, -os, -as:**
    1. las alumnas
    2. nosotros
    3. María
    4. tú
    5. Juan y su amigo
    6. Uds. (Juan y Pedro)

(b) **estar** with **enfermo, -a, -os, -as:**
    1. ella
    2. nosotros
    3. yo
    4. vosotros
    5. Juan y su amigo
    6. tú

Los hijos de hoy son más independientes, como estos muchachos colombianos.

23. *Ser* used to express equivalence

The verb **ser** is used to relate nouns (i.e., names of things, persons, or events): **José es alumno (José = alumno).**

24. *Estar* used to express location

The verb **estar** is used with words or phrases to express location:

Ernesto está en la calle.   *Ernest is in the street.*

Práctica

¿Ser o estar?

1. Josefa _____ mexicana.
2. Nosotros _____ en el hotel.
3. Ellos _____ amigos.
4. Él _____ en el bar.
5. Ellas _____ las hijas del Sr. Gómez.
6. Ud. _____ el profesor.
7. Jacinto _____ un muchacho alto y simpático.
8. ¿Dónde _____ tu barrio?
9. Tú _____ en la clase.
10. Juan y María no _____ norteamericanos.

25. *Ser* and *estar* with adjectives

When used with adjectives **ser** expresses a characteristic that one considers usually applicable to the thing or person mentioned. **Estar,** with adjectives, states that a quality is not expected (that it is not usually applicable). For this reason, **estar** is used in connection with unexpected sensations, in which case the sense of *to be* may be *to feel, to taste, to look,* etc. Compare:

SER	ESTAR
Su hermana es amable. (*Amable* is considered a usual characteristic of the sister's personality.)	**¡Está tan amable hoy!** (*Amable* is thought of here as not being a usual trait of the person in question.)
La señora Gómez es pobre. (*Pobre* is conceived as something usually applicable to Mrs. Gómez.)	**La señora Ruiz está muy pobre.** (*Pobre* here expresses a condition that was not expected; prior to this she had not been poor.)
Dolores tiene muchos amigos y es feliz. (*Feliz* is conceived as a characteristic of Dolores' nature.)	**Dolores es "Miss Universo"; ¡está feliz!** (*Está feliz* here means *she looks happy.*)

NOTE 1: The adjective **contento** always expresses a change and the outer manifestations of that change; it can only be used with **estar:**

Ellos están muy contentos.   *They are very happy (look very satisfied).*

NOTE 2: **¿Cómo es...?** calls for a description of the essential nature of something:

¿Cómo es el profesor?   *What is the teacher like?*

¿Cómo está...? inquires about the state or condition of something:

¿Cómo está su padre?   *How is your father (feeling)?*

Práctica

I.   ¿Ser o estar?

1. (The children are crying.) Los niños _____ muy tristes.
2. (His father has just lost everything in the stock market.) Su padre _____ pobre.
3. (Mary has just been given a fellowship.) María _____ muy alegre.
4. (His books always sell well.) Como poeta _____ muy famoso.
5. (Referring to a usual trait.) La profesora _____ muy amable.

6. (I am making a supposedly logical association between Spanish and degree of interest.) La clase de español _____ interesante.
7. (I look at John's face and am surprised.) Juan _____ enfermo.
8. (I have known Pedro for many years and therefore can say of him:) Pedro _____ alto.
9. (I notice that today Juanita is exuberant.) Juanita _____ contenta.
10. (That girl has a quick mind.) Ella _____ muy lista.

II. ¿Ser o estar?

1. Juan _____ simpático.
2. Mi madre es una persona alegre, pero hoy _____ triste.
3. ¿Por qué no _____ Ud. generoso?
4. Antonio y yo _____ francos.
5. Ella _____ enferma.
6. Las muchachas _____ felices hoy.
7. La profesora _____ amable.
8. Ellos no _____ contentos.
9. Las clases _____ interesantes.
10. Juan y su hermano _____ altos.
11. ¿Por qué _____ vosotros tan alegres hoy?
12. Mi padre dice que no todos los hombres _____ generosos.
13. El poeta _____ famoso.
14. El profesor trabaja mucho; hoy no _____ alegre.
15. Mamá, tú no _____ justa.

26. Polite commands

These are the commands requiring **usted** and **ustedes**; their endings are **-e, -en** (with **-ar** verbs) and **-a, -an** (with **-er** and **-ir** verbs):

-ar: escuchar	**¡escuche (Ud.)!** *listen! (sing.)* **¡escuchen (Uds.)!** *listen! (pl.)*
-er: comer	**¡coma (Ud.)!** *eat! (sing.)* **¡coman (Uds.)!** *eat! (pl.)*
-ir: escribir	**¡escriba (Ud.)!** *write! (sing.)* **¡escriban (Uds.)!** *write! (pl.)*

Polite commands for most irregular verbs preserve the irregularity of the first person singular present: **digo > diga; traigo > traiga; veo > vea.**

Una guitarrista española con un amigo en el Parque del Retiro en Madrid.

Práctica

Complete según los modelos.

> Modelos: Deseo trabajar en la ciudad.
> Pues, trabaje Ud. en la ciudad.
>
> No deseamos escribir.
> Pues, no escriban Uds.

1. No deseo conversar aquí.
2. Deseo hablar español.
3. Deseo charlar con ella.
4. Deseo ganar mucho.
5. Deseamos tomar café.
6. No deseo estudiar.
7. No deseo pasear.
8. No deseo comer.
9. No deseamos discutir.
10. No deseo vivir en la ciudad.

PRONUNCIACIÓN

r

When an **r** appears between vowels in Spanish, it is pronounced very similarly to the *d* and the four sets of *t*'s in the following sentence: Be*tt*y ha*d* a bi*t* of bi*tt*er bu*tt*er.

pero	hora	señora
para	mira	cámara

If the **r** appears before a consonant, imagine that a small *e* is present between the **r** and the consonant: carta = car*e*ta.

corto	persona	Carmen
carne	porque	norteamericano

Another helpful device is pronouncing pairs of English words or syllables such as:

> cotter-tah = carta
> potter-though = pardo[1]

At the end of a word the **r** is slightly less audible:

ser	profesor	escribir
estar	señor	estudiar

Pronuncie en español.

1. para, señorita, pero, María
2. persona, importante, perfume, porque
3. Carlos, largo, cerveza, tarde
4. escriba Ud., trabajar, primero, presentar
5. padre, sobrino, libro, fotográfico
6. hablar, comer, vivir, comprender

rr

If you cannot trill the **rr,** like an opera singer, a Scotchman, or a small child playing with a model plane, repeat several sequences of "ta da, ta da," or "pot o'tea" in rapid succession. At the same time puff out air in order to make the tip of the tongue flip up and down automatically. Practice first the **rr** between vowels:

guitarra	barrio	burro
socorro	zorro	cierre Ud.

You also pronounce **rr** when a single **r** appears at the beginning of a word or breath-group and after **l** or **n:**[2]

Rita	el **r**ato	**r**estaurante
Roberto	En**r**ique	**r**epita Ud.

Pronuncie en español.

1. Pasando el rato.
2. Recibe recomendaciones de Roberto.
3. Hay un bar en nuestro barrio.
4. Ramón es un muchacho argentino.
5. Don Ricardo es de Puerto Rico.

---

[1]Examples are taken from R. L. Hadlich, J. S. Holton, and M. Montes, *A Drillbook of Spanish Pronunciation* (New York: Harper & Row, 1968), p. 59.

[2]When **s** precedes the sound **rr,** Spaniards omit the **s:** las ropas = larropas. Spanish Americans change the **s** into an aspirated **h:** las ropas = la(h) ropas.

TEXTO 2: Entre amigos

PANCHO	¿Qué día es hoy?	
NARCISO	*Jueves.*	Thursday
PANCHO	*¡Caramba! Mañana, viernes,* voy a *necesitar cien* dólares para *pagar* mi auto. Estoy muy *preocupado.*	Good heavens!, tomorrow, Friday, to need, (a) hundred, to pay (for), worried
NARCISO	¡Pero no es posible! Tú eres un *hombre rico.*	man, rich
PANCHO	Pero siempre *necesito más dinero.*	I need, more, money
NARCISO	¡Bah! Tú no tienes *sentido común.*	sense, common
PANCHO	*¡Qué cansado eres!* Tú eres un hombre económico, metódico y prudente,... y también un *tonto. ¡No digo más!*	How tiresome (What a drag) you are! fool, That's all I have to say!
NARCISO	Sí, pero hay dos clases de tontos: *unos* con *deudas,* y otros... *sin* deudas.	some, debts without

Práctica

I. Conteste Ud.

1. ¿Por qué está preocupado Pancho?
2. ¿Es pobre Pancho?
3. ¿Qué necesita Pancho?
4. ¿Qué no tiene Pancho, según Narciso?
5. ¿Cómo es Narciso, según Pancho?

II. Preguntas personales.

1. ¿Quiénes tienen mucho dinero?
2. ¿Quién es una persona prudente en su familia?
3. ¿Paga Ud. sus deudas siempre?
4. ¿Tiene Ud. un auto?
5. ¿Cuánto dinero tiene Ud. ahora?

EXPLICACIÓN

27. Adjectives used as nouns

Many adjectives, when preceded by an article (**el, la, un, una,** etc.) function as nouns in Spanish:

Juan es un muchacho elegante.   *John is an elegant young man.*
Juan es un elegante.   *John is a sharp dresser.*
Juan es el elegante de esta clase.   *John is the sharp dresser of this class.*

Práctica

Complete Ud.

1. Pancho dice que Narciso es un hombre tonto. Es un _____.
2. Tú eres una persona muy rica. Eres un _____.
3. Él es un muchacho romántico. Es un _____.
4. Pancho es un estudiante pobre. Es un _____.
5. Pepe es un muchacho que está siempre enfermo. Es un _____.

28. *Ser* and *estar:* Double meaning

You can employ both **ser** and **estar** with certain adjectives, depending on the meaning you wish to convey. Contrast the following examples:

SER	ESTAR
Su amigo es aburrido. *Your friend is boring.*	Su amigo está aburrido. *Your friend is bored.*
El muchacho es muy cansado. *The boy is very tiresome.*	El muchacho está muy cansado. *The boy is very tired.*
La señorita es lista. *The young lady is smart.*	La señorita está lista. *The young lady is ready.*
Carlos es malo. *Charles is bad (evil).*	Carlos está malo. *Charles is ill.*

Para unos, un auto es una necesidad; para otros que no son ricos, es un lujo.

Práctica

¿Ser o estar?

1. (It is raining; there is nothing to do.) Juan _____ aburrido.
2. (I have packed all my bags.) Yo _____ listo.
3. (Elena is in the hospital.) Dicen que _____ mala.
4. (Your friend is a bore.) Él _____ cansado.
5. (He is a devious individual.) Él _____ malo.
6. (You never have anything interesting to say.) Tú _____ aburrido.
7. (We have worked very hard.) Nosotros _____ cansados.
8. (He is very sharp.) Él _____ muy listo.

29. Days of the week

Semana *(Week)*

el lunes	*(on) Monday*	el viernes	*(on) Friday*
el martes	*(on) Tuesday*	el sábado	*(on) Saturday*
el miércoles	*(on) Wednesday*	el domingo	*(on) Sunday*
el jueves	*(on) Thursday*		

All these nouns are masculine. They are not capitalized, and they usually require the definite article, except after **ser: Él no trabaja el lunes; hoy es martes.** Sábado and domingo are made plural by adding **s: los sábados, los domingos.** The other five days of the week have the same form, whether singular or plural: **el lunes, los lunes.**

Práctica

Conteste Ud.

(a) 1. Si hoy es { domingo, martes, jueves, sábado, } ¿qué día es mañana?

2. Si mañana es { viernes, lunes, jueves, domingo, } ¿qué día es hoy?

(b) 1. ¿Qué día es hoy?
2. ¿Qué día es mañana?
3. ¿Qué días estudia Ud. español?
4. ¿Cuándo vas a un restaurante?
5. ¿Cuándo vas a la clase de inglés (español, francés)?
6. ¿Qué días va Ud. a la tienda?
7. ¿Qué hace Ud. los viernes?

8. ¿Qué días trabaja tu padre?
9. ¿Qué días no trabaja él?
10. ¿Cuándo charla Ud. con sus amigos?

30. Cognates

Words that are similar in Spanish and English are called *cognates*. Some cognates are identical in spelling and meaning: **hotel, natural, doctor.** Many others have slight differences in spelling: **atención** *(attention)*, **importante** *(important)*, **profesor** *(professor)*.

You can increase your Spanish vocabulary immensely by learning the following correspondences:

ENGLISH	SPANISH	ENGLISH	SPANISH
-ty	-dad	*university*	universidad
-ly	-mente	*naturally*	naturalmente
-tion	-ción	*conversation*	conversación
-ous	-oso, -osa	*famous*	famoso, -a
-ance	-ancia	*importance*	importancia
-ic	-ico, -ica	*Hispanic*	hispánico, -a

Práctica

I. Escriba Ud. la versión española de las palabras inglesas, y pronuncie cada palabra correctamente. *(Write the Spanish version of the English word, and pronounce each word correctly.)*

1. famous
2. especially
3. variety
4. photographic
5. artistic
6. naturally
7. elegance
8. institution
9. city
10. conversation

II. Preguntas personales.

1. ¿Cómo está Ud. hoy?
2. ¿Cómo es su madre?
3. ¿Tiene su familia mucho dinero?
4. ¿Necesita Ud. un auto?
5. ¿Comprende Ud. las lecciones?
6. ¿Cómo es su padre?
7. ¿Cuántas personas hay en su familia?
8. ¿Come Ud. carne de cordero o de vaca?
9. ¿Está Ud. preocupado(a) hoy? ¿Por qué?
10. ¿Qué hace Ud. si tiene deudas?

EXPRESIÓN ORAL

Complete las oraciones de A con adjetivos de B.

Modelo: Don César, rico
(a) Don César es muy rico.
(b) Don César es una persona muy rica.

A	B
1. Mi madre	1. alto
2. Mi profesor (profesora)	2. preocupado
3. Mi amigo (amiga)	3. aburrido
4. Yo	4. amable
5. La esposa del presidente	5. romántico
6. Jacinto	6. simpático
	7. cansado
	8. enfermo
	9. contento
	10. generoso

OTRA VEZ

¿Ser o estar?

(a) Modelo: Estela está cansada.

1. Yo _____ _____.
2. Yo _____ feliz.
3. Nosotros _____ _____.
4. Tú _____ contento.
5. Ellas _____ _____.
6. Ellas _____ ricas.
7. Yo _____ _____.
8. Yo _____ enfermo.
9. María _____ preocupada.
10. Julia _____ triste.

(b) Modelo: Don Pedro es de México.

1. Su hija _____ allí ahora.
2. Sus sobrinas _____ allí también.
3. ¿Uds. _____ listos?
4. Ellos no _____ justos.
5. Ella _____ muy alta.
6. Mis amigos no _____ contentos.
7. Carlos _____ en la calle.
8. Tú no _____ muy pobre.
9. Los tontos _____ aburridos.
10. Yo _____ franco.

VOCABULARIO ACTIVO

ADJECTIVES

aburrido, -a / *boring, bored*
alegre / *happy*
alto, -a / *tall*
cansado, -a / *tiresome, tired*
contento, -a / *happy, satisfied*
enfermo, -a / *ill*
feliz / *happy, joyful*
franco, -a / *frank*
justo, -a / *just*
listo, -a / *smart, ready*
mismo, -a / *same*
pobre / *poor*
preocupado, -a / *worried*
rico, -a / *rich*
triste / *sad*

ADVERBS

hoy / *today*
mañana / *tomorrow*
más / *more*
siempre / *always*

INTERJECTIONS

pues / *well (then)*

NOUNS

deuda / *debt*
dinero / *money*
el hombre / *man*
el poeta / *poet*
tonto, -a / *fool*

PREPOSITIONS

sin / *without*

VERBS

escribir / *to write*
ganar / *to earn*
necesitar / *to need*
pagar / *to pay*

Lección CINCO

TEXTO 1: La función doble

show (performance)

Es tradicional en Madrid tener dos funciones *todos los días* en los 25 (veinte y cinco) o 30 (treinta) teatros de la ciudad. La *primera* función *comienza* generalmente *por* la tarde, y la *segunda,* por la *noche,* después de la cena. Los *jóvenes,* los *novios* y otros que *prefieren volver a casa temprano,* van a la primera función.

every day

first, begins, in
second, night, young people
sweethearts, prefer, to return, home, early

Los españoles cenan, generalmente, muy *tarde,* y en familia. En muchos *hogares,* las hijas *todavía no pueden salir solas* después de la cena. Si *quieren* ir a la segunda función del teatro, tienen la probable «compañía» de sus hermanos, o sus padres.

late
homes, still, cannot, go out
alone, they want

CULTURAL NOTES ▶ *1. The evening schedule outlined in this text is very important, since so much of Spanish social life is organized around it. The first session of the theater generally begins at 7:00 in the evening and the second at 10:30 or 11:00 at night.* ▶ *2. Spaniards eat the evening meal at 9:30 or 10:00. Usually, all the family eats together* **(en familia)** *since this is the traditional time for family members to discuss the events of the day and to share their common interests.*

◀ Mirando un programa de un teatro español.

Práctica

I. Conteste Ud.

1. ¿Qué es tradicional en Madrid?
2. ¿Cuántos teatros hay en Madrid?
3. ¿Cuándo comienza la primera función?
4. ¿Cuándo comienza la segunda?
5. ¿Quiénes van a la primera función?
6. ¿Cenan los españoles temprano?
7. ¿Quiénes no pueden salir solas después de la cena?
8. ¿Con quiénes pueden salir ellas?

II. Preguntas personales.

1. ¿Cuántos teatros hay en nuestra ciudad?
2. ¿Tienen una función o dos todos los días?
3. ¿Prefiere Ud. volver a casa muy temprano el sábado?
4. ¿Con quién va Ud. al teatro?
5. ¿Puede Ud. salir solo (sola) después de la cena?
6. ¿Cena Ud. en familia todos los días?
7. ¿Prefiere Ud. cenar tarde?
8. ¿Qué hace Ud. el domingo?

EXPLICACIÓN

31. Radical-changing verbs: *comenzar, querer, poder, volver*

Some Spanish verbs change their stem vowel in a stressed syllable: **e** becomes **ie** and **o** becomes **ue**. Study the following chart:

e > ie		o > ue	
comenzar	**querer**	**poder**	**volver**
(to begin)	*(to want)*	*(to be able)*	*(to return)*
comienzo	quiero	puedo	vuelvo
comienzas	quieres	puedes	vuelves
comienza	quiere	puede	vuelve
comenzamos	queremos	podemos	volvemos
comenzáis	queréis	podéis	volvéis
comienzan	quieren	pueden	vuelven

32. Accentual patterns of radical-changing verbs

Study the following stress patterns:

TWO-SYLLABLE VERBS	THREE-SYLLABLE VERBS
poder	**preferir**
1. $\frac{\prime}{ue}$ ——	1. —— $\frac{\prime}{ie}$ ——
2. $\frac{\prime}{ue}$ ——	2. —— $\frac{\prime}{ie}$ ——
3. $\frac{\prime}{ue}$ ——	3. —— $\frac{\prime}{ie}$ ——
1. —— $\frac{\prime}{o}$ ——	1. —— —— $\frac{\prime}{e}$ ——
2. —— $\frac{\prime}{o}$ ——	2. —— —— $\frac{\prime}{e}$ ——
3. $\frac{\prime}{ue}$ ——	3. —— $\frac{\prime}{ie}$ ——

Práctica

I. Lea la oración básica y conteste las preguntas. *(Read the basic statement and answer the questions.)*

1. Yo comienzo la lección ahora.
   - (a) ¿Comienza Ud. la lección ahora?
   - (b) ¿Quién comienza la lección ahora?
   - (c) ¿Siempre comienzas tú la lección ahora?
   - (d) ¿Qué comienzan Uds. ahora?
2. Ella prefiere ir a la segunda función.
   - (a) ¿Prefieren Uds. ir a la segunda función?
   - (b) ¿Prefieren sus amigos ir a la segunda función?
   - (c) ¿Siempre prefieres ir a la segunda función?
   - (d) ¿Prefiere Ud. ir a la segunda función?
3. Tú vuelves a casa muy tarde.
   - (a) ¿Cuándo vuelves a casa?
   - (b) ¿Quién vuelve a casa tarde?
   - (c) ¿Siempre vuelven Uds. a casa tarde?
   - (d) ¿Vuelve Ud. a casa en un auto?
4. Ellas no pueden salir solas.
   - (a) ¿Pueden ellos salir solos?
   - (b) ¿Por qué puedes tú salir solo (sola)?
   - (c) ¿Cuándo pueden salir solas ellas?
   - (d) ¿Quiénes no pueden salir solas?
5. Ud. quiere salir después de la cena.
   - (a) ¿Quién quiere salir después de la cena?
   - (b) ¿Cuándo quieres salir tú?
   - (c) ¿Quieren salir Uds. después de la cena?
   - (d) ¿Con quiénes salen las hijas después de la cena?

Es tradicional en España tener dos funciones todos los días.

II. Complete con la forma correcta del verbo.

1. (querer) Tú no _____ ir.
2. (preferir) Julita _____ volver a casa.
3. (poder) Uds. _____ ganar dinero.
4. (volver) Ellos _____ al restaurante.
5. (poder) Nosotros no _____ ir con Ud.
6. (preferir) Tú _____ el español.
7. (querer) Ella sólo _____ comer.
8. (comenzar) El profesor _____ con una explicación.
9. (poder) ¿Quiénes no _____ ir a la segunda función?
10. (preferir) Nosotros _____ pasear.
11. (querer) Cecilia y yo _____ charlar.
12. (poder) Nosotros no _____ estudiar ahora.

33. Numerals: 11–100

11	once	16	di*e*z y s*ei*s (*Notice: ie, ei*)
12	doce	17	di*e*z y si*e*te (*Notice: ie, ie*)
13	trece	18	diez y ocho
14	catorce	19	diez y nueve
15	quince	20	v*ei*nte (*Notice: ei*)

After 20, add units: **veinte y uno, veinte y dos,** etc. Compound numerals from 16 through 19 and 21 through 29 can be written in one word: **dieciséis, diecisiete, veintiuno, veintidós, veintiocho,** etc.

30	treinta	70	setenta
40	cuarenta	80	ochenta
50	cincuenta	90	noventa
60	sesenta	100	cien(to)

The tens, with the exception of **veinte,** all end in **-a.**
The numeral **ciento** is shortened to **cien** before nouns, masculine or feminine: **cien hombres, cien muchachas.**

Práctica

Exprese Ud. en español.

1. $11 + 5 = 16$
2. $14 + 16 = 30$
3. $39 - 17 = 22$
4. $23 + 15 = 38$
5. $17 + 49 = 66$
6. $90 - 19 = 71$
7. $80 - 13 = 67$
8. $59 + 41 = 100$

El Ballet Folklórico de México.

PRONUNCIACIÓN

s

Cover your ears and pronounce the *ss* of *hiss* and the *s* of *was*. You will hear a distinct buzzing sound in the second instance. An **s** that precedes **c, f, j, p, s, t, z** (voiceless articulations in Spanish) must be pronounced like the *ss* in *hiss,* while the **s** that precedes **b, d, g, l, m, n, v** (voiced articulations) must sound like the *s* of *was*. The **s** between vowels is always pronounced like the *ss* in *hiss:*

resultado	Rosita	José
visita	música	resolver
el Brasil	física	composición
presente	presidente	resistencia

Pronuncie en español.

1. El pueblo español es el resultado de la fusión de muchas razas *(races)*.
2. Don José Rosales es el presidente de la Asociación Musical.
3. Nuestra visita se llama Rosita Sánchez.
4. En su composición Ud. usa sólo el presente.

x

In Spanish, **x** before a consonant is pronounced like the *ss* sound in English *hiss:*

explicar	extraño	excursión
extraordinario	experto	Taxco

When Spanish **x** appears between vowels it sounds like the English *ks* combination:[1]

próximo	exageración	examen
éxito	existe	taxi

NOTE: Avoid the English *z* sound in words like **examen** and **existe.**

Pronuncie Ud. en español.

1. Ud. exagera; mejor es ser exacto.
2. En mi examen recibí un «Excelente».
3. Explíqueme Ud. las excepciones.
4. Es extraño: Ud. no parece extranjero.

---

[1]Exception: **exacto** is pronounced "esacto."

¿Quiere Ud. ver una película seria? El cine hispánico trata de temas modernos.

TEXTO 2: Óscar invita a² su amiga

invites

ÓSCAR	¿Por qué no vamos al *cine?*	movies
PILAR	Bien. ¿Qué *película* quieres ver?	film
ÓSCAR	«La fatalidad del *amor*». Dicen que las escenas amorosas son... *impresionantes.*	love sensational
PILAR	*Escucha,* Óscar, ¿por qué no vemos la película de Buñuel?	Listen
ÓSCAR	¡Ay, no! Las películas *serias* son aburridas. Quiero ver a² Marisa, la actriz inglesa.	serious
PILAR	*Mira.* Yo no quiero ver más películas «impresionantes». Es *mejor pensar* un *poco,* ¿no?	Look (here) better, to think, little
ÓSCAR	En el cine yo no pienso. *Sólo* quiero *escuchar* y mirar.	Only, to listen
PILAR	*Entiendo. Por eso* hay *tantas* películas clasificadas «*Sólo para mayores*».	I understand, That's why, so many For adults only

CULTURAL NOTES ►1. *The major movie-making centers in Spanish America have traditionally been Mexico City and Buenos Aires. Argentina's many novelists have actively written for films over the years. Mexico's prominence is due, in part, to the presence there, for several years, of the Spanish director Luis Buñuel.* ►2. *Buñuel's pictures (*Nazarín, Los olvidados, Viridiana, *and* El encanto discreto de la burguesía, *among others) are satires of bourgeois society as well as experiments in artistic expression.*

---

²Do not translate **a.**

Práctica

I. Conteste Ud.

1. ¿Qué pregunta Pilar?
2. ¿Qué película prefiere Óscar? ¿Por qué?
3. ¿Qué otra película prefiere Pilar? ¿Por qué?
4. ¿A quién quiere ver Óscar?
5. ¿Qué no quiere ver Pilar?
6. ¿Qué no hace Óscar en el cine?
7. ¿Qué prefiere hacer?
8. ¿Qué dice Pilar entonces?

II. Preguntas personales.

1. ¿Va Ud. al cine con frecuencia?
2. ¿Tiene Ud. una actriz favorita o un actor favorito?
3. ¿Prefiere Ud. ver películas serias?
4. ¿Es mejor pensar en el cine, o sólo escuchar y mirar?
5. ¿Ve Ud. películas clasificadas «Sólo para mayores»?
6. ¿Son aburridas las películas de Walt Disney?
7. ¿Qué buenas películas italianas hay?
8. ¿Entiende Ud. las películas en español?

EXPLICACIÓN

34. Personal *a*

When a verb is related in Spanish to a direct object which is a definite person or group of persons (I see *John;* I see *their parents*), the preposition **a** must precede the person(s) mentioned. The personal **a** is not needed, however, when we refer to things:

DIRECT OBJECT IS A THING	DIRECT OBJECT IS A DEFINITE PERSON
Entiendo / la conversación.	Entiendo / a mi madre.
Vemos / el cuadro.	Vemos / a Pilar.
Necesito / dinero.	Necesito / a mis amigos.
Prefiero / las películas serias.	Prefiero / a Carlos.
Miro / el menú.	Miro / al mozo.
Presentan / las noticias.	Presentan / a mi hermana.

NOTE: If one can insert the words *some* or *any* before the direct object, the person referred to is indefinite. In such cases the personal **a** is not required:

Necesitan mozos.   *They need waiters.*

Práctica

¿Con **a** o sin **a**?

1. Yo prefiero _____ la coca cola.
2. Todas miran _____ el hombre.
3. Vemos _____ nuestras amigas.
4. Mario no tiene _____ un dólar.
5. Deseo invitar _____ todos los alumnos.
6. Francamente, prefiero _____ Tomás.
7. Todos entendemos _____ el español.
8. Necesito _____ un amigo (meaning *any* friend).
9. Yo no sé _____ la lección.
10. Voy a comenzar _____ la cena.
11. ¿Va Ud. a estudiar _____ el vocabulario?
12. Voy a invitar _____ mi amiga favorita.
13. Ellos comprenden _____ los señores Ortiz.
14. Hoy voy a comer _____ una parrillada.
15. Vamos a ver _____ la película.

Las películas norteamericanas son muy populares en Bogotá, Colombia, y en otras ciudades hispánicas.

Unos jóvenes prefieren ir a la primera función que comienza por la tarde.

35. Affirmative familiar commands

These are the commands for **tú** and **vosotros**. Their endings are **-a, -ad** (**-ar** verbs); **-e, -ed** (**-er** verbs); **-e, -id** (**-ir** verbs):

-ar: mirar	**¡mira tú!** *look! (sing.)* **¡mirad vosotros!** *look! (pl.)*
-er: beber	**¡bebe tú!** *drink! (sing.)* **¡bebed vosotros!** *drink! (pl.)*
-ir: escribir	**¡escribe tú!** *write! (sing.)* **¡escribid vosotros!** *write! (pl.)*

NOTE 1: In Spanish America, the **vosotros** form is not used in ordinary conversation. **Ustedes** takes its place: **miren Uds., beban Uds., escriban Uds.**

NOTE 2: The negative familiar commands are discussed in Section 111.

NOTE 3: In familiar commands the subject pronoun itself is seldom used.

Práctica

Cambie Ud. según el modelo.

> Modelo: Tú quieres hablar.
> Pues, habla.

1. Tú quieres escribir; pues,...
2. Vosotros queréis comer; pues,...
3. Tú quieres vivir en Nueva York; pues,...
4. Tú quieres trabajar; pues,...
5. Tú quieres pagar; pues,...
6. Tú quieres vender objetos artísticos; pues,...
7. Tú quieres hablar en español; pues,...
8. Vosotros queréis mirar el cuadro; pues,...
9. Tú quieres tomar café; pues,...
10. Tú quieres cenar ahora; pues,...

36. Plural nouns

The masculine plural of certain nouns in Spanish implies not only several masculine beings but also a group which includes both feminine and masculine beings. Compare:

abuelos	*grandfathers*	*grandfather and grandmother*
esposos	*husbands*	*husband and wife*
hermanos	*brothers*	*brother and sister, brothers and sisters*
hijos	*sons*	*son and daughter, sons and daughters*
novios	*bridegrooms*	*bride and bridegroom*
padres	*fathers*	*father and mother*
señores	*gentlemen*	*Mr. and Mrs.*

Práctica

Conteste Ud.

1. ¿Cuántos hermanos tiene Ud.?
2. ¿Dónde viven sus abuelos?
3. ¿Dónde trabajan sus padres?
4. ¿Cuántos alumnos hay en esta clase?
5. ¿Dónde están sus hermanos ahora?
6. ¿Tiene Ud. sobrinos? ¿Cómo son?
7. ¿Cuántas horas estudia Ud.?
8. ¿Cuántos hijos tienen sus padres?
9. ¿Quiénes comen en su casa todos los días?
10. ¿De qué habla Ud. con su familia?

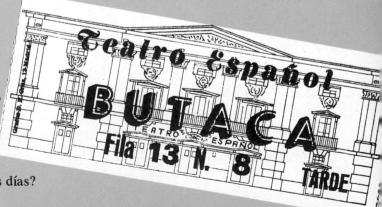

EXPRESIÓN ORAL

Formule Ud. una oración original. [NOTE: Your statements should involve the use of the radical-changing verbs in italics.]

1. State where you *prefer* to study.
2. State what you *want* to do now.
3. Tell the class you are tired and that you *want* to go to Acapulco.
4. Tell whether you *can* or *cannot* study with a friend.
5. Tell whether you *return* home early or late.
6. Tell whether or not you *think* when you see a movie.
7. State whether or not you *understand* the teacher.
8. Tell whether or not you *can* write in Spanish.

OTRA VEZ

Exprese en español.

1. I live in the city.
2. He wants to drink a beer.
3. They work in my district.
4. What are you going to do today?
5. The waiter has the menu.
6. Do you prefer beef or pork?
7. I know (that) she is your niece.
8. I write to my family every day.
9. She is very ill.
10. I wish to earn a lot of (much) money.

VOCABULARIO ACTIVO

ADJECTIVES

serio, -a / *serious*
solo, -a / *alone*

ADVERBS

generalmente / *generally*
mejor / *better, best*
sólo / *only*
tarde / *late*
temprano / *early*
todavía / *still, yet*

IDIOMS

casa: a casa / *home*
día: todos los días / *every day*
tarde: por la tarde / *in the afternoon*

NOUNS

casa / *house*
el cine / *the movies*
la función / *show (performance)*
joven (*m.* or *f.*) / *young man, young woman*
la noche / *night, evening*
novio, -a / *boyfriend, girlfriend; groom, bride*
película / *film*
teatro / *theater*

VERBS

cenar / *to eat supper*
entender (ie)³ / *to understand*
escuchar / *to listen (to)*
invitar / *to invite*
pensar (ie)³ / *to think*
salir / *to leave*

---

³Henceforth, radical-changing verbs will be identified in this manner.

Lección SEIS

TEXTO 1: Carta a un amigo

Letter

Querido Horacio:

    Estoy *viviendo* en una mala *pensión* y, como no tengo dinero, necesito tu *ayuda:* cincuenta pesos. ¿Es mucho?

    Pronto voy a exhibir aquí unos cuadros en una *pequeña* galería, y si *salgo* con *suerte…* bien, pero ahora *pongo* mis *esperanzas* en mis *pocos* amigos. Cuando los provincianos *venimos* a la gran ciudad, somos todos aquí «*don nadie*». La capital es *grande* y *hermosa,* pero también *cara,* y cruel con los *soñadores.*

    No puedo trabajar en un banco, o en un supermercado. Soy artista, y no puedo *dejar* mi arte. ¿*Crees* tú que soy un tonto, o un *inocente?*

Dear

living, boarding house
help

Soon, small
I go (come) out, luck, I put
hopes, few
we come, Mr. Nobody
large, beautiful, expensive
dreamers

leave (abandon), Do you believe
naive person

CULTURAL NOTE ▶ *The relaxed pace of life that characterizes many areas of Spain and Spanish America allows for frequent conversations with friends and acquaintances. The friendships thus cultivated often are not looked upon as mere social conveniences but as highly valued spiritual ties. Hispanic peoples usually delight in sharing their leisure time with their friends.*

◀Mirando un cuadro en el Museo de Arte Moderno de la ciudad de México.

Práctica

Complete Ud.

1. Estoy viviendo en _____.
2. Como no tengo dinero, _____.
3. Pronto voy a exhibir _____.
4. Por ahora pongo mis esperanzas _____.
5. Cuando los provincianos venimos a la gran ciudad, _____.
6. La capital es _____.
7. No puedo trabajar en _____.
8. ¿Crees tú que _____?

EXPLICACIÓN

37. Irregular presents: *poner, salir, venir*

poner (to put, place)	salir (to leave, go out)	venir (to come)
pongo	salgo	vengo
pones	sales	vienes
pone	sale	viene
ponemos	salimos	venimos
ponéis	salís	venís
ponen	salen	vienen

Práctica

I. Cambie Ud. los verbos.

  (a) al plural

    1. **Salgo** a la calle.
    2. **Pones** dinero en el banco.
    3. Ella **viene** a la capital.
    4. ¿**Sale** Ud. con Carlos?
    5. **Vengo** todos los días.
    6. ¿**Vienes** ahora?

  (b) al singular

    1. **Ponemos** dinero en la carta.
    2. **Salen** después de la cena.
    3. ¿**Ponéis** vuestros cuadros allí?
    4. **Salimos** a pasear.
    5. **Ponen** sus esperanzas en él.
    6. **Venimos** cansados.

Este joven artista quiere exhibir sus cuadros en una galería.

II. Conteste Ud. [NOTE: First try to be original; if you cannot, choose a phrase from the list given at the right.]

1. ¿Dónde pone Ud. su dinero?
2. ¿Con quién viene Ud. a la universidad?
3. Después de la clase, ¿con quién sale Ud.?
4. ¿Cuándo no podemos pagar nuestras deudas?
5. ¿Viene Ud. a la clase de español todos los días?
6. ¿Sale Ud. solo (sola) después de la cena?
7. ¿Quiénes exhiben sus cuadros en una galería?
8. ¿Cuándo sale Ud. a la calle?
9. ¿Quiénes vienen al bar para beber cerveza?
10. ¿Por qué vienen muchos a la Calle Florida?

1. No, señor. Vengo…
2. con un muchacho mexicano
3. para charlar con los amigos
4. con mis hermanos
5. para pasear
6. por la tarde
7. muchas personas
8. a casa
9. en el banco
10. todos los días
11. cuando no tenemos dinero
12. mucho gusto
13. con unos amigos
14. para comer en un restaurante
15. los artistas…

38. Present participle

This is the name given to the English verb form ending in *-ing*. Its Spanish counterpart is called a gerund and has the following endings: **-ando** (**-ar** verbs), **-iendo** (**-er** and **-ir** verbs):

explicar	explic**ando**	*explaining*
vender	vend**iendo**	*selling*
escribir	escrib**iendo**	*writing*

39. Progressive tenses

The present tense in Spanish, like its English counterpart, can carry progressive meaning. However, to emphasize an action in progress use a form of the verb **estar** followed by a gerund:

Estoy escribiendo una carta.　*I am writing a letter.*
Ellos están discutiendo.　*They are arguing (discussing).*

Práctica

I.　Cambie Ud. según el modelo.

Modelo: Hablamos.
　　　　Estamos hablando.

1. Vivo en una mala pensión.
2. Converso con María.
3. Él discute con dos muchachos.
4. Nosotros estudiamos francés.
5. ¿En qué pensáis vosotros?
6. Escribes una carta.
7. ¿Qué hace Ud.?
8. ¿Con quiénes cenan ellas?
9. ¿Gana Ud. mucho dinero?
10. ¿De qué hablan Uds.?

II.　Conteste Ud. según el modelo.

Modelo: ¿Qué come Ud.?
　　　　Estoy comiendo carne de cordero.

1. ¿Dónde vive Ud.?
2. ¿Qué clases estudia Ud.?
3. ¿Trabaja Ud. mucho ahora?
4. ¿Qué mira Ud. en una galería?
5. ¿A quién escribe Ud. cartas?
6. ¿Gana Ud. mucho dinero o no?
7. ¿Con quiénes charla Ud.?
8. ¿Qué practica Ud. ahora?
9. ¿Qué beben Uds. por la tarde?
10. ¿Qué discute Ud. con sus amigos (amigas)?

40. *Dejar* and *salir*

The verb **dejar** means *to leave something at rest* or *to abandon,* while **salir** means *to leave* or *to depart:*

> **Dejan** al niño en casa. *They leave the child at home.*
> Siempre **salen** tarde. *They always leave late.*

Práctica

¿Dejar o *salir?*

1. Los dos siempre _____ a la calle muy temprano.
2. Yo _____ de mi casa temprano.
3. Ella _____ su dinero en casa.
4. José y yo _____ a las muchachas en su casa.
5. ¿Por qué _____ tus libros en la clase?
6. Voy a _____ unos cuadros en la galería.
7. No _____ porque estoy enfermo.
8. Ellos _____ cincuenta pesos para los pobres.

PRONUNCIACIÓN

t

No puff of air should follow a Spanish **t.** Pronounce English *terrible* and Spanish *también* with the back of your hand close to your mouth. You will feel a puff of air against your hand when saying the *t* in *terrible* but should feel nothing after the **t** in *también.* (Remember to keep the tip of the tongue against the upper teeth when articulating the Spanish **t.**)

Pronuncie en español.

I. **t** before a vowel

1. Anita no contesta tus preguntas.   2. Margarita es alta y simpática.
3. Tomás es metódico y prudente, y también tonto.   4. Tú no estudias con interés.

II. **t** followed by **r**

1. Cuatro y nueve son trece.   2. ¿Por qué está triste Beatriz?   3. Hay treinta y tres alumnos.   4. Hay trece teatros en la ciudad.

TEXTO 2: En Nogales

Un señor (el *cliente*) *entra en* una tienda y habla con el *vendedor*.

client, enters
seller (clerk)

CLIENTE	Buenos días.	
VENDEDOR	Muy buenos días.	
CLIENTE	Necesito *comprar* un *regalo*.	to buy, present
VENDEDOR	Mire Ud., hoy tengo *platos, tazas, jarras* y muchas otras *cosas* a *precio* especial.	plates, cups, pitchers things, price
CLIENTE	¿Cuánto *cuesta esa* jarra?	does . . . cost?, that
VENDEDOR	*¿Cuál? ¿Ésta? ¿La pequeña?*	Which (one)?, This one?
CLIENTE	No, la grande. *Ésa..., ahí.*	That one, there
VENDEDOR	Para Ud., muy *barato:* diez y seis dólares.	cheap
CLIENTE	¡Hombreee! *Ése* es el precio para turistas.	That
VENDEDOR	*Bueno...* quince, *entonces.*	All right, then
CLIENTE	Francamente, sólo puedo *gastar* doce dólares.	spend
VENDEDOR	Bueno, señor. Sólo esta *mañana,* y sólo para Ud.: doce dólares. Con estas *rebajas* no gano dinero. ¡*Esto* es un desastre!	morning discounts This

CULTURAL NOTES ▶ *1. Nogales is approximately 70 miles directly south of Tucson, Arizona. Like other border towns (Nuevo Laredo, Tijuana, Mexicali, Ciudad Juárez), it features many small shops, restaurants, and other tourist attractions.* ▶ *2. Determining the price of an object by haggling with a salesperson eager to bargain is still typical of some smaller shops and especially of the stalls in open marketplaces in Spanish America. This custom, however, is slowly dying out.*

Práctica

I. Conteste Ud.

1. ¿Cuántas personas están hablando?
2. ¿Es el cliente un turista?
3. ¿Cómo es la jarra que va a comprar el cliente?
4. ¿Qué diferencia hay entre el precio del vendedor y el precio que paga el cliente?

II. Preguntas personales.

1. En su familia, ¿quién compra los platos y las tazas?
2. ¿Qué compra Ud. cuando necesita dar un regalo?
3. ¿Cuánto puede Ud. gastar en un buen regalo?
4. ¿Prefiere Ud. comprar muchos regalos baratos o pocos regalos caros?

EXPLICACIÓN

41. Demonstratives: *este, esta, estos, estas*

These four demonstrative adjectives are used to point out objects and persons near the speaker:

SINGULAR		PLURAL	
este muchacho	*this boy*	**estos** muchachos	*these boys*
esta muchacha	*this girl*	**estas** muchachas	*these girls*

Práctica

I. Cambie según los modelos.

Modelos: el plato   las jarras
       este plato   **estas** jarras

1. el cuadro
2. la taza
3. los precios
4. los turistas
5. la carta
6. el banco
7. las pensiones
8. el artista
9. los clientes
10. las películas

II. ¿Este, esta, estos o estas?

1. Yo vengo mucho a _____ restaurante.
2. No entiendo _____ carta.
3. ¿Qué dice _____ hombre?
4. Quiero hablar con Ud. _____ tarde.
5. Ellos prefieren _____ carnes.
6. Ellas no vienen a _____ clases.
7. Mis abuelos viven en _____ ciudad.
8. ¿Qué película podemos ver en _____ cine?
9. Yo no estudio mucho _____ días.
10. Viven en _____ calle.

Estas hermosas camisas no cuestan mucho. ¿Quiere Ud. comprar un regalo para un amigo?

42. Demonstratives: *ese, esa, esos, esas*

These four demonstrative adjectives refer to objects and individuals near
the person spoken to:

SINGULAR		PLURAL	
ese señor	*that gentleman*	**esos** señores	*those gentlemen*
esa señora	*that lady*	**esas** señoras	*those ladies*

There is a third set of demonstratives (**aquel, aquella, aquellos, aquellas**)
that refers to objects or persons far away from the speaker and the person
spoken to. This set is not being used as often:

Los pobres viven en **aquella** pensión.
Poor people live in that boarding house (way over there).

The demonstratives given in Sections 41 and 42 can be used as pronouns
(i.e., in place of nouns); as such, they bear an accent:

Ése es grande.   *That one is large.*
Éstas son más hermosas.   *These are more beautiful.*
Aquél es muy barato.   *That one is very cheap.*

There are three neuter demonstratives that refer to an idea or to something vague whose gender is unknown. They bear no accent:

Esto (eso, aquello) no es muy interesante.
This business (that business, that thing) is not very interesting.

Práctica

I. **¿Ese, esa, esos** o **esas?**

1. ciudad
2. turistas
3. conversación
4. tarde
5. padres
6. días
7. café
8. calles
9. menú
10. jóvenes

II. Cambie Ud. al plural.

Modelo: Este plato es caro.
          Estos platos son caros.

1. Esta pensión no es muy barata.
2. Ese muchacho está aburrido.
3. Aquel auto es muy hermoso.
4. Ése es muy serio.
5. Éste quiere ser artista.
6. ¿Quién prefiere éste?
7. Aquél es más interesante.
8. ¿Es ése su amigo?

III. Dé Ud. las formas apropiadas de los demostrativos. *(Give the appropriate forms of the demonstratives.)*

(a) near the speaker
     1. _____ amigos son excelentes.
     2. _____ jarra cuesta cinco dólares.
     3. Con _____ precios no gano dinero.
     4. _____ señora es muy aburrida.
     5. _____ días son tristes.

(b) near the person spoken to
     1. _____ muchacho es un inocente.
     2. _____ turistas no son mexicanos.
     3. _____ películas son sólo para mayores.
     4. _____ cuadro es impresionante.
     5. _____ cine es muy caro.

IV. Exprese Ud. en español empleando el neutro. *(Express in Spanish using neuter forms.)*

1. This is interesting.   2. Is this just?   3. That is not serious.
4. Don't you understand this?   5. What is that?

43. Adverbs of place

Contrast the following:

A. **Aquí,** like **éste,** implies proximity to the speaker:

> **Éste** que tengo **aquí** es muy hermoso.
> *This one that I have here is very beautiful.*

Ahí, like **ése,** indicates proximity to the person spoken to:

> **Ése** que tú tienes **ahí** es mejor.
> *That one that you have there is better.*

Allí, like **aquél,** points to a place that is distant from the speaker and the person spoken to:

> **Aquéllos** que están **allí** son más caros.
> *Those over there are more expensive.*

B. **Acá** *(here)* and **allá** *(there)* are normally (not always) used after verbs of motion:

> Trae (tú) eso **acá.**   *Bring it (that thing) here.*
> Él desea ir **allá** mañana.   *He wants to go there tomorrow.*

Práctica

¿Aquí, ahí, allí, acá o allá?

1. Marcelo, en esa mesa tienes muchos libros. ¿Qué libros interesantes hay _____?
2. Voy a visitar a Hawaí muy pronto. Dicen que _____ todos son muy amables.
3. Éste es el mejor restaurante; _____ tienen carnes muy buenas.
4. Muchacho, trae _____ esos libros.
5. Ésa es su casa. Toda la familia está viviendo _____ ahora.
6. De los dos platos, prefiero ése que está _____, en esa mesa.
7. La ciudad de Salta es muy hermosa. Quiero ir _____ con mis padres.
8. Esta ciudad es muy pequeña; no tenemos grandes tiendas _____.

LECTURA: Cholula

Cholula está en el centro de México, *a unos* 125 (ciento   **at about**
veinte y cinco) kilómetros de la capital. Muchos turistas
mexicanos y *extranjeros* van allá porque es una ciudad   **foreigners**
sagrada, en el *sentido* pagano y en el sentido religioso.   **sacred, sense**

En Cholula hay una famosa montaña que tiene en la *cima*   **top**
la *iglesia* de *Nuestra Señora de los Remedios.* En realidad, la   **church, Our Lady of Helps**
montaña es una pirámide enorme, *hoy día cubierta de*   **nowadays, covered with**
vegetación. Este monumento es parte de una ciudad construida
por los toltecas[1] *antes* de la era cristiana, y reformada por los   **before**
aztecas[1] *varios siglos* después.   **several, centuries**

Hoy día es posible entrar en el interior de la montaña y ver   **Today**
partes de la pirámide y los *restos* de una *tumba* azteca. ¡Qué   **remains, tomb**
tremenda experiencia es ir por largos túneles, y pensar que
tenemos una montaña *encima!*   **on top (of us)**

Cholula es también «sagrada» porque tiene más *de* 365   **than**
(trescientas sesenta y cinco) iglesias, una por cada día del *año.*   **year**
Algunas son famosas por su complicada decoración, otras por   **Some**
sus altares *dorados;* otras tienen abundantes adornos florales y   **gilded**
hermosas *cúpulas* de varios colores.   **domes**

Cholula representa sin *duda* una dramática confrontación   **(a) doubt**
de dos culturas.

Práctica

I. Conteste Ud.

1. ¿Dónde está Cholula?
2. ¿Por qué van allá muchos turistas?
3. ¿Qué hay en Cholula?
4. ¿Qué hay en la cima de la montaña?
5. ¿Qué sabemos de la pirámide?
6. ¿Qué es posible hoy?
7. ¿Por qué son famosas las iglesias de Cholula?
8. ¿Qué representa Cholula?

---

[1]The term *Toltec* is given to the more advanced of the early Mexican
civilizations. Of these the best known is the one associated with the city of
Teotihuacán, about 50 kilometers from the capital. The Aztecs were the last
of the Indian tribes to arrive in the central Mexican plateau. In 1325 they
founded their capital on the site that is today Mexico City.

II. ¿Tiene Ud. buena memoria? Complete con las palabras más apropiadas.

1. Cholula está a unos 125 _____ de la capital.
2. Muchos turistas mexicanos y _____ van allá.
3. En Cholula hay una famosa _____ que tiene en la cima una iglesia.
4. Este monumento es parte de una ciudad construida por los toltecas antes de la era _____.
5. Hoy día es posible entrar en el _____ de la montaña.
6. Cholula tiene más de 365 _____.
7. Algunas tienen hermosas cúpulas de varios _____.
8. Cholula representa una dramática confrontación de dos _____.

EXPRESIÓN ORAL

Complete el diálogo; usted es el cliente.

VENDEDOR   Muy buenos días.

CLIENTE   _____.

VENDEDOR   ¿Qué desea Ud. comprar?

CLIENTE   _____.

VENDEDOR   ¿Ésta o ésa?

CLIENTE   _____.

VENDEDOR   Ésa sólo cuesta diez y seis dólares.

CLIENTE   ¡_____!

VENDEDOR   Para usted, precio especial: quince.

CLIENTE   _____.

VENDEDOR   Así no gano dinero.

CLIENTE   _____.

Una de las 365 o más iglesias de Cholula, México. Está situada encima de una pirámide tolteca, hoy día cubierta de vegetación.

Escultura tolteca de la antigua ciudad de Teotihuacán.

OTRA VEZ

Pregúntele a otro alumno (*Ask another student*):

1. por qué está en esta clase.
2. por qué viene a esta universidad.
3. cómo está estos días.
4. cuánto cuesta su libro de español.
5. qué va a hacer esta tarde.
6. qué hace cuando no puede pagar sus deudas.
7. a quiénes escribe cartas.
8. cómo es su casa.

VOCABULARIO ACTIVO

ADJECTIVES
barato, -a / *cheap*
caro, -a / *expensive*
grande / *large*
hermoso, -a / *beautiful*
pequeño, -a / *small*
pocos, -as / *few*
querido, -a / *dear*

ADVERBS
entonces / *then*
pronto / *soon*

NOUNS
el arte / *art*
banco / *bank*
carta / *letter*

cosa / *thing*
jarra / *pitcher*
mañana / *morning*
la pensión / *boarding house*
plato / *plate*
precio / *price*
regalo / *present, gift*
supermercado / *supermarket*
taza / *cup*
vendedor, -a / *seller*

VERBS
comprar / *to buy*
costar (ue) / *to cost*
creer / *to believe*
gastar / *to spend*

Self-test II

1. Cambie Ud. al tiempo progresivo usando **estar.** (*Change to the progressive tense using* **estar.**)

    1. Estudio en clase ahora.
    2. Nosotros discutimos las noticias del día.
    3. ¿Qué haces tú ahora?

2. Complete Ud.

    (a) ¿**Este, esta, estos** o **estas?**
        1. Voy a trabajar con _____ hombre.
        2. ¿Qué hacen Uds. _____ días?
        3. ¿Por qué no vamos a _____ función?
        4. _____ vendedores hablan mucho.

    (b) ¿**Ese, esa, esos** o **esas?**
        5. _____ poetas son famosos.
        6. _____ cine es muy barato.
        7. _____ joven se llama Estela.
        8. ¿Son grandes _____ ciudades?

    (c) ¿**Ése, ésa, ésos, ésas; éste, ésta, éstos** o **éstas?**
        9. Juan, yo tengo un plato; toma tú _____ que está aquí.
       10. ¿Las jarras de Juan? ¿No son _____ que están ahí?
       11. Alberto, ¿tus libros son _____ que están ahí?
       12. Esta carta es mía; _____ que está en la otra mesa es de Ud.

3. Escriba Ud. en español.

    1. $40 - 11 = 29$ 2. $98 - 61 = 37$ 3. $51 + 26 = 77$

4. ¿Con o sin **a?**

    1. Preferimos ver _____ una película.
    2. Ellos hablan _____ sus amigos españoles.
    3. Invite Ud. _____ su novio (novia).
    4. No mire Ud. _____ esos libros.

5. Dé Ud. el mandato de los verbos indicados. (*Give the command of the verbs indicated.*)

    1. (comprar) _____ Uds. las dos tazas.
    2. (hablar) _____ (tú) con Juanita.
    3. (escribir) _____ (tú) la carta.
    4. (vender) _____ Uds. la casa.
    5. (gastar) _____ Ud. todo su dinero entonces.

6. **¿Ser** o **estar?**

1. Tú no _____ muy inteligente.
2. Mi madre _____ enferma ahora.
3. Nosotros _____ muy prudentes.
4. Yo _____ cansado porque trabajo mucho.
5. Juan y Tomás _____ mexicanos.
6. Pascual no es persona alegre. ¡Qué aburrido _____!
7. Yo _____ muy contento.
8. Jacinto _____ poeta.

7. Dé *(Give)* la forma correcta de los verbos.

1. (poder) Ellas no _____ salir solas.
2. (entender) Yo _____ las dos lenguas muy bien.
3. (pensar) En el cine él no _____.
4. (comenzar) ¿Cuándo _____ la segunda función?
5. (querer) Nosotros no _____ ir todavía.
6. (volver) ¿_____ (tú) a casa tarde o temprano?
7. (venir) ¿Cuándo _____ Uds. a clase?
8. (salir) Yo no _____ solo (sola) después de la cena.
9. (poner) ¿Dónde _____ (nosotros) estos platos?
10. (dejar *or* salir) ¿Por qué _____ (tú) el regalo ahí?

8. Dé la palabra más apropiada.

1. Si hoy es jueves, mañana es _____.
2. Si mañana es jueves, hoy es _____.
3. En nuestra familia somos seis, con mis tres hermanos y mis _____.
4. Los hijos de mi hermana son mis _____.
5. En la tienda el vendedor vende platos y tazas a un _____.

GALERIAS

SKIRA

TIENE EL HONOR DE INVITAR A USTED A
LA INAUGURACION DE LA EXPOSICION:

Seis escultores
Catalanes

Lección SIETE

TEXTO 1: Fin de semana

Weekend

ADRIANA	¿Adónde *fuiste* este fin de semana?	did you go
JULITA	¿No sabes? Mis *primos* están aquí ahora. *Fuimos* a *nadar* en San Bernardo el sábado por la mañana; tienen una hermosa *piscina* ahí.	cousins, We went to swim (swimming) swimming pool
ADRIANA	Ah, sí, es verdad.	
JULITA	También *jugamos al* tenis.	we played
ADRIANA	*¡Qué bien!*	Great!
JULITA	*Ayer dimos un paseo por* las montañas y *anoche comimos* en el hotel. *Fue* una estupenda excursión. Y tú, ¿qué *hiciste?*	Yesterday, we took a walk, on (over, through), last night we ate, It was did you do?
ADRIANA	*Pasé* todo el fin de semana estudiando con Roberto para el examen de hoy.	I spent
JULITA	*¡No me digas!*	You don't say!

◄ Durante el fin de semana, muchos van a Portillo, Chile, en los Andes, para esquiar.

Práctica

Examine los dibujos *(drawings)*.

(a) Exprese la acción *en presente.*

(b) Exprese la acción *en pretérito,* con los sujetos **yo, nosotros, ellas.**

1. 2.

3. 4.

5.

EXPLICACIÓN

44. Regular endings of the preterite tense

-ar verbs			**-er, -ir** verbs	
-é	-amos		-í	-imos
-aste	-asteis		-iste	-isteis
-ó	-aron		-ió	-ieron

comprar (to buy)	**comprender** (to understand)	**vivir** (to live)
compré	comprendí	viví
compraste	comprendiste	viviste
compró	comprendió	vivió
compramos	comprendimos	vivimos
comprasteis	comprendisteis	vivisteis
compraron	comprendieron	vivieron

Note that the preterite endings of **-er** and **-ir** verbs are the same. The first person plural of **-ar** and **-ir** verbs (**compramos, vivimos**) has the same ending in both the preterite and the present. In the third person singular, **-ar** verbs end in **-ó**, but **-er** and **-ir** verbs end in **-ió**.

Radical-changing verbs of the first and second conjugations (**-ar**, **-er**) do *not* change their stem vowel in the preterite:

PRESENT	PRETERITE
(yo) entiendo	(yo) entendí
(ellas) comienzan	(ellas) comenzaron
(Ud.) vuelve	(Ud.) volvió

Práctica

Use Ud. los verbos en pretérito en las personas indicadas.

Modelo: (comer) Uds. _____ en el hotel.
Uds. **comieron** en el hotel.

1. (pasar) ⎰Yo / Uds. / Nosotros⎱ ... el día en las montañas.

2. (vivir) ⎰Tú / Ella / Vosotros⎱ ... en la capital.

3. (ver) ⎰Ud. y Juan / Él / Ellos⎱ ... una película para mayores.

4. (comprender) ⎰La muchacha / Mis amigos / Nosotros⎱ ... por qué es alto el precio.

5. (entender) ⎰Yo / Tú y Alberto / Mi madre y yo⎱ ... toda la conversación.

Un partido de fútbol frente al antiguo acueducto romano de Segovia en España.

45. Irregular preterites: *dar, hacer, ir, ser*

dar *(to give)*	hacer *(to make, do)*	ir *(to go)*	ser *(to be)*
di	hice	fui	fui
diste	hiciste	fuiste	fuiste
dio	hizo	fue	fue
dimos	hicimos	fuimos	fuimos
disteis	hicisteis	fuisteis	fuisteis
dieron	hicieron	fueron	fueron

NOTE 1: The verb **dar,** though a first-conjugation verb, takes the endings of a second or third conjugation.

NOTE 2: The preterite of **ir** is exactly like the preterite of **ser.** In Spanish, *I went* and *I was* are both **yo fui.**

NOTE 3: The **c** changes to **z** in **hizo,** to maintain the sound of the infinitive form before **o.**

Práctica

Conteste Ud. en pretérito según el modelo.

Modelo: (dar) Uds. _____ un paseo ayer.
           Uds. **dieron** un paseo ayer.

1. (ir) { Yo / Mi madre / Ud. } ... al teatro anoche.

2. (hacer) { Nosotras / Uds. / Tú } ... la cena ayer.

3. (dar) { Adriana / Julita y su amigo / Uds. } ... dinero al niño.

4. (ser) { La excursión / Las cenas / El fin de semana } ... estupendo (-a, -os, -as).

5. (pasar) { Tú y yo / Ella y él / Tú y Juan } ... la tarde en la piscina.

46. Theory of the preterite

This past tense implies either a definite beginning or a definite end. **Yo estudié,** for example, means *I am no longer studying.* Quite often this tense is associated with phrases indicating a particular moment or occasion: **entonces** *(then),* **en ese momento** *(at that moment),* **después** *(afterwards),* **ayer** *(yesterday),* **el miércoles por la mañana** *(Wednesday morning),* etc. Such temporal expressions do not have to be stated; they can be merely understood.

Práctica

I.   Cambie al pretérito.

1. Hablo en voz alta.
2. Él es muy amable.
3. Ellos nadan en la piscina.
4. ¿Hace Ud. la cena en su casa?
5. ¿Con quién va Ud. al teatro?
6. Ella sale a la calle.
7. ¿Comprenden Uds. a los franceses?
8. Charlo con mis amigos (amigas).
9. Ellas dan un paseo.
10. Ellos son muy felices.

II.   Conteste Ud.

1. ¿Comió Ud. en un restaurante anoche?
2. ¿Escribieron Uds. a su familia en español?
3. ¿Adónde fuiste el domingo?
4. ¿Qué hizo Ud. esta mañana?
5. ¿Compraste tú muchos libros para esta clase?
6. ¿Estudió Ud. sus lecciones para hoy?
7. ¿Fue Ud. a su casa el domingo?
8. ¿Qué tomó Ud. esta mañana?
9. ¿Vio Ud. una película este fin de semana?
10. ¿Dio Ud. un paseo anoche?

47. More about position of adjectives

In Section 20 you learned that descriptive adjectives usually follow the noun. If, however, you do not use the adjective to differentiate an object or person from others of the same kind, the adjective must precede the noun:

Fue una **estupenda** excursión.   *It was a wonderful excursion.*
Tienen una **hermosa** piscina ahí.
They have a beautiful swimming pool there.

Dos muchachas pasan el sábado por la mañana cerca del lago de Calima, Colombia.

These are subjective statements in which the speaker conceives **estupenda** and **hermosa** as natural qualities of the nouns they modify. (Consider the English phrase "an awful hurricane," in which the adjective *awful* is naturally associated with *hurricane*.) If the adjectives follow the noun (**excursión estupenda, piscina hermosa**), they would, of course, imply a comparison with other **excursiones** and **piscinas** that are not **estupendas** or **hermosas.**

Práctica

Exprese una relación natural entre los sustantivos y adjetivos.

Modelo: casa / hermosa
        Es una hermosa casa.

1. parrillada / enorme
2. profesora / simpática
3. alumnos / excelentes
4. cena / estupenda
5. montaña / famosa
6. actriz / hermosa

TEXTO 2: Una conversación por teléfono

Busco el número, *lo marco,* y escucho.   I look for, dial it

ÉL   *¿Aló? ¿Quién llama?*   Hello, is calling

YO   *Aquí,* Ernesto Morales. ¿Puedo hablar con Alberto?   This is

ÉL   ¿Con quién?

YO   Perdone si *le molesto,* señor Duero.   I'm bothering you

ÉL   ¿Cómo? Yo soy Buero.

YO   No le entendí bien. ¿Buero o Duero?

ÉL   Buero…, hombre, con **b** de «burro». Ud. *confundió* el   you confused
       nombre. ¿No tiene Ud. una *guía de teléfonos?*   name, directory

YO   Sí, señor.

ÉL   Pues, hombre, *consúltela.*   consult it

YO   Perdone Ud. *(Cuelgo* el *receptor.)* ¡Qué *tipo!* Tiene *voz*   I hang up, receiver, character,
       de sargento.   a drill sergeant's voice

CULTURAL NOTE ►*Telephone greetings vary from country to country throughout the Hispanic world. In Spain they use* **Diga** *or* **Dígame;** *in Mexico,* **¿Bueno?;** *in Argentina,* **Holá;** *in Chile,* **¿Aló?,** *which is also common in most of the other Latin countries.*

La vendedora de una tienda de regalos habla con un cliente por teléfono.

Práctica

Reconstrucción del diálogo. [NOTE: Cover first one side of this telephone conversation and then the other until you can give all the missing speeches from memory. You may wish to practice with a classmate.]

ÉL	YO
1. ¿Aló? ¿Quién llama?	1. _____.
2. _____.	2. Aquí, Ernesto Morales. ¿Puedo hablar con Alberto?
3. ¿Con quién?	3. _____.
4. _____.	4. Perdone si le molesto, señor Duero.
5. ¿Cómo? Yo soy Buero.	5. _____.
6. _____.	6. No le entendí bien. ¿Buero o Duero?
7. Buero..., hombre, con **b** de «burro». Ud. confundió el nombre. ¿No tiene Ud. una guía de teléfonos?	7. _____. _____. _____. _____.
8. _____.	8. Sí, señor.
9. Pues, hombre, consúltela.	9. _____.
10. _____.	10. Perdone, Ud.

EXPLICACIÓN

48. Direct object pronouns

These pronouns take the place of nouns that function as direct objects. Study the following chart:

	SINGULAR		PLURAL
me	*me*	nos	*us*
te	*you*	os	*you (familiar, pl.)*
le	*him, you (polite)*	les	*them (m. persons), you (polite, m.)*
la	*her, you (polite, f.), it (f.)*	las	*them (f. persons and things), you (polite, f.)*
lo	*him, it (m.), it (neuter)*	los	*them (m. persons and things)*

NOTE 1: Nouns functioning as direct objects are recognized by asking, Who (What) is (are) + past participle. For example: He buys foreign products. Question: What is bought? Answer: Foreign products (the direct object).

NOTE 2: In Spanish America, most people prefer to say **lo** for *him*, instead of **le. Quiero verlo** could then mean *I want to see him* or *I want to see it.*

49. Position of object pronouns

Object pronouns usually precede the verb. The cases in which they follow
the verb are discussed in Section 50.

Me llaman. *They are calling me.*
¿**Nos** comprendió Ud.? *Did you understand us?*
No **los** compramos. *We do not (did not) buy them.*

Práctica

I. Cambie Ud. según el modelo.

Modelo: Veo *a Juan.*
Le (Lo) veo.

1. Entendemos *la conversación.*
2. Llamamos *al señor Buero.*
3. Busco *los números.*
4. Compra *dos tazas.*
5. El muchacho da *su nombre.*
6. Hoy pagamos *la pensión.*
7. ¿No sabe Ud. *el precio?*
8. Prefieren *la función de la tarde.*
9. Vio *la ciudad* con otros turistas.
10. El mozo trae *dos menús.*

II. Conteste según los modelos.

(a) Modelo: ¿Compra Ud. *libros?*
Sí, **los** compro.

1. ¿Ve Ud. *películas españolas?*
2. ¿Comprendes tú *los cuadros de Picasso?*
3. ¿Escribe Ud. *cartas interesantes?*
4. ¿Dónde busca Ud. *el número del teléfono?*
5. ¿Tienes *cinco dólares?*

(b) Modelo: ¿Consultó Ud. *la guía de teléfonos?*
Sí, **la** consulté.

6. ¿Invitó Ud. *a las muchachas?*
7. ¿Entendió Ud. *la carta?*
8. ¿Compraste *los regalos?*
9. ¿Discutieron Uds. *el precio?*
10. ¿Gastó Ud. *todo su dinero?*

50. More on position of object pronouns

These pronouns may follow and be attached to infinitives, gerunds, and affirmative commands.

> Felipe no quiere ver**me**. *Philip does not want to see me.*
> Ella está llamándo**te**. *She is calling you.*
> ¡Vénda**los** Ud.! *Sell them!*

NOTE 1: In the case of gerunds and affirmative commands, an accent mark must be added in order to preserve the stress pattern of the original verb.

NOTE 2: When there are two verbs, as in the first two examples above, the pronoun may also precede the verb:

> Felipe no **me** quiere ver. *Philip does not want to see me.*
> Ella **te** está llamando. *She is calling you.*

Práctica

Cambie según los modelos.

> (a) Modelo: ¿Quiere Ud. ver *estos libros?* (with infinitive)
> Sí, quiero ver**los.**

1. ¿Quiere Ud. comprar *esa jarra?*
2. ¿Pueden Uds. explicar *las noticias de hoy?*
3. ¿Prefiere Ud. escribir *su nombre* aquí?
4. ¿Quiere ella invitar *a sus amigos colombianos?*
5. ¿Vas a llamar *a tu padre?*

> (b) Modelo: Él escribe *una carta.* (with gerund)
> Él está escribiéndo**la.**

1. Mi madre hace *el café.*
2. Las señoritas estudian *los cuadros de El Greco.*
3. Yo hago *las mismas cosas.*
4. Los padres buscan *una casa.*
5. Julita mira *los precios.*

> (c) Modelo: Quiero escribir *una carta.* (with affirmative command)
> Pues, escríba**la** Ud.

1. Quiero ver *esa película.*
2. Quiero ganar *dinero.*
3. Prefiero tomar *café.*
4. Quiero comprar *ropa.*
5. Quiero llamar *a León* por teléfono.

51. Exclamations

The more common types of exclamations in Spanish are:

A. **qué** + adjective + noun:

    ¡Qué hermoso cuadro!   *What a beautiful painting!*

B. With the intensifier **tan** or **más:**

    ¡Qué piscina **tan (más)** hermosa!
    What a beautiful swimming pool!

La música es un elemento básico de la vida hispánica.

Práctica

Exprese Ud. una exclamación según los modelos.

(a) Modelo: excursión / interesante
¡Qué interesante excursión!

1. película / impresionante
2. señoras / amables
3. día / hermoso
4. señor / generoso

(b) Modelo: hombre / franco
¡Qué hombre tan (más) franco!

1. niños / buenos
2. casa / enorme
3. función / estupenda
4. regalos / hermosos

LECTURA: Yo vendo unos ojos negros

Yo vendo unos ojos negros.
¿Quién me los quiere comprar?
Los vendo por traicioneros,
porque me han pagado mal.

I'm selling a pair of dark eyes.
Who wants to buy them from me?
I'm selling them because they're treacherous,
because they have repaid me badly.

Más te quisiera,
¡más te amo yo!
y todas las noches las paso,
suspirando por tu amor.

I would love you more,
I love you more (than anyone)
and I spend every night
sighing for your love.

(No pienses que por no verte,
mi amor se ha desvanecido,
yo soy chilena constante,
y cuando quiero, no olvido, ¡mi alma!)

(Don't think that for not being able to see you,
my love has gone away,
I am a faithful Chilean woman,
and when I love, I don't forget, my dear!)

Ojos negros traicioneros
¿por qué me miráis así?
¿Tan alegres para otras
y tan tristes para mí.

Treacherous dark eyes
why do you look at me that way?
So cheerful for others
and so sad for me.

Más te quisiera,
¡más te amo yo!
y todas las noches las paso,
suspirando por tu amor.

I would love you more,
I love you more (than anyone)
and I spend every night
sighing for your love.

CULTURAL NOTE ► *This lively Chilean song is a **tonada**. **Tonadas** usually have a love theme and are often accompanied by hand clapping and by the jingling of large spurs like those worn by the Chilean cowboy.*

YO VENDO UNOS OJOS NEGROS

Arrangement and Adaptation by
DONATO R. HEITMAN

No pienses que por no verte mi amor se ha

desvanecido, yo soy chileno constante y cuando

quiero, no olvido.

1. Yo ven-do u-nos o-jos ne - gros. ¿Quién me los quie-re com - prar? Los
2. O - jos ne-gros trai-cio - ne-ros. ¿Por qué me mi-rais a - sí? ¡Tan

Piano arr. by Carlos Abreu.

ven-dor por trai-cio-ne-ros,— por-que me han pa-ga-do mal. Yo mal.
a-le-gres pa-ra o-tros— y tan tris-tes pa-ra mí. mí.

Más — te qui-sie-ra,— mas te a-mo yo y to-da la no-che la

pa-so sus-pi-ran-do por tu a-mor.— mor.

pa-so sus-pi-ran-do por tu a-mor. —

"Yo vendo unos ojos negros" by Donato R. Heitman. © Copyright 1958 by Peer International Corporation. Used by permission.

EXPRESIÓN ORAL

Presenten Uds. en la clase una conversación por teléfono con un amigo. Si necesitan Uds. ayuda, usen el modelo y las situaciones indicadas.

Modelo: A (USTED)   B (EL AMIGO)

1. ¿Aló?   _____.
2. _____.   Aquí, ...
3. ¿Quién . . . ?   _____.
4. _____.   No, no . . . .
5. Ahora entiendo. Ud. . . . .   _____.
6. _____.   Sí, señor. ¿Cuándo . . . ?
7. Él no vuelve . . . .   _____.
8. _____.   Bueno, yo voy a verle . . . .
9. Adiós, ...   _____.
10. _____.   Gracias, y . . . .

Situaciones:

1. Ud. quiere ir a nadar con un amigo, pero él no está en casa.
2. Ud. quiere charlar con una amiga, pero ella fue a las montañas con sus primos.
3. Ud. habla con un amigo (amiga); él (ella) está enfermo (enferma) y no puede salir hoy.

OTRA VEZ

Complete según el modelo.

Modelo: (us) Esta tarde _____ vieron.
     Esta tarde **nos** vieron.

1. (her) Ellos _____ invitaron.
2. (them, *f.*) Yo _____ busco.
3. (me) Ellos _____ miran.
4. (him) Nosotros _____ llamamos.
5. (it, *m.*) Él _____ escribió.
6. (you, *familiar, sing.*) Yo _____ necesito.
7. (them, *m.*) Nosotros _____ ponemos en la mesa.
8. (you, *familiar, pl.*) Ellos _____ comprendieron.
9. (you, *polite, sing.*) Ella _____ invita a su casa.
10. (us) Nuestro hijo _____ llamó por teléfono.

VOCABULARIO ACTIVO

ADJECTIVES
estupendo, -a / *wonderful*

ADVERBS
anoche / *last night*
ayer / *yesterday*

IDIOMS
bien: ¡Qué bien! / *Great!*
dar un paseo / *to take a walk*
decir: ¡No me digas! / *You don't say!*

NOUNS
el examen / *examination*
la excursión / *trip, excursion*
el fin de semana / *weekend*
la guía / *directory*
montaña / *mountain*
el nombre / *name*
número / *number*
piscina / *swimming pool*
primo, -a / *cousin*

el receptor / *receiver*
semana / *week*
teléfono / *telephone*

PREPOSITIONS
por / *on, over, through, for*

VERBS
buscar / *to look for*
confundir / *to confuse*
consultar / *to consult*
jugar a / *to play (a sport)*
llamar / *to call*
molestar / *to bother*
nadar / *to swim*
pasar / *to spend (time)*

Lección OCHO

TEXTO 1: Una comida española típica

(midday) meal

Cada vez que *yo iba* a visitar a mi amigo Ramón, quien *vivía* con su familia en la Avenida de la Moncloa,[1] la comida que me *servían* siempre *tenía* dos platos: el primero, *pescado, sopa* o *verduras, por ejemplo,* y el segundo (o principal), un *filete* con *patatas fritas* o *arroz* con *pollo.* Siempre *comíamos* mucho *pan,* pero nunca *veía mantequilla* en la mesa. *Bebíamos* muy poca *agua* y nunca *tomábamos* café—con *leche* o *sólo*—*hasta* después del *postre,* que *era* casi siempre fruta, o *flan.* Diferencia «cultural» importante: abundancia de vitaminas en forma de *vino* o de sangría.[2]

I went
lived (was living)
they served, had, fish
soup, vegetables, for example
fillet of beef, French fries, rice, chicken, we would eat
bread, did I see, butter
We would drink, water, would we take (drink)
milk, black, until, dessert, was
custard
wine

CULTURAL NOTES ▶ *1. In most of Spain and Spanish America, the* **desayuno** *(breakfast) is a very unimportant meal, usually consisting of* **café con leche** *and some sort of roll.* ▶ *2. In Spain, the* **comida** *(or* **almuerzo***) is served generally around 2:00 and is the heaviest meal of the day. The* **cena,** *which is lighter, comes quite late in the evening. Because the meals are so far apart, there is usually a late morning snack and always an early evening snack, called a* **merienda.** *This may be a grilled sandwich or a variety of hors d'oeuvres with wine.*

[1]The **barrio** Moncloa is located in northwestern Madrid and encompasses the university campus. This section of the city is known for its boulevards, parks, and promenades.
[2]Sangría recipe: 1/2 gal. red wine; 1/4 cup sugar; 1 cup fresh or canned peaches, sliced; 1 banana, sliced; 1 can (6 oz.) frozen orange juice; 1/2 cup lemon juice; 1 cup carbonated lemon soda.

◀ Preparación de la rica comida española en un ambiente típico.

Práctica

I. Invente Ud. tres menús típicos.

Desayuno	*Comida*	*Cena*
1. ...	1er plato: ...	...
2. ...	2º plato: ...	...
	Postre: ...	...
	...	...
	...	...

II. Conteste Ud.
1. ¿Dónde vivía mi amigo Ramón?
2. ¿Cuántos platos me servían siempre?
3. ¿Qué era el primer plato, generalmente?
4. ¿Y el segundo?
5. ¿Comíamos mucho pan? ¿Con o sin mantequilla?
6. ¿Qué bebíamos con la comida?
7. ¿Cuándo servían el café?
8. ¿Qué era el postre casi siempre?

EXPLICACIÓN

52. Regular endings of the imperfect tense

-ar		-er, -ir	
-aba	-ábamos	-ía	-íamos
-abas	-abais	-ías	-íais
-aba	-aban	-ía	-ían

tomar (to take, drink)	creer (to believe)	salir (to leave)
tomaba	creía	salía
tomabas	creías	salías
tomaba	creía	salía
tomábamos	creíamos	salíamos
tomabais	creíais	salíais
tomaban	creían	salían

NOTE 1: Be careful with the accent on the first person plural: **-ábamos, -íamos.**

NOTE 2: The endings of **-er** and **-ir** verbs are the same.

Un bar de tapas en Madrid donde se sirven sandwiches y vino a la hora de la merienda.

53. Theory of the imperfect

A. There are two simple past tenses in Spanish: the preterite and the imperfect. The preterite, which you already know, expresses a past action that had a beginning and an end. Even if the action lasted a long time, it is still viewed as a single, completed event:

> **Viví** en Centro América tres años.
> *I lived in Central America three years.*

The imperfect, by contrast, expresses a continuous action in the past, without any indication of its beginning or its end. The action is conceived as being in progress in the past. In this sense, the English equivalent of the imperfect is the past progressive *(was + -ing):*

> **Vivían** en la ciudad.   *They lived (were living) in the city.*

B. The imperfect also expresses a repeated or habitual action:

> **Hablaban** en inglés.   *They used to speak in English.*

If the first of several verbs in a sentence is in the imperfect, the remaining verbs will often be in the same tense:

> Cuando yo **estaba** en Acapulco, **gastaba** mucho dinero.
> *When I was in Acapulco, I spent a lot of money.*

El almuerzo es generalmente la comida más importante del día en los países hispánicos.

C. The imperfect refers to mental or emotional actions and states (*I thought, I wished, I wanted, I feared,* etc.), since, in most cases, these processes are conceived as not having a definite beginning or a definite end:

Ella **deseaba** jugar al tenis.   *She wanted to play tennis.*
Yo **creía** que Ud. era más inteligente.
I thought you were more intelligent.

However, if a particular time is expressed or implied, one could use the preterite:

(En ese momento) **pensé** que era mi prima.
(At that moment) I thought it was my cousin.

Práctica

I.   Ejercicio de sustitución.

1. *Nosotros* visitábamos a Ramón con frecuencia.
   Yo / Tú / Ellos / Uds. / Vosotros
2. *Ellos* siempre comían un postre y tomaban café.
   Tú / Tú y yo / Ud. / Yo / Uds.

II.   Ejercicio de sustitución.

1. *Yo* ganaba el dinero y *él* lo gastaba.
   Tú _____ y nosotros ___.
   Ellos _____ y yo _____.
   Nosotros _____ y tú _____.

2. *Tú* servías el vino y *yo* lo bebía.
   Yo _____ y tú _____.
   Ellos _____ y yo _____.
   Nosotros _____ y ellos _____.
3. *Yo* lo entendía cuando *él* lo explicaba.
   Tú ___ _____ ella _____.
   Uds. _____ nosotros _____.
   Yo _____ Ud. _____.

54. Irregular imperfects: *ir, ser, ver*

ir	ser	ver
iba	era	veía
ibas	eras	veías
iba	era	veía
íbamos	éramos	veíamos
ibais	erais	veíais
iban	eran	veían

Práctica

I. Complete Ud. la oración con la forma apropiada de los verbos en cursiva. *(Complete the sentence with the appropriate form of the verbs in italics.)*

(a) ¿Qué hacía Ud. cuando era niño (niña)?
Cuando era niño (niña), yo...
1. *beber* mucha leche.
2. *tomar* Coca-Cola y no vino.
3. *ir* a la ciudad con mis padres.
4. *ver* la televisión.
5. no *poder* salir solo (sola).

(b) Cuando estaba enfermo, ¿qué hacía yo?
Cuando estaba enfermo, yo...
1. no *salir* a la calle.
2. *comer* muy poco.
3. sólo *beber* leche.
4. *consultar* al doctor.
5. no *ir* a clases.

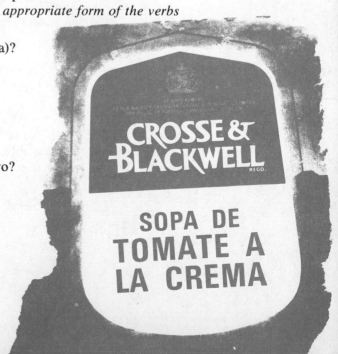

CROSSE & BLACKWELL REGD.

SOPA DE TOMATE A LA CREMA

II. Exprese en el imperfecto.

1. Son muy ricos.
2. Ella está cansada.
3. Creemos que es estupendo.
4. Ellos van al teatro.
5. Yo no veo a María.
6. Ésa es la solución.
7. No podéis pasear.
8. Visitan a sus abuelos.
9. Soy un hombre feliz.
10. Vemos la televisión.
11. No lo creo.
12. Ve a mucha gente.
13. Se llama Carmen.
14. Vamos a Buenos Aires.

III. Lea Ud. el pasaje en español (columna A) y las interpretaciones de la columna B. *(Read the passage in Spanish (column A) along with the interpretations in column B.)*

A

Cuando yo estaba (1) en la universidad, no estudiaba (2) mucho. Un día fui (3) a ver a mi profesor de español, quien me preguntó (4):

—¿Por qué no le vi (5) a Ud. en mi clase ayer?

—Porque estaba (6) enfermo, señor.

—¿Enfermo? Ud. fue (7) a la fiesta el domingo y estaba (8) muy feliz.

—¿Feliz yo? Estaba (9) allí porque era (10) mi obligación.

B

(1) Past action with indefinite time limits. (2) Repeated or habitual action. (3) Past action viewed as definitely ended. (4) Past action definitely concluded. (5) Past action with time specified *(yesterday)*. (6) Past action conceived as lasting through time, with no specification of its beginning or end. (7) Past action, again accompanied by a time element *(last Sunday)*. (8) Emotional state. (9) Condition viewed as lasting through an unspecified period of time (i.e., *all along I was . . .*). (10) Duration of an action in time.

La Universidad de San Juan, Puerto Rico.

TEXTO 2: Mi horario   schedule

7:00	A las siete abrí los *ojos*.	eyes
7:10	A las siete y diez dejé la *cama*.	bed
7:15	A las siete y cuarto tomé un *baño*.	bath
7:30	A las siete y *media* tomé el *desayuno*: café y pan.	thirty (half hour), breakfast
8:00	A las ocho *subí* al autobús.	I boarded (climbed aboard)
8:40	A las nueve menos veinte *llegó* el autobús a la Ciudad Universitaria.	arrived
8:57	A las nueve menos tres minutos fui, con *pocas ganas*, al laboratorio.	little enthusiasm
9:00	A las nueve *en punto* entró el profesor, y comenzó la *lucha*.	sharp (on the dot) struggle

CULTURAL NOTE ► Campus *in Spanish is* **Ciudad Universitaria.** *Not all Hispanic universities have a common campus and, for this reason, the various* **facultades** *(areas of specialized study) may be miles apart.*

Práctica

Conteste Ud. siempre diciendo «usted».

1. 7:00   ¿Qué abrí?
2. 7:10   ¿Qué dejé?
3. 7:15   ¿Qué tomé?
4. 7:30   ¿Qué tomé para el desayuno?
5. 8:00   ¿A qué subí?
6. 8:40   ¿Qué llegó a la Ciudad Universitaria?
7. 8:57   ¿Adónde fui?
8. 9:00   ¿Quién entró? ¿Qué comenzó?

EXPLICACIÓN

55. Hours

A. To express time in the present, use **es** with one o'clock and **son** with all the rest; use only the imperfect to express time in the past:

Es la una.   Son las nueve.

NOTE: The article **la** is used with the first hour and **las** with all the others. The feminine form of the article is needed because **hora** and **horas** are understood.

B. To express *quarter* and *half hour* Spanish uses **cuarto** and **media,** respectively:

Es la una y cuarto.   Era la una y media.   Eran las tres menos cuarto.

NOTE: Use **y** to refer to fractions of time up to the half hour; after the half hour, use **menos** with the next hour.

C. To say *at* in connection with hours, use **a:**

¿**A** qué hora sale Ud.? **A** la una.
At what time do you leave? At one o'clock.

D. The idea of *exactly,* or *on the dot* is expressed by **en punto.** References to hours may be clarified by adding the phrases **de la mañana, de la tarde, de la noche:**

Salieron a las cinco **de la tarde.**
They left at five o'clock in the afternoon.

Práctica

I. Exprese Ud. la hora en español usando **es** o **son** en la columna A, y **a la** o **a las,** en la columna B.

	A		B
1.	2:00	1.	1:30
2.	2:15 *(two and quarter)*	2.	2:45 *(three minus quarter)*
3.	1:00	3.	3:27
4.	4:30 *(four and half)*	4.	4:50 *(five minus ten)*
5.	6:00	5.	6:26
6.	8:45 *(nine minus quarter)*	6.	7:17
7.	7:00	7.	8:25
8.	9:55 *(ten minus five)*	8.	9:03
9.	12:00	9.	10:58 *(eleven minus two)*
10.	12:27	10.	12:15

II. Conteste Ud.

(a) ¿Qué hora es? (Use Ud. **es** o **son.**)

(b) ¿A qué hora va Ud. a la universidad? (Use Ud. **a.**)

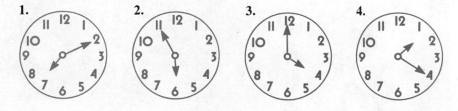

56. Numerals: Hundreds, thousands, and millions

100 cien(to)	600 seiscientos
200 doscientos	700 setecientos
300 trescientos	800 ochocientos
400 cuatrocientos	900 novecientos
500 quinientos	1.000 mil

1.000.000 un millón

Pay special attention to the following series:

5, 50, 500: cinco, cincuenta, quinientos
7, 70, 700: siete, setenta, setecientos
9, 90, 900: nueve, noventa, novecientos

NOTE 1: All hundreds have a feminine form: **doscientos muchachos, doscientas muchachas; novecientos alumnos, novecientas alumnas.**

NOTE 2: A period is used in Spanish in place of a comma to indicate thousands: 1.000, 17.361.210.

NOTE 3: Numerals above 1000 are never read in Spanish by hundreds: 1700 is always *one thousand seven hundred* and not *seventeen hundred.*

NOTE 4: **Millón** is always followed by **de** in Spanish if used in conjunction with a noun: **un millón de dólares.**

El autobús de las nueve menos veinte llega a la Ciudad Universitaria.

Práctica

Exprese en voz alta.

1. 101
2. 317
3. 569
4. 721
5. 1.250
6. 1.914
7. 1.000.000 books
8. 693
9. 1.977
10. 1.776

57. Ordinals

These numerals are not common beyond 10:

primero	*first*	sexto	*sixth*
segundo	*second*	séptimo	*seventh*
tercero	*third*	octavo	*eighth*
cuarto	*fourth*	noveno	*ninth*
quinto	*fifth*	décimo	*tenth*

Vivo en el quinto piso. ¿Y usted?
I live on the fifth floor. And you?

¿A qué hora comenzó la clase de español?

Iban siempre a la segunda función del teatro.
They always went to the second performance of the theater.

Even these numerals are replaced at times by cardinals in everyday language:

Quiero examinar el volumen cinco.
I want to examine the fifth volume (volume five).

NOTE: **Primero** and **tercero** are shortened to **primer** and **tercer** before a masculine singular noun: **primer plato, tercer examen.**

Práctica

Exprese en español.

1. the sixth lesson
2. my ninth son
3. the first floor
4. the eighth number
5. the tenth dessert
6. the second dish
7. the third man
8. the seventh hour

Artistas de barrio en la Plaza San Martín de Lima, Perú.

LECTURA: Artistas de barrio

En la ciudad hay pocos barrios realmente tranquilos. Por esta *razón,* decidí vivir en un *piso* de la Plaza Ercilla, *pues* sabía que en ella *había* poco tráfico.

reason, apartment, since
there was

Pero un domingo, aproximadamente a las nueve de la mañana, un *ruido* infernal me *despertó.* ¿Qué *diablos* podía ser? Abrí la *ventana* y miré a la calle. Una muchacha hacía acrobacias *sobre* una plataforma, y un *compañero golpeaba* un enorme *tambor* para llamar la atención de la *gente.*

noise, awakened, What (the) devil
window
on, companion, was beating
drum, people

Cuando me vio, el muchacho extendió la mano con una *sonrisa.*

smile

—Muy buenos días, *caballero.*

sir

—¿Buenos días, dices?— *Enfadado,* decidí *regañarle.* —¿Por qué molestas así a la gente?— En ese momento *oí* el *retintín* de otras *monedas tiradas desde* otros balcones. Comprendí entonces la estrategia. *Busqué* una moneda y la tiré a la calle. El muchacho la *atrapó* en el aire, y *luego* hizo tres grandes *reverencias.*

angered, to scold him
I heard, tinkling
coins, thrown, from
I looked for
trapped (caught), then
bows

Inmediatamente terminó la «fiesta», y el barrio volvió a su habitual tranquilidad. *Cerré* la ventana, volví a la cama, pero... fue imposible dormir más. ¡*Malditos* artistas de barrio!

I shut
Confounded

CULTURAL NOTE ► *Many types of popular street performers are still seen in the Hispanic world. It is not uncommon to run across singers, instrumental groups, dancers, organ grinders with different animals, magicians, storytellers, Punch and Judy shows, and a variety of vaudeville acts. Often these acts are the only source of income for entire families. These popular performances have a long tradition, especially in regions where people do not know how to read and where sophisticated shows are seldom seen.*

Práctica

I. ¿Sí o no?

1. Muchos coches pasan por la Plaza Ercilla siempre.
2. Un ruido me despertó a las nueve de la mañana.
3. Una muchacha hacía acrobacias sobre una plataforma.
4. Un muchacho golpeaba un enorme tambor.
5. Mucha gente estaba en la calle con ellos.
6. La gente bajó a la calle para darles dinero.
7. Yo tiré dos monedas a la calle.
8. El muchacho me hizo tres grandes reverencias.
9. Los muchachos salieron del barrio inmediatamente después.
10. Volví a la cama y dormí hasta las doce de la mañana.

II. Conteste Ud.

1. ¿Dónde decidí vivir yo?
2. ¿Por qué?
3. ¿Quiénes hicieron un ruido infernal?
4. ¿Qué extendió el muchacho?
5. ¿Qué tiré a la calle?
6. ¿Terminó el ruido?
7. ¿Qué cerré yo?
8. ¿Fue posible dormir?

Los varios tipos de artistas de barrio continúan una larga tradición del mundo hispánico.

EXPRESIÓN ORAL

Invente Ud. una oración original empleando las palabras indicadas.

> Modelo: profesor / entrar / lucha
> A las nueve entró el profesor y comenzó la lucha.

1. Ramón / familia / Avenida de la Moncloa
2. comida típica / platos / postres
3. leche / café / vino
4. cama / baño / desayuno
5. subir / llegar / entrar

OTRA VEZ

¿Pretérito o imperfecto?

1. (ver) Todos los días yo _____ a mis padres.
2. (tener) Cuando yo estaba en la universidad nunca _____ dinero.
3. (entrar) Todos hablaban cuando yo _____.
4. (saber) Yo no _____ que Ud. es mexicano.
5. (preferir) Le pregunté si _____ comer más temprano.
6. (creer) No fui a la fiesta porque _____ que era mañana.
7. (preguntar) Como él deseaba ir al cine, me _____ si yo quería ir con él.
8. (ser) Creía que sin dinero _____ imposible vivir.
9. (estar) Quería saber dónde _____ los platos.
10. (comprar) ¿Dónde _____ Ud. estas tazas?
11. (ser) Yo creía que ella _____ de Hawaí.
12. (subir) A las nueve _____ al autobús.
13. (ir) Cuando tenía dinero siempre _____ yo al teatro.
14. (ver) Salió a la calle y _____ a los artistas.
15. (querer) Ella _____ un filete con patatas fritas.

VOCABULARIO ACTIVO

ADJECTIVES

frito, -a / *fried*
medio, -a / *half*

IDIOMS

en punto / *sharp, on the dot*

NOUNS

el agua / *water*
el arroz / *rice*
baño / *bath*
cama / *bed*
comida / *(midday) meal*
desayuno / *breakfast*
ejemplo / *example*
   por — / *for example*
el filete / *fillet of beef*
la leche / *milk*
mantequilla / *butter*
ojo / *eye*
el pan / *bread*
patata / *potato*
pescado / *fish*
pollo / *chicken*
el postre / *dessert*
sopa / *soup*
vino / *wine*

VERBS

entrar / *to enter*
llegar / *to arrive*
servir (i)[3] / *to serve*
subir / *to board, get on*
visitar / *to visit*

gelatina
de fruta

Royal®

sabor **naranja**

Azúcar, glucosa, gelatina, ácido tartárico, citrato de sodio, esencia de naranja, colorante artificial autorizado y vitamina C.

Fabricado en España por
INDUSTRIAS RIERA-MARSA, S.A. Barcelona
                    Hipólito Lázaro, 19-23

Bajo Licencia de
STANDARD BRANDS Inc., New-York (U.S.A.)

Fabricante n. 15   CON VITAMINA C.   Reg. Dir. Gral. San. N.° 3858
Peso s. m.: 90 gr.

---

[3] In addition to the radical-changing verbs studied in Lesson 5, there is another type which changes
the stem vowel **e > i: servir (sirvo, sirves, sirve,** etc.).

Lección NUEVE

TEXTO 1: ¿Educación general o especialización?

ABUELA	¿Qué vas a estudiar este *año?*	year
PASCUAL	Cinco *asignaturas:* Problemas[1] Económicos, Sistemas[1] *Bancarios,* Álgebra, *Derecho* Comercial y «Marketing».	courses Banking, Law
ABUELA	¿Y qué?	
PASCUAL	«Marketing». *Teorías* del comercio internacional.	Theories
ABUELA	¿Quién te recomendó eso?	
PASCUAL	Una *compañera de clase;* me dice que el profesor es excelente.	classmate
ABUELA	Pero, ¿no te *enseñan* un poco de literatura o filosofía? Te pueden ser *útiles* como parte de tu educación general.	they teach useful
PASCUAL	*Lo importante* es mi *especialización.*	The important thing, major
ABUELA	… Pero tú no quieres ser un *ignorante* especializado, ¿verdad? En mis días queríamos *aprender de todo un poco.*	ignoramus to learn, a little of everything

---

[1]Words of Greek origin ending in **-ma** (**problema, sistema, programa, drama, poema,** etc.) are masculine in Spanish.

◀ Salón de conferencias en la Universidad de los Andes, en Bogotá, Colombia.

CULTURAL NOTES ▶ *1. A common pattern of studies in the Hispanic world calls for six years of elementary school plus six years of high school. College work generally begins at 16 or 17 and may last from 4 to 6 years, depending on the student's specialization. Normally, all university work is of a specialized nature, since the general studies normally offered in the first two years of an American university are part of the high-school curriculum. ▶ 2. Classes are usually very large because there is only one section of each. This is why lecturing is so prevalent.*

Práctica

Preguntas personales.

1. ¿Cuántas asignaturas estudia Ud. este año?
2. ¿Qué asignaturas prefiere Ud.? ¿Por qué?
3. ¿Qué días de la semana viene Ud. a esta clase?
4. ¿Cuántas compañeras de clase hay aquí?
5. ¿Cree Ud. que es importante aprender lenguas? ¿Por qué?
6. ¿Estudia Ud. literatura? ¿Por qué?
7. ¿Prefiere Ud. una educación general o especializada?
8. ¿Quiere Ud. aprender de todo un poco?

EXPLICACIÓN

58. Indirect object pronouns

Study the following chart:

me	*to me, for me*	nos	*to us, for us*
te	*to you, for you (familiar)*	os	*to you, for you (familiar)*
le	*to him, for him* *to her, for her* *to you, for you* *(polite, sing.)*	les	*to them, for them (m.)* *to them, for them (f.)* *to you, for you (polite, pl.)*

NOTE: How can one recognize an indirect object? An indirect object (noun or pronoun) is one that can be introduced by the prepositions *to* or *for*. For example, in the sentence "He gave the boy a dollar," *the boy* is an indirect object since one can say "He gave a dollar *to* the boy."

59. Position of indirect object pronouns

The same principles governing the position of direct object pronouns apply to indirect object pronouns (see Sections 49 and 50). They usually precede the verb but may follow and be attached to infinitives and gerunds. They must follow and be attached to affirmative commands:

Le dan diez dólares cada semana.   *They give her ten dollars every week.*

—¡Háblame, Juan! —¿Qué más puedo decirte ahora?
Speak to me, John! What more can I tell you now?

No les venda Ud. ese coche.   *Don't sell them that car.*

Práctica

I.   Lea Ud. la oración insertando el pronombre. *(Read the sentence inserting the pronoun.)*

> Modelo: (te) Yo digo eso.
>   Yo **te** digo eso.

1. (me) Están explicando qué es la sangría.
2. (nos) Ellos escriben cartas muy interesantes.
3. (le) Quiero dar la noticia a mi hermana.
4. (te) ¿Preguntó eso María?
5. (os) Invito a una cena típica.
6. (les) Juan, compre Ud. el café.
7. (me) Buenos días, Pepe. ¿Qué dices?
8. (le) ¿Qué quieres decir?
9. (nos) Pero, ¿quiénes van a hablar hoy?
10. (te) Yo pregunto si no es mejor saber de todo un poco.

Alumnas bilingües en una clase de biología en San Francisco, California.

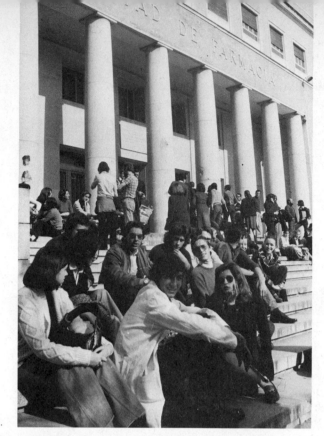

Estos alumnos estudian
asignaturas especializadas
en la Facultad de Farmacia
de la Universidad de Madrid.

II. Cambie Ud. según el modelo.

Modelo: Él habla *a la muchacha*
Él **le** habla.

1. Escribo una carta *a mi padre.*
2. Hablamos *a la profesora.*
3. Da una explicación *a Isabel.*
4. Explicó el precio *a la señora.*
5. Dicen « ¡Buenos días!
   a una señorita venezolana.
6. Damos el regalo *a Juan.*
7. Escribimos *a nuestros amigos.*
8. El vendedor habla *al cliente.*
9. Doy dinero *a los pobres.*
10. Enseña literatura *a sus alumnos.*

III. Exprese en español.

1. (him) Yo _____ doy el dinero.
2. (to them) _____ vendemos una jarra.
3. (you, *polite pl.*) _____ recomendé esas asignaturas.
4. (to us) Alberto, habla _____ de tu excursión.
5. (for her) Su hijo _____ compró un hermoso cuadro.
6. (to them, *f.*) Nosotros vamos a escribir _____ hoy.
7. (for you, *polite sing.*) Pedro _____ hizo ese favor.
8. (you, *familiar sing.*) Ahora voy a decir _____ la verdad.
9. (to her) Él _____ explicó la filosofía de Ortega y Gasset.
10. (me) Mi padre _____ dice que necesito estudiar más.

60. Clarifying indirect object pronouns

Since these pronouns have more than one meaning in the third person
singular and plural, they are often clarified by adding a prepositional phrase:

Le explicó el problema **a él (a ella, a Ud.).**
He explained the problem to him (to her, to you).

Les dio el dinero **a ellos (a ellas, a Uds.).**
He gave the money to them (to them, f., to you).

Práctica

Cambie según el modelo. [The words in parentheses tell you to whom the
indirect object pronoun refers.]

Modelo: (hijas) Les hablé.
Les hablé a ellas.

1. (señoritas) Les preguntó quiénes eran.
2. (señoras) Les habló.
3. (amiga) ¿Le escribió María?
4. (hermana) Le explicaba esto.
5. (sobrinos) Les dio regalos.
6. (vendedor) ¿Qué le dieron?
7. (amigos) Les pregunté si querían ir a la fiesta.
8. (María Carmen) ¿Qué le dice Juan?
9. (muchachos) ¿Quién les dio esto?
10. (señora) ¿Qué le recomendó?

61. The neuter *lo*

Lo + adjective has the force of a noun in Spanish:

Lo importante es mi especialización.
The important thing (part, aspect) is my specialization (major).

Lo interesante es que él lo recomendó.
The interesting part (thing) is that he recommended it.

Práctica

Cambie según el modelo.

Modelo: La consideración principal es aprender.
Lo principal es aprender.

1. El aspecto más interesante es que ella es rica.
2. La reacción más natural es no hablar.
3. La parte fácil es presentar el problema.
4. El factor más importante es pagar todas las deudas.
5. La parte necesaria es el examen final.
6. El aspecto más triste es que los dos están enfermos.
7. El aspecto más serio es la educación especializada.
8. El factor realmente necesario es tener mucho dinero.

TEXTO 2: Un estudiante cínico

BERNARDO	*No tengo ganas de* estudiar; ya es *primavera.*	I don't feel like, spring(time)
CARLITOS	¿Cómo? ¿Tú estudias sólo en el *invierno?*	winter
BERNARDO	Naturalmente: la primavera es muy hermosa, y en el *verano hace mucho calor.* ¿No crees tú que es *más fácil* estudiar cuando *hace frío* o cuando *llueve?*	summer, it is very hot easier, it is cold it is raining
CARLITOS	No veo la *razón.*	reason
BERNARDO	Yo no puedo trabajar si *tengo mucho calor.*	I am very hot
CARLITOS	Pero, entonces, ¿qué haces para preparar los exámenes finales?	
BERNARDO	En *junio,* naturalmente, *tengo que* estudiar; entonces *duermo* muy poco. Soy un *memorión,* ¿sabes? Puedo aprender *toda una* asignatura en pocos días.	June, I have to I sleep, (I have a) photographic mind an entire
CARLITOS	¿Tú estudias sólo para exámenes? Hombre, *no debes* hacer eso: *aprender de memoria* no es saber.	you shouldn't memorizing

CULTURAL NOTE ► *Normally, students in a Hispanic university take a prescribed course of study in their major area, with few electives. The school year is a single unit; it is not divided into semesters or quarters. Usually, students take the final examination three or four weeks after the end of classes. If they pass, they receive credit for the course. If they fail, generally no grade is registered on their transcripts and they must retake the exam at a future date. Students have been known to retake an examination three or four times. A few, in fact, never graduate because they are unable to pass a certain course.*

Práctica

Preguntas personales.

1. ¿Es más fácil estudiar en el invierno? ¿Por qué?
2. ¿Está Ud. triste cuando llueve?
3. ¿Cuántos días necesita Ud. para preparar los exámenes finales?
4. ¿Debemos estudiar sólo para los exámenes?
5. ¿Eres un memorión? Explica.
6. ¿Duerme Ud. mucho cuando está estudiando para los exámenes finales?

No tengo ganas de estudiar; ya es primavera.

EXPLICACIÓN

62. Verbs of obligation: *tener que, deber*

A. **Tener que** *(to have to)* is always followed by an infinitive and expresses a necessity:

Ellos tenían que dar razones.   *They had to give reasons.*

B. **Deber** *(must)* is quite close in meaning to **tener que,** except for its moral overtone:

Debo trabajar.   *I must (have the duty to) work.*

Práctica

Exprese Ud. (a) la idea de necesidad, y (b) la idea de obligación moral.

Modelo: Tengo la obligación de pagar mis deudas.
       (a) **Tengo que** pagar mis deudas.
       (b) **Debo** pagar mis deudas.

1. ¿Tengo yo la obligación de invitarle?
2. Tienen la obligación de escribirnos.
3. Tiene la obligación de venir temprano.
4. Tenemos la obligación de traer la comida.
5. Tenéis la obligación de explicarlo.
6. Tienes la obligación de prepararlo.
7. Juan y Manuel tienen la obligación de llamar por teléfono.
8. El profesor tiene la obligación de venir a clases.

63. Idioms with *tener*

A. Tener ganas de
This construction is also followed by an infinitive. Literally, it means *to have the desire (inclination) to . . . , feel the urge to . . . .* In idiomatic English, it means *to feel like* + present participle.

¿Tiene Ud. ganas de pasear? *Do you feel like strolling?*

B. Tener . . . años

—¿Cuántos años tiene Ud.? —Tengo veinte y tres.
—*How old are you? —I am twenty-three.*

C. Tener razón
Uds. tienen razón. *You are right.*

Práctica

Conteste Ud.

1. ¿Cuántos años tienes tú?
2. ¿A qué hora tienen Uds. ganas de dormir, generalmente?
3. ¿Cuándo tienes que estudiar?
4. ¿Qué tiene Ud. que hacer hoy?
5. ¿Qué tenemos que hacer cuando hay un examen?
6. ¿Cuándo tiene Ud. ganas de pasear por las calles?
7. Cuando Ud. discute con su padre, ¿tiene él siempre razón?
8. ¿Qué asignaturas tiene Ud. que estudiar este año?
9. ¿Tiene Ud. ganas de trabajar en el verano? ¿Por qué (no)?
10. ¿Tiene Ud. que comprar ropas especiales para el invierno?

64. Other idioms with *tener*

These idioms refer to sensations of the body:

Tengo (Tenía) calor. *I am (I was) hot.*
¿Tienes (Tenías) frío? *Are (Were) you cold?*
Tenemos (Teníamos) hambre. *We are (were) hungry.*
Tienen (Tenían) sed. *They are (were) thirsty.*

NOTE 1: All idioms with **tener** employ a noun. A Spanish speaker literally says *I have thirst.* Therefore, if he wishes to intensify the idiom, he must use **mucho (mucha):**

Tengo mucha sed.
I am very thirsty (literally: I have much thirst).

NOTE 2: All the nouns used with these idioms are masculine, except for **hambre** and **sed.** With these two nouns **mucha** must be used.

Práctica

Complete Ud. con un modismo *(idiom)* de la sección 64. [NOTE: In (a) use
the present tense; in (b) use the imperfect.]

(a) 1. Si no uso ropa de invierno ahora, _____.
    2. En el verano nosotros _____.
    3. Ella come mucho cuando _____.
    4. Si no tomamos agua, _____.
    5. Eso no es así; usted no _____.

(b) 1. Yo no quería comer porque _____.
    2. Siempre tomábamos Coca-Cola cuando _____.
    3. Cuando vivíamos en la costa del Ecuador, todos _____.
    4. En Alaska nosotros _____ durante el invierno.
    5. Ud. era muy joven, ¿no?; ¿cuántos _____?

65. Idioms with *hacer*

The following idioms refer to the weather:

En la primavera hace (hacía) viento.   *In spring it is (was) windy.*
En el verano hace (hacía) calor.   *In summer it is (was) hot.*
En el otoño hace (hacía) fresco.   *In fall it is (was) cool.*
En el invierno hace (hacía) frío.   *In winter it is (was) cold.*
Allí hace (hacía) buen (mal) tiempo.
There the weather is (was) good (bad).

NOTE: These idioms, with the exception of the last one given, require the use
of **mucho** when the statement is intensified:

Hace mucho frío.   *It is very cold.*

Práctica

I. Complete Ud. con un modismo de la sección 65. [NOTE: In (a) use the
present tense; in (b) use the imperfect.]

(a) 1. Dicen que en las Filipinas _____.
    2. Prefiero el otoño porque entonces _____.
    3. En la primavera muchas veces _____.
    4. Hoy necesito otras ropas porque _____.

(b) 1. Todos los inviernos _____ en Minnesota.
    2. Sabíamos que en esos países tropicales _____.
    3. Preferíamos el otoño porque entonces _____.
    4. Fuimos por la tarde porque _____.

II. Construya Ud. oraciones originales.

    1. calor   5. razón
    2. frío   6. fresco
    3. hambre   7. ganas de…
    4. sed   8. buen tiempo

66. Seasons

The names of the seasons (**estaciones**) in Spanish may be used with or without the definite article. The article is required if the season is the subject of the sentence:

(el) invierno	*winter*	(la) primavera	*spring*
(el) otoño	*autumn*	(el) verano	*summer*

La primavera aquí es muy bonita.   *Springtime here is very beautiful.*
Nunca llevo abrigo en invierno.   *I never wear a coat in winter.*

LECTURA: Los niños héroes

Boy Heroes

En 1947 (mil novecientos cuarenta y siete) el **Presidente de México, Miguel Alemán,** invitó al **Presidente Harry S. Truman** a visitar su *país.* Las autoridades en **Washington** *temían* la posibilidad de un «incidente» diplomático porque era el centenario de la *guerra* entre **México** y los *Estados Unidos.* Pero *nada* desagradable ocurrió. Al contrario, la *gente* aplaudió al **Presidente** norteamericano *en todas partes.*

country, feared

war, United States

nothing, people
everywhere

Una tarde **Truman** decidió visitar el parque de **Chapultepec,** donde cien años *antes* el **General Winfield Scott** *había tomado* posesión del *Castillo,* el «**West Point**» de **México.** Sus *últimos* defensores fueron unos cadetes de trece a quince *años,* quienes prefirieron *morir* heroicamente *antes que rendirse.*

before
had taken, Castle
last
years of age, to die, rather than
surrender

Truman visitó el monumento a «**Los niños héroes**», *colocó* una *guirnalda* en él, y luego inclinó la *cabeza.* Este noble acto causó una profunda emoción en todos los mexicanos, y contribuyó a *mejorar* las relaciones entre los dos países.

placed, wreath, head

improving

Años después, **Truman** reveló en su autobiografía la insistencia con que sus amigos le recomendaron no ofender a los tejanos con una visita al monumento. La *contestación* de **Truman,** según la autobiografía, fue ésta: —*¡Qué diablos!*... A los tejanos que no quieren darme su *apoyo* porque yo, como presidente, *honré* a un grupo de muchachos heroicos,... sólo les digo: no necesito vuestro apoyo—.

answer
What the devil!
support
I honored

Recordando esa visita en su autobiografía, **Truman** *añadió:* —Aquello era tan simple y tan humano... y *resultó bien*—.

Remembering, added
it turned out fine

Adaptado de *Plain Speaking: An Oral Biography of Harry S. Truman* por Merle Miller. Published by Berkley Publishing Corporation. Copyright © 1973, 1974 by Merle Miller. Reprinted by permission of Curtis Brown, Ltd.

CULTURAL NOTE ► *After a quarter of a century of antagonism between the United States and Mexico, the two countries finally went to war. For two years the fighting was bitter and chaotic, ranging from the campaigns of Zachary Taylor and Santa Ana in Texas and northern Mexico to General Winfield Scott's storming of Mexico City, until, finally, Mexico ceded to the United States Texas, California, and all the territory between them.*

Práctica

Conteste Ud.

1. ¿Adónde fue el Presidente Truman en 1947?
2. ¿Quién le invitó?
3. ¿Qué temían las autoridades en Washington?
4. ¿Qué ocurrió en México?
5. ¿Adónde fue Truman una tarde?
6. ¿Qué hay en el parque de Chapultepec?
7. ¿Qué hizo ahí Truman?
8. ¿Qué causó este noble acto?

El monumento a «Los Niños Héroes» en el parque de Chapultepec. Al fondo se puede ver la ciudad de México.

EXPRESIÓN ORAL

Dé Ud. *(Give)* a la clase una explicación sobre estos temas *(topics)*.

1. *clases*
   (a) horas que Ud. prefiere para estudiar.
   (b) dónde estudia Ud. y con quién.
   (c) en qué clase tiene Ud. que trabajar mucho.
2. *estaciones*
   (a) su estación favorita y por qué.
   (b) cuándo prefiere Ud. estudiar.
   (c) el tiempo en esta ciudad.
3. *exámenes*
   (a) aprender de memoria.
   (b) dormir.
   (c) estar contento.
4. *excursión*
   (a) montaña.
   (b) hotel.
   (c) nadar o jugar al tenis.

OTRA VEZ

¿Dónde debemos poner el pronombre (directo o indirecto)?

1. (them, *f.*) _____ deseamos _____ visitar _____ hoy _____.
2. (to him) _____ escriba _____ con _____ más _____ frecuencia _____.
3. (her) _____ van _____ Uds. _____ a _____ invitar _____ para _____ la fiesta _____.
4. (him) _____ vi _____ en _____ la _____ calle _____.
5. (to them, *f.*) _____ pregunte _____ si _____ quieren _____ ir _____.
6. (for them, *m.*) _____ estoy _____ preparando _____ una _____ cena _____.
7. (you, *polite m. sing.*) _____ voy _____ a _____ llamar _____ esta _____ tarde _____.
8. (us) ¿_____ por qué _____ no _____ invitó Ud. _____ a _____ su _____ casa _____?
9. (to me) _____ quería _____ hablar _____ sobre _____ un _____ problema _____ personal _____.
10. (to you, *polite pl.*) _____ él _____ va _____ a _____ recomendar _____ otro _____ restaurante _____.

VOCABULARIO ACTIVO

ADJECTIVES
fácil / *easy*
útil / *useful*

IDIOMS
de todo un poco / *a little of everything*

NOUNS
año / *year*
asignatura / *course*
comercio / *commerce*
compañero, -a / *classmate, companion*
la educación / *education*
estudiante (*m.* or *f.*) / *student*
filosofía / *philosophy*
ignorante (*m.* or *f.*) / *ignoramus*
literatura / *literature*
la parte / *part*
teoría / *theory*

VERBS
aprender / *to learn*
  — **de memoria** / *to memorize*
deber / *to be obliged to*
enseñar / *to teach*
llover (ue) / *to rain*
preparar / *to prepare*
recomendar (ie) / *to recommend*

McKEE INGENIEROS, S. A.
NECESITA
INGENIEROS SUPERIORES DE MINAS
PARA LOS PUESTOS DE
a) **JEFE DE SECCION MECANICA**
b) **INGENIEROS DE PROYECTO**

SE REQUIERE:
- Experiencia mínima de cinco años en proyectos o explotación de plantas de tratamiento de minerales para el puesto A y tres años para los puestos B.
- Inglés hablado y escrito a nivel técnico.

SE OFRECE:
- Puesto de responsabilidad en organización internacional en fase de desarrollo.
- Remuneración altamente competitiva, según valía del candidato.

Los interesados habrán de enviar su historial profesional y aspiraciones económicas al Departamento de Personal de McKEE INGENIEROS, S. A., Avda. Generalísimo, 71-A. Madrid-16 (MNM-129)

BACHILLERATO LIBRE Y PRIMARIA COMPLETA Y BACHILLERATO EN 18 MESES
CIENCIAS Y HUMANIDADES
Unico requisito: tener 25 años de edad
Próximos cursos: 17 de Noviembre 1ª Transv. Los Cortijos de Lourdes (LOS RUICES) al lado Edificio Parke Davis - Telfs: 353075 - 353168
ESPECIALIZADO EN LIBRE ESCOLARIDAD
Registrado en el M.E. bajo el Nº 491-60 M.I.
C.E.E.P.A.

Self-test III

1. Cambie Ud. al pretérito.

1. Somos amigos.
2. Los dos hacen mucho dinero.
3. Ve la película.
4. Dan dinero a los pobres.
5. Vamos al supermercado hoy.

2. ¿Dónde debemos poner el pronombre (objeto directo)?

1. (him) _____ Carlos, _____ invita _____ a _____ nuestra _____ casa _____.
2. (them, *f.*) _____ quiero _____ ver _____ pronto _____.
3. (her) Prefiero _____ ver _____ mañana _____.
4. (us) _____ Alberto, _____ llame _____ por teléfono _____ esta tarde _____ .
5. (it, *f.*) _____ no _____ queríamos _____ comprar _____.

3. Exprese en español.

1. (to us) ¡Venda _____ el plato!
2. (to her) No querían dar _____ su parte.
3. (for me) _____ hizo ese favor.
4. (to them) Íbamos a escribir _____ tres cartas.
5. (for him) Están comprando _____ un regalo.

4. Dé Ud. la forma correcta del imperfecto. *(Give the correct form of the imperfect.)*

1. (ver) ¿A quiénes _____ Uds. cuando estaban allí?
2. (ser) Nosotros _____ muy pobres.
3. (ir) ¿A qué hora _____ tú al cine?
4. (tener) ¿Por qué no _____ vosotros platos?
5. (trabajar) Ellos siempre _____ mucho.
6. (querer) La esposa _____ ir a un restaurante.

5. ¿Pretérito o imperfecto?

Anoche yo _____ (1. salir) a la calle a las nueve porque _____ (2. querer) pasear un poco. Después de una hora, _____ (3. entrar) en un bar. _____ (4. Ir) a una mesa donde _____ (5. estar) unos amigos. Todos _____ (6. hablar) en voz alta. _____ (7. Discutir) la política nacional. Dos horas después, _____ (8. volver) a mi casa porque _____ (9. estar) cansado. _____ (10. Ser) las doce de la noche.

6. ¿Qué hora es?

1.

2.

3.

4.

5.

7. Exprese en español.

1. What a beautiful house!
2. the seventh day
3. Charles V
4. the third man
5. fall (autumn)
6. spring
7. the interesting thing
8. I must go.

8. Complete con la palabra más apropiada.

1. Nosotros nadamos en una _____.
2. Hay siete días en una _____.
3. —¿Cómo se llama Ud.? — Mi _____ es Jesús Ruiz.
4. El hermano de mi madre tiene tres hijas; ellas son mis _____.
5. Hace frío en el invierno, pero en el verano _____.
6. Comemos mucho cuando tenemos _____.

38 BARCELONA — PALMA

		F/Y	F/Y	F/Y	Y	F/Y	F/Y	F/Y	F/Y	Y	F/Y	F/Y	F/Y	F/Y	F/Y	F/Y	F/Y	F/Y	F/Y	F/Y	F/Y	F/Y	.....	.....	.....
IB.: IBERIA AO.: AVIACO		IB. 021 B. 727 ✕	IB. 023 DC-9 ①③ ⑤⑦	IB. 025 DC-9	AO. 191 DC-9 ✕	IB. 027 DC-9 ✕	IB. 493 DC-9 ①③ ⑤	IB. 851 DC-9 ②④ ⑥⑦	AO. 193 Carav. ①③ ⑤⑦	IB. 845 B. 727 ①③④ ⑤⑦	IB. 885 B. 727 ②⑥	IB. 389 DC-9 ①	IB. 029 DC-9 ✕ exc. ①	IB. 515 DC-9 ①③ ⑤	IB. 325 DC-9 ⑦	IB. 471 DC-9 ①③ ⑤	IB. 321 B. 727 ②④ ⑥	IB. 381 DC-9 ⑦	IB. 323 DC-9 ✕					
										MIL ↓	AMS ↓		ZRH ↓		(A) LYS ↓		TLS ↓						
						PAR ↓	BRU ↓			17,00	17,00	18,05	18,05	18,45	18,45	20,00	20,00	20,00	22,45	.....	.....			
						15,20	15,20	16,15		17,35	17,35	18,40	18,40	19,20	19,20	20,35	20,35	20,35	23,20					
GMT = —1	BARCELONA Sal.	07,45	09,50	10,10	11,25	13,00	15,55	15,55	16,55	17,00															
—1	PALMA Lle.	08,20	10,25	10,45	12,05	13,35																			

		F/Y	F/Y	F/Y	F/Y	F/Y	F/Y	F/Y	F/Y	F/Y	F/Y	F/Y	F/Y	F/Y	F/Y	F/Y	Y	F/Y	F/Y	F/Y	Y	F/Y
IB.: IBERIA AO.: AVIACO		IB. 020 DC-9 ✕	IB. 494 B. 727 ①③ ⑤	IB. 886 B. 727 ②⑥	IB. 324 B. 727 ④⑦	IB. 846 DC-9 ①③④ ⑤⑦	IB. 328 DC-9 ②⑥	IB. 516 DC-9 ①③	IB. 380 DC-9 ①	IB. 326 DC-9 ②⑤	IB. 852 DC-9 ②④ ⑥⑦	IB. 472 DC-9 ①③ ⑤⑦	IB. 022 DC-9 ②④ ⑥	IB. 382 DC-9 ⑦	IB. 026 DC-9 ✕	IB. 028 DC-9 ⑦	AO. 192 Carav. ①③ ⑤⑦	IB. 320 B. 727 ✕	IB. 388 B. 727 ⑤	AO. 024 DC-9 ①③ ⑦	IB. 190 DC-9 ✕	IB. 322 DC-9 ✕
															(B)							
									MIL ↓		ZRH ↓	TLS ↓		BRU ↓	LYS ↓	TLS ↓					
GMT = —1	PALMA Sal.	07,20	09,00	09,00	09,00	11,25	11,25	12,05	12,45	12,45	12,45	14,30	14,30	14,30	16,50	17,05	17,40	18,25	18,45	20,00	20,00	21,30
—1	BARCELONA Lle.	07,55	09,35	09,35	09,35	12,00	12,00	12,40	13,20	13,20	13,20	15,05	15,05	15,05	17,25	17,40	18,20	19,00	19,20	20,35	20,40	22,0
			PAR	AMS					ZRH	TLS		BRU	LYS		TLS							

(A) El servicio de los VIERNES será operado con avión B. 727.
(B) Los servicios de MARTES, JUEVES y SABADOS serán operados con avión B. 727.

(A) FRIDAY flight will be operated with B. 727.
(B) TUESDAY, THURSDAY and SATURDAY flights will be operated with B. 727

Lección DIEZ

TEXTO 1: En el aeropuerto de Bogotá

VIAJERO	Señorita, el *avión* para Barranquilla[1] sale a las diez menos cuarto, ¿no?	Traveler, airplane
AGENTE	Sí, señor, pero hoy no puedo *garantizárselo*. Hace mal tiempo en Barranquilla y *por eso* no sé todavía si podemos *aterrizar* allí.	guarantee it (to you) for that reason land
VIAJERO	*¡No me gustan* estas *molestias!*	I don't like, inconveniences
AGENTE	Hay otra posibilidad. Si me da Ud. su *boleto,* puedo *cambiárselo* para Cartagena.[2] De ahí, pueden *llevarle* en autobús a Barranquilla.	ticket change it (for you) take you
VIAJERO	Francamente, señorita, *no me gusta viajar* en autobús.	I don't like, to travel
AGENTE	Pues, entonces, puede ir en *tren hasta* Calamar en el *Río* Magdalena, y *bajar* en *barco* hasta Barranquilla.	train, (up) to River, go down, boat
VIAJERO	*¡Por favor!* ¿Son estos cambios realmente necesarios?	Please (Come now)!
AGENTE	En unos diez minutos puedo *decírselo*. ¿Por qué no *descansa* Ud. un rato en la *sala de espera?*	tell (it to) you rest, waiting room
VIAJERO	Sí. Es lo mejor.	

[1]Barranquilla is a very important commercial port on the Caribbean coast of Colombia.
[2]Cartagena, a favorite haunt of tourists and honeymooners because of its lush tropical beauty, is also on the Caribbean coast, approximately 100 kilometers southwest of Barranquilla.

◀ Sala de espera en el aeropuerto de San José, Costa Rica.

CULTURAL NOTE ► *Colombia was a pioneer in the development of air travel since its mountainous terrain made the building of railroads and highways extremely expensive.*

Práctica

I.   Conteste Ud.

1.   ¿Adónde quiere ir el viajero?
2.   ¿Qué problema hay?
3.   ¿Qué cambio puede hacer el agente?
4.   Si no quiere viajar en autobús, ¿qué otra posibilidad hay?
5.   ¿Adónde va el viajero para descansar unos minutos?

II.   Preguntas personales.

1.   ¿Prefiere Ud. viajar en avión, o en tren? ¿Por qué?
2.   ¿Viaja Ud. en barco con frecuencia?
3.   ¿Cómo viaja Ud. desde su casa hasta la universidad?
4.   ¿En qué estación del año prefiere Ud. viajar?
5.   ¿Cuándo no podemos viajar en avión?

El avión para Barranquilla sale en unos diez minutos. En Colombia es común viajar en avión debido a la presencia de enormes montañas.

EXPLICACIÓN

67. Two object pronouns

When an indirect and a direct object pronoun appear together, the indirect always precedes the direct:

Él **me lo** dio.　*He gave it to me.*

Ella no quiere explicár**telo**.　*She does not want to explain it to you.*

No **nos lo** vea.　*Don't read it to us.*

Práctica

I. ¿Dónde debe Ud. insertar los pronombres?

1. (me las) _____ El agente _____ da _____ .
2. (nos la) _____ Tomás _____ llevó _____ esta mañana _____ .
3. (te lo) _____ El hombre _____ no _____ quería _____ dar _____ .
4. (me los) _____ Juanita _____ compró _____ en México _____ .
5. (nos lo) _____ Él _____ está _____ escribiendo _____ .

II. Cambie Ud. a la forma negativa según los modelos.

　Modelos: Cómpremelo Ud.　　　　Cómprenmelo Uds.
　　　　　　No me lo compre Ud.　　No me lo compren Uds.

(a) With usted:
　1. Cámbiemelos Ud.
　2. Cómprenoslo Ud.
　3. Prepárenosla Ud.
　4. Enséñemelo Ud.

(b) With ustedes:
　5. Preséntenmelo Uds.
　6. Llévenmelos Uds.
　7. Escríbanmelas Uds.
　8. Ábranmelo Uds.

68. Se with direct object pronoun

If both object pronouns are in the third person, whether singular or plural, the indirect object pronoun changes from **le (les)** to **se.** Study the following examples:

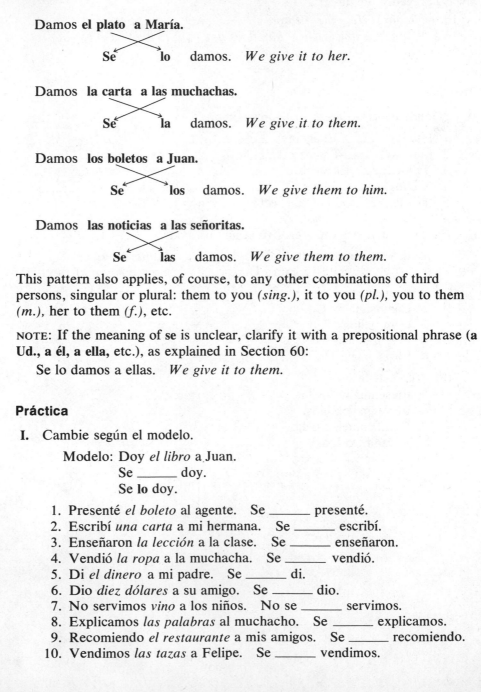

Damos **el plato a María.**

Se — lo damos. *We give it to her.*

Damos **la carta a las muchachas.**

Se — la damos. *We give it to them.*

Damos **los boletos a Juan.**

Se — los damos. *We give them to him.*

Damos **las noticias a las señoritas.**

Se — las damos. *We give them to them.*

This pattern also applies, of course, to any other combinations of third persons, singular or plural: them to you *(sing.),* it to you *(pl.),* you to them *(m.),* her to them *(f.),* etc.

NOTE: If the meaning of **se** is unclear, clarify it with a prepositional phrase (**a Ud., a él, a ella,** etc.), as explained in Section 60:

Se lo damos a ellas. *We give it to them.*

Práctica

I. Cambie según el modelo.

Modelo: Doy *el libro* a Juan.
Se _____ doy.
Se **lo** doy.

1. Presenté *el boleto* al agente.   Se _____ presenté.
2. Escribí *una carta* a mi hermana.   Se _____ escribí.
3. Enseñaron *la lección* a la clase.   Se _____ enseñaron.
4. Vendió *la ropa* a la muchacha.   Se _____ vendió.
5. Di *el dinero* a mi padre.   Se _____ di.
6. Dio *diez dólares* a su amigo.   Se _____ dio.
7. No servimos *vino* a los niños.   No se _____ servimos.
8. Explicamos *las palabras* al muchacho.   Se _____ explicamos.
9. Recomiendo *el restaurante* a mis amigos.   Se _____ recomiendo.
10. Vendimos *las tazas* a Felipe.   Se _____ vendimos.

II. **¿Se lo, se la, se los o se las?**

   Modelo: Dio un dólar a Juan.
   　　　　Se lo dio.

1. Explicó su horario a la clase. _____ _____ explicó.
2. Dio el boleto a su hijo. _____ _____ dio.
3. Vendió los libros a María. _____ _____ vendió.
4. Explicamos la excursión a las muchachas. _____ _____ explicamos.
5. Recomendaron la asignatura a todos. _____ _____ recomendaron.
6. Presenté el problema a la clase. _____ _____ presenté.
7. Escribí las cartas a mis amigos. _____ _____ escribí.
8. Pagamos el dinero al vendedor. _____ _____ pagamos.
9. Explicaron las noticias a la familia. _____ _____ explicaron.
10. Dimos explicaciones a los turistas. _____ _____ dimos.

III. Cambie según los modelos.

   (a) Modelo: Quiero explicar mi problema a Juanita.
   　　　　　　Quiero explicárselo. *(Two objects after an infinitive)*

1. Prefiero servir la cena a mi abuelo.
2. Ellos quieren dar dinero a todos sus hijos.
3. Nosotros deseamos pagar los cincuenta pesos al agente.
4. Deseo explicar el cuadro a la clase.

   (b) Modelo: Está enseñando inglés a sus hijos.
   　　　　　　Está enseñándoselo. *(Two objects after a gerund)*

5. Está explicando el precio a los clientes.
6. Está dando explicaciones a Carmen.
7. Está vendiendo la cámara a una señorita.
8. Estoy escribiendo cartas a mis amigos.

   (c) Modelo: No lleve Ud. esos regalos a sus sobrinos.
   　　　　　　No se los lleve. *(Two objects with a negative command)*

9. No venda Ud. sus libros a ese muchacho.
10. No escriba Ud. cartas muy largas a sus clientes.
11. No lleve Ud. el cuadro a ese señor.
12. No pregunte Ud. el nombre a esas señoras.

   (d) Modelo: Enseñe Ud. la lección.
   　　　　　　Enséñesela. *(Two objects after an affirmative command)*

13. Venda Ud. la carne a esta señora.
14. Escriba Ud. una carta a María.
15. Lleve Ud. las ropas al vendedor mexicano.
16. Presente Ud. este perfume a su novia.

La estación de ferrocarriles de Buenos Aires, Argentina.

TEXTO 2: La zona crepuscular

The Twilight Zone

Pilar López *tuvo* un extraordinario *sueño:* un hombre alto le dio un boleto y le indicó la *entrada* a un túnel, que *parecía* una tumba. Allí otro hombre *pálido* y muy *delgado* le *dijo:* —¡*Suba,* señorita! *Nicho* No. 13.

had, dream
entrance, looked like
pale, thin, told
Get in (climb aboard), (cemetery) niche

Tres días después Pilar *puso* un telegrama a su familia anunciando su visita. Fue a la estación de *ferrocarriles;* allí un hombre alto le dio un boleto y le indicó la entrada a los trenes, donde otro hombre pálido y muy delgado le dijo: —¡Suba, señorita! *Asiento* No. 13. Alarmada por estas coincidencias, Pilar meditó sobre el *viaje* y, *por fin, no lo hizo.*

sent (placed)
railroad

Seat
trip, finally, did not make (take) it

*Al día siguiente leyó*³ en el *periódico* que el tren *había chocado* con otro.

The following day, she read, newspaper, had collided

—Pura coincidencia—le dijo una amiga.

—¿Sí? ¿Cómo sabes tú?

Práctica

Conteste Ud.

1. ¿Qué tuvo Pilar López?
2. ¿Quién le dio un boleto?
3. ¿Qué le indicó a Pilar después?
4. ¿Cómo era el hombre que estaba a la entrada del túnel?

---

³The verbs **creer** and **leer** are irregular in the third person of the preterite:
   él creyó (leyó)   *he believed (read)*
   ellos creyeron (leyeron)   *they believed (read)*

5. ¿Qué le dijo este hombre a Pilar?
6. ¿Cuándo puso un telegrama Pilar?
7. ¿Adónde fue Pilar?
8. ¿Qué le dio un hombre alto?
9. ¿Qué le indicó a Pilar?
10. ¿Cómo era el segundo hombre?
11. ¿Eran buenas o malas las noticias del periódico?
12. ¿Qué dijo la amiga de Pilar?

EXPLICACIÓN

69. Irregular preterites: *decir, estar, poner, tener, venir*

decir	estar	poner	tener	venir
dije	estuve	puse	tuve	vine
dijiste	estuviste	pusiste	tuviste	viniste
dijo	estuvo	puso	tuvo	vino
dijimos	estuvimos	pusimos ·	tuvimos	vinimos
dijisteis	estuvisteis	pusisteis	tuvisteis	vinisteis
dijeron	estuvieron	pusieron	tuvieron	vinieron

NOTE: There is no **i** in the ending of **dijeron.**

Práctica

Ejercicio de sustitución.

(a) Modelo: Cuando (yo) estuve en Colombia, hice muchos viajes.

1. Cuando Uds. _____ en el Perú _____.
2. Cuando nosotros _____ en la Argentina _____.
3. Cuando ella _____ en el Brasil _____.
4. Cuando tú _____ en el Ecuador _____.

(b) Modelo: Ellos vinieron inmediatamente y lo pusieron en la mesa.

5. Vosotros _____ inmediatamente y lo _____.
6. Nosotros _____ inmediatamente y lo _____.
7. Tú _____ inmediatamente y lo _____.
8. Yo _____ inmediatamente y lo _____.

(c) Modelo: Él dijo eso y yo tuve que contestar.

9. Ellas _____ eso y tú _____.
10. Nosotros _____ eso y vosotros _____.
11. Ellos _____ eso y nosotros _____.
12. Yo _____ eso y Uds. _____.

70. *Gustar*

Use **gustar** *(to be pleasing)* with an indirect object pronoun (**me, te, le, nos, os, les**) to state that (A) *one thing* is pleasing to you (to him, to her, to us, to them, etc.) or that (B) *several things* are pleasing to you (to him, to us, etc.). These constructions are normally expressed by the verb *to like* in English. When we say "I like the book," the Spanish-speaking person is actually saying "The book is pleasing to me." Read aloud the following series and memorize them:

A. ONE THING IS PLEASING TO SOMEONE	B. SEVERAL THINGS ARE PLEASING TO SOMEONE
Me gusta este periódico. *I like this newspaper. (This newspaper is pleasing to me.)*	Me gustan estos periódicos. *I like these newspapers. (These newspapers are pleasing to me.)*
Te gusta este periódico. *You like this newspaper. (This newspaper is pleasing to you.)*	Te gustan estos periódicos. *You like these newspapers. (These newspapers are pleasing to you.)*
Le gusta este periódico. *He (She) likes (You like) this newspaper. (This newspaper is pleasing to him, her, you.)*	Le gustan estos periódicos. *He (She) likes (You like) these newspapers. (These newspapers are pleasing to him, her, you.)*
Nos gusta este periódico. *We like this newspaper. (This newspaper is pleasing to us.)*	Nos gustan estos periódicos. *We like these newspapers. (These newspapers are pleasing to us.)*
Os gusta este periódico. *You like this newspaper. (This newspaper is pleasing to you.)*	Os gustan estos periódicos. *You like these newspapers. (These newspapers are pleasing to you.)*
Les gusta este periódico. *They (You) like this newspaper. (This newspaper is pleasing to them, you.)*	Les gustan estos periódicos. *They (You) like these newspapers. (These newspapers are pleasing to them, you.)*

Práctica

I. Exprese Ud. en español. [NOTE: Adhere strictly to the models in both series above.]

(a) 1. El libro *is pleasing to me.*
2. La casa *is pleasing to her.*
3. El viaje *is pleasing to us.*
4. La literatura *is pleasing to him.*
5. El invierno *is pleasing to us.*

(b) 1. Las asignaturas *are pleasing to me.*
    2. Los trenes *are pleasing to her.*
    3. El verano y el otoño *are pleasing to me.*
    4. Las tiendas mexicanas *are pleasing to you (familiar sing.).*
    5. Las excursiones *are pleasing to them.*

II. Use Ud. la forma correcta del verbo **gustar.**

    Modelo: (I) _____ el cuadro.
          Me gusta el cuadro.

(a) Imagine that the person speaking is "I":
    1. _____ la clase.
    2. _____ esta ciudad.
    3. _____ los dos postres.
    4. _____ este café.
    5. _____ esas asignaturas.

(b) Imagine that the person speaking is "she":
    1. _____ el pan francés.
    2. _____ la literatura.
    3. _____ el segundo plato.
    4. _____ el agua fría.
    5. _____ los trenes modernos.

(c) Imagine that the persons speaking are "they":
    1. _____ el restaurante.
    2. _____ estas películas.
    3. _____ las preguntas del profesor.
    4. _____ las montañas.
    5. _____ el teatro.

(d) Imagine that the persons speaking are "we":
    1. _____ los exámenes fáciles.
    2. _____ la universidad.
    3. _____ las excursiones.
    4. _____ los programas de televisión.
    5. _____ las lenguas extranjeras.

El tren para Panamá sale en quince minutos. ¿Tiene Ud. su boleto?

71. Clarifying *gustar*

If clarification is needed in the third person singular and plural, add the prepositional phrases studied in section 60:

A él le gusta el dinero.   *He likes money.*
A ella le gustan los objetos artísticos.   *She likes artistic objects.*
A ellos les gusta este auto.   *They (m.) like this car.*
A ellas les gustan estos nombres.   *They (f.) like these names.*

The same construction can be used in connection with nouns and proper names:

Al muchacho {le gusta nadar.[4]
            {le gustan las fiestas.

A Juan y a José {les gusta la universidad.
                {les gustan las asignaturas fáciles.

Observe the following relationships:

PLURAL   SINGULAR
A los alumnos   les   gusta   la sangría.

SINGULAR   PLURAL
A Juanita   le   gustan   las fiestas.

Práctica

Complete según el modelo.

Modelo: _____ Juan _____ _____ los exámenes fáciles.
        A Juan le gustan los exámenes fáciles.

1. _____ la señorita _____ _____ el teatro.
2. _____ los estudiantes _____ _____ los aviones modernos.
3. _____ Pedro _____ _____ jugar al tenis.
4. _____ su hija _____ _____ el francés.
5. _____ su novia _____ _____ las pizzas con peperoni.
6. _____ Sr. Alcántara _____ _____ hablar en español.
7. _____ mis padres _____ _____ pasear por la tarde.
8. _____ los mozos _____ _____ charlar con los clientes.
9. _____ ellos _____ _____ la ciudad de Buenos Aires.
10. _____ Uds. _____ _____ las patatas fritas.

---

[4]Consider an infinitive as a singular concept.

LECTURA: El gaucho

El gaucho fue el «cowboy» de la pampa.[5] Hoy existe sólo en la memoria de los argentinos como mito nacional.

El gaucho representaba la libertad absoluta y el individualismo extremo. Por esta razón, le admiraron mucho los *escritores* románticos. El gaucho *no reconocía* otra autoridad *que* el hombre superior a él en *fuerza* física y *audacia*.

writers, didn't recognize
than, strength
audacity

Vivía solo generalmente; muy pocas veces tenía familia. Dormía en el *suelo*. Comía *carne de vaca* y usaba el *cuero* para hacer toda clase de artículos: *zapatos, cinturones, cercas,* etc.

ground, beef, leather
shoes, belts
fences

El gaucho *conocía* la pampa muy bien; podía viajar *por todas partes* sin *perder* su *camino.* Leía la *tierra* como un libro: sabía si *alguien* venía y adónde iba, *antes de verlo;* sabía dónde *encontrar* agua y también *caballos.*

knew, everywhere
losing, way (road), land
someone, before seeing him
to find, horses

Durante el régimen del dictador Juan Manuel de Rosas (1835–1852), hombre ambicioso que sólo respetaba la fuerza física, los gauchos *obtuvieron* el dominio político de todo el país. Pero, finalmente, el gaucho fue víctima del progreso. Su libertad comenzó a declinar con la aparición de las cercas, símbolos de la *propiedad* privada. *Incapaz* de competir con el extranjero, tuvo que resignarse a trabajar como *peón.*

During

obtained

property, Incapable
(a) farmhand

El hombre que hoy trabaja en las grandes ciudades por necesidad y obligación todavía piensa con nostalgia *en* el gaucho, último símbolo del individualismo heroico.

about

Práctica

I. Conteste Ud.

1. ¿Qué fue el gaucho?
2. ¿Existe hoy?
3. ¿Qué representaba?
4. ¿Quiénes admiraron mucho al gaucho?
5. ¿Cómo vivía el gaucho generalmente?
6. ¿Cómo sabemos que conocía muy bien la pampa?
7. ¿Qué leía como un libro?
8. ¿De qué fue víctima el gaucho?
9. ¿Cuándo comenzó a declinar?
10. ¿Con quién no podía competir el gaucho?

---

[5]These vast, flat grasslands, which are ideal for cattle grazing, are found in Argentina, Uruguay, and southern Brazil.

Hoy día el gaucho es el último símbolo del individualismo heroico. Trabaja como peón en las pampas del Uruguay y la Argentina.

II. Complete las frases de A con una expresión de B.

A	B
1. El gaucho sólo existe...	1. para hacer toda clase de artículos.
2. El gaucho representaba...	2. como un libro.
3. El gaucho vivía solo, y muy pocas veces...	3. podía viajar por todas partes.
4. El gaucho usaba el cuero...	4. símbolos de la propiedad privada.
5. Porque conocía muy bien la pampa...	5. la libertad absoluta.
6. El gaucho leía la tierra...	6. los escritores románticos.
7. La libertad del gaucho comenzó a declinar...	7. con el extranjero.
8. El gaucho fue incapaz de competir...	8. en la memoria de los argentinos.
	9. tenía familia.
	10. con la aparición de las cercas.

EXPRESIÓN ORAL

¿Qué dice o hace Ud. en las siguientes situaciones?

1. Ud. desea viajar de Bogotá a Barranquilla.
2. Ud. tiene ganas de comer buenas carnes.
3. Ud. desea ir a la Ciudad Universitaria.
4. Ud. tiene que preparar los exámenes finales.
5. Ud. quiere ir al teatro por la tarde.
6. Ud. desea nadar.

OTRA VEZ

Invente oraciones con el verbo **gustar,** empleando las palabras indicadas.

1. A Juana / el vino
2. A mí / los autos modernos
3. A mis hermanas / las películas norteamericanas
4. A mi profesor / ir al Perú
5. A nosotros / el cine
6. Al vendedor / hablar con los clientes
7. A Uds. / hacer excursiones
8. A Ud. / lo barato
9. ¿A ti / comer solo?
10. A Pedro y a María / las parrilladas

VOCABULARIO ACTIVO

ADJECTIVES

delgado, -a / *thin*
pálido, -a / *pale*

NOUNS

aeropuerto / *airport*
el autobús / *bus*
el avión / *airplane*
barco / *boat*
boleto / *ticket*
entrada / *entrance*
la estación de ferrocarriles / *railroad station*
periódico / *newspaper*
río / *river*
sala de espera / *waiting room*
sueño / *dream*
el tren / *train*
el viaje / *trip*
visita / *visit*

PREPOSITIONS

hasta / *up to, until*

VERBS

anunciar / *to announce*
bajar / *to go (get) down*
cambiar / *to change, exchange*
descansar / *to rest*
leer / *to read*
llevar / *to take, carry*
parecer / *to seem, look like*
viajar / *to travel*

¿Le gusta a Ud. viajar en avión?

Lección ONCE

TEXTO 1: Las Navidades[1] en México

Christmas

En México siempre *hemos celebrado* las Navidades *desde* el 16 de diciembre hasta el 6 de enero. *Durante* esos días, los padres hacen planes para las comidas, invitaciones y visitas. Esta fiesta siempre *ha sido* la más importante del año.

> we have . . . celebrated, from During
>
> has been

De acuerdo con la tradición, las *mujeres* preparan una montaña de *dulces, compotas* y *pasteles.* Por la *puerta* de casa entran entonces *pavos, gallinas, quesos* y salchichas. Cada día es una *sorpresa.*

> In accordance with, women
> sweets, compotes, pastries, door
> turkeys, hens, cheeses
> surprise

Entre las celebraciones más importantes están *romper varias* piñatas, *cantar* en familia *delante del* Nacimiento, ir a la *Misa del Gallo* la noche del 24 y celebrar después el *nacimiento* de Cristo con *fuegos artificiales.*

> breaking
> several, singing, in front of
> Midnight Mass (Mass of the Rooster)
> birth, fireworks

El 6 de enero es el día para dar regalos a los niños.

CULTURAL NOTES ► 1. A **piñata** is an earthen jar filled with sweets and presents which has been covered with brightly colored paper to make it resemble a basket or a bird. At the end of each evening's celebration a **piñata** is hung on a rope and a blindfolded person tries to break it with a stick, while two guests move it about continually. When someone finally breaks the **piñata**, everyone rushes to pick up the gifts and candy that have fallen from it. ► 2. A **Nacimiento** is a nativity scene featuring clay figures of the baby Jesus in the manger, Mary and Joseph, the shepherds, the three Kings, and a host of different animals. ► 3. The **Misa del Gallo** is usually a one-hour mass beginning at midnight. In many locales it is traditional to hear a rooster crowing during the mass announcing the birth of Christ.

---

[1]*Christmas* in Spanish can also be singular: **La Navidad.**

◄ La fiesta de Navidad siempre ha sido la más importante del año en México.

Práctica

Complete Ud.

1. Los mexicanos celebran las Navidades desde _____ hasta _____.
2. Los padres hacen planes para las _____.
3. La fiesta de Navidad siempre ha sido _____.
4. Las mujeres preparan una montaña de _____.
5. Por la puerta entran entonces _____.
6. Una celebración importante es cantar _____.
7. Los mexicanos van a la Misa del Gallo, y después celebran _____.
8. El 6 de enero es el día para _____.

EXPLICACIÓN

72. Present perfect tense

This tense is made up of the present tense of the helping verb **haber** *(to have)* and a past participle. To form the past participle of regular verbs in Spanish, drop the infinitive ending and add **-ado** for **-ar** verbs, and **-ido** for **-er** and **-ir** verbs:

-ar verbs	-er verbs	-ir verbs
he dado	he sido	he salido
has dado	has sido	has salido
ha dado	ha sido	ha salido
hemos dado	hemos sido	hemos salido
habéis dado	habéis sido	habéis salido
han dado	han sido	han salido

To make a present perfect verb negative, place **no** before the form of **haber: Juan no ha hablado.**

Place all object pronouns before the helping verb, but after **no,** if the sentence is negative: **Él (no) me lo ha dado.**

To make a question, put the subject after the past participle: **¿Han venido las señoras?**

NOTE: It will be helpful to remember that nothing can be inserted between the helping verb **haber** and the past participle.

Spanish often employs the present perfect when the effects of a past action are still being felt in the present:

Anoche he dormido mal. *Last night I slept poorly.*
Mi abuelo ha muerto ayer. *My grandfather died yesterday.*

Práctica

I. Cambie según el modelo.

Modelo: Yo he (ser) vendedor.
Yo he **sido** vendedor.

Yo he
1. (pasar) el verano en Costa Rica.
2. (leer) la carta.
3. (tener) que venir temprano hoy.
4. (comprar) regalos.
5. (comer) patatas fritas.

Tú has
6. (vender) mi auto.
7. (salir) temprano.
8. (hablar) muy bien.
9. (comprender) mi problema.
10. (creer) que yo soy un tonto.

II. Use el participio pasado del verbo entre paréntesis.

1. He (estar) tres días en Acapulco.
2. La fiesta de Navidad ha (ser) muy interesante.
3. Tú has (ir) a la casa de tus amigos.
4. Ella ha (salir) de la estación.
5. Hemos (querer) ir a Puerto Rico para las Navidades.
6. Todos han (jugar) al tenis.
7. Yo te he (dar) muchos regalos.
8. Vosotros habéis (ir) con vuestros amigos.
9. Alberto y Enrique han (tomar) el tren.
10. Ellos han (venir) a mi casa.

III. Conteste Ud.

1. ¿Qué hemos estudiado hoy?
2. ¿A qué hora has llegado tú a clase?
3. ¿Qué han leído Uds. para hoy?
4. ¿Qué ha aprendido Ud. en esta lección?
5. ¿Ha traído su libro a la clase, o lo ha dejado en su casa?
6. ¿Has estado tú en México?
7. ¿Por qué no han celebrado Uds. las Navidades con una piñata?
8. ¿En qué lengua les he hablado yo?
9. ¿Me han contestado Uds. en inglés o en español?
10. ¿En qué ciudades ha vivido su familia?

Un muchachito vestido para las fiestas de las Navidades.

73. Months and dates

Meses *(Months)*

enero	mayo	septiembre
febrero	junio	octubre
marzo	julio	noviembre
abril	agosto	diciembre

NOTE: **Septiembre** is also spelled **setiembre.**

Fechas *(Dates)*

Spanish requires cardinal numbers when expressing dates. The only exception is **el primero** *(the first)*, usually written **1°:**

el primero de enero   *(on) the first of January*
el dos de mayo   *(on) the second of May*
el dieciséis de septiembre   *(on) the sixteenth of September*
el catorce de julio   *(on) the fourteenth of July*

NOTE: In Spanish America, it is customary to capitalize the names of the months.

Práctica

Exprese Ud. las siguientes fechas en español.

1. _____ (On July 4) celebramos el Día de la Independencia.
2. Hay un día que no tenemos todos los años. Es _____ (February 29).
3. El día de los tontos (inocentes) en los Estados Unidos es _____ (April 1st).
4. Celebramos la Navidad _____ (on December 25).
5. En los países hispánicos los padres dan regalos a sus niños _____ (on January 6).
6. Si ayer fue _____ (November 1st), hoy es _____ (November 2).
7. ¿Por qué es importante _____ (the twelfth of October) en nuestro país?
8. Los mexicanos van a la Misa del Gallo _____ (on the 24th of December).
9. Él nos visita siempre _____ (on March 1st).
10. Las clases comienzan _____ (on April 10).

TEXTO 2: Noche Vieja en Madrid

New Year's Eve

Fui a la Puerta del Sol y allí hice algo que nunca *había* **I had done**
hecho: A la *medianoche* en punto, todos comenzamos a[2] comer **midnight**
uvas, una por cada *campanada* del *reloj* de la plaza. Entre **grapes, stroke, clock**
grandes *risas,* comimos, o, *mejor dicho, tragamos* doce uvas. **laughter, rather, swallowed**

Después fui a la casa de unos amigos. Allí *habían puesto* **they had set**
varias mesas con abundantes comidas y *bebidas.* Comimos **beverages**
mucho y bebimos… *demasiado.* Volví por fin a mi hotel con **too much**
un tremendo *dolor de cabeza*… pero muy contento. **headache**

CULTURAL NOTES ▶ *1. The **Puerta del Sol,** a large plaza in Madrid,
is the traditional center for the city's banking community and government offices. Its name stems from the fact that it was originally
the eastern gate of the city. As in New York's Times Square, thousands of people jam the **Puerta del Sol** on New Year's Eve to hear
the clock strike twelve.* ▶ *2. Swallowing one grape on each of the
twelve strokes of midnight will bring good luck, according to tradition. Failing to swallow a grape or dropping one will bring bad luck.*

Práctica

Conteste Ud.

1. ¿Dónde celebré la Noche Vieja?
2. ¿Adónde fui primero?
3. ¿Qué comenzamos a comer todos?
4. ¿A qué hora?
5. ¿Cuántas uvas comimos?
6. ¿Adónde fui después?
7. ¿Qué habían puesto allí?
8. ¿Bebimos mucho?
9. ¿Adónde volví?
10. ¿Estaba triste?

---

[2]**Comenzar** requires the preposition **a** when followed by an infinitive.

EXPLICACIÓN

74. Pluperfect tense

This tense is formed in Spanish with the imperfect indicative of **haber** followed by a past participle:

-ar verbs	-er verbs	-ir verbs
había dado	había bebido	había ido
habías dado	habías bebido	habías ido
había dado	había bebido	había ido
habíamos dado	habíamos bebido	habíamos ido
habíais dado	habíais bebido	habíais ido
habían dado	habían bebido	habían ido

The pluperfect tells what occurred or was done before another past action took place:

Él llegó a las nueve, pero ya habíamos salido.
He arrived at 9:00, but we had already left.

Yo les dije que habían bebido demasiado.
I told them that they had drunk too much.

Práctica

Cambie según el modelo.

Modelo: Tú has celebrado la Noche Vieja.
Tú habías celebrado la Noche Vieja.

1. He ido a muchas fiestas.
2. Nunca hemos cantado «Las posadas».
3. El reloj ha dado doce campanadas.
4. Has comido mucho.
5. Ellos han bebido demasiado.

Modelo: Tú fuiste a la Puerta del Sol.
Tú habías ido a la Puerta del Sol.

1. Hablé con mis padres.
2. Tuvieron una gran fiesta.
3. Explicamos todos los problemas.
4. Él recibió una invitación.
5. ¿Oísteis vosotros el programa?

75. Irregular past participles

There are a few irregular past participles in Spanish, most of which are given below. Memorize these forms:

abrir:	abierto	*opened*	morir:	muerto	*died*
cubrir:	cubierto	*covered*	poner:	puesto	*put, placed*
decir:	dicho	*said, told*	romper:	roto	*broken*
escribir:	escrito	*written*	ver:	visto	*seen*
hacer:	hecho	*done, made*	volver:	vuelto	*returned*

Práctica

I. Cambie según el modelo.

> Modelo: Él volvió a casa.
> Él ha vuelto a casa.

1. Vio a sus amigos.
2. Escribimos un libro.
3. Rompí esta carta.
4. Dijiste la verdad.
5. Hicieron muchas cosas.
6. Cubrimos la mesa.
7. Abrieron un restaurante.
8. Ella fue al teatro.
9. Puse el dinero en el banco.
10. Volví a mi hotel.

II. Cambie según el modelo.

> Modelo: Te la doy.
> Te la he dado.

1. Me lo compras.
2. Te la vende.
3. Ud. nos la da.
4. Se lo escribimos.
5. Me lo dicen.
6. No le veo.
7. No lo abres.
8. Él se los vende.

Cuando hay una fiesta, los niños rompen una piñata, llena de dulces y sorpresas.

III. Cambie según el modelo.

> Modelo: Me lo rompió.
> Me lo había roto.

1. Nos lo hizo.
2. Se la rompieron.
3. Se lo dimos.
4. Nos la escribieron.
5. Se lo hice.
6. Se la puso.
7. Os lo dije.
8. Nos la abrió.

76. Preterite of radical-changing verbs

Radical-changing verbs of the third conjugation (**-ir**) change **e** > **i** and **o** > **u** in the third person singular and plural of the preterite:

dormir $\begin{cases} \text{él (ella, Ud.) durmió} \\ \text{ellos (ellas, Uds.) durmieron} \end{cases}$

preferir $\begin{cases} \text{él (ella, Ud.) prefirió} \\ \text{ellos (ellas, Uds.) prefirieron} \end{cases}$

Other verbs with similar changes are: **morir, pedir** *(to ask for)*, **repetir, sentir** *(to feel)*, and **servir.**

Práctica

Complete con el verbo en pretérito.

1. (preferir) Él _____ no salir a la calle.
2. (dormir) ¿Cuántas horas _____ Uds. anoche?
3. (morir) Mi abuelo _____ en 1970.
4. (servir) ¿Quién _____ las comidas?
5. (repetir) Ella _____ la pregunta dos veces.
6. (dormir) Yo _____ ocho horas ayer.

77. Uses of the preposition *a*

A. With verbs of motion: **ir, venir, llegar, volver,** etc.

Voy al supermercado con María.
I am going to the supermarket with Mary.

Él vino a mi casa ayer.
He came to my house yesterday.

B. With verbs of beginning when followed by an infinitive:

Comenzó (Empezó) a llover.
It began to rain.

C. With **aprender** and **enseñar** when followed by an infinitive:

Aprendió a cantar.   *He learned (how) to sing.*
Le enseñó a nadar.   *She taught him to swim.*

NOTE: For the use of **a** with direct objects and hours, see Sections 34 and 55, respectively.

Práctica

¿Con o sin **a?**

1. Él desea _____ visitar _____ la ciudad de Cholula.
2. ¿Cuándo aprendió _____ Ud. _____ jugar al tenis?
3. Los dos van _____ ver _____ la película.
4. ¿Comienza Ud. _____ trabajar _____ las ocho?
5. ¿Quién le enseñó _____ preparar _____ ese postre?
6. ¿_____ qué hora llegó Ud. _____ la estación?
7. Ellos van _____ dar regalos _____ los niños.
8. Entramos _____ la tienda _____ las nueve en punto.

LECTURA: «Las posadas»

«Las posadas» es una *canción* tradicional de la Navidad mexicana. *Recrea* el drama de la *Noche Buena,* cuando José y María buscaban *alojamiento.* Como *no hallaron sitio* en las *posadas,* tuvieron que pasar la noche en un *pesebre.* Fue allí donde *nació* el niño Jesús, y donde los *Reyes Magos* le adoraron.

> song
> It re-creates, Christmas Eve
> lodging, didn't find, room
> inns, manger
> was born, Wise Men

Durante los días que preceden a la Navidad, los mexicanos conmemoran este drama en la *siguiente* forma. Por la noche, varios grupos de personas *cantan* «Las posadas» delante de la casa de *algún* amigo. En la canción, San José pregunta: —¿Quién les da posada a estos *peregrinos,* que vienen cansados de *andar* los caminos?—. El *casero* contesta: —*Por más que digáis* que venís *rendidos,* no damos posada a *desconocidos*—. Y el amigo, como el casero de la canción, les dice a los *cantantes* varias veces que no pueden entrar. Pero *al fin* comprende que los peregrinos son José y María, y les da posada en su *corazón.*

> following
> sing
> some
> pilgrims
> walking, innkeeper, No matter (how much) you may say exhausted
> strangers
> singers
> finally
> heart

Los cantantes *repiten* esta misma escena varias veces cada noche para diferentes amigos. Cada vez los amigos les invitan a tomar un pastel, y algún *refresco*—como, por ejemplo, «flor de jamaica»,[3] que es una bebida típica de la Navidad.

> repeat
> refreshment

---

[3] A traditional Christmas drink in Mexico, made with the petals from the flower of the **Jamaica** plant. They are steeped in cool water until it turns red and then sugar is added.

En Jucotepec, México, todos cantan delante del Nacimiento durante las fiestas de Navidad.

Práctica

I. Conteste Ud.

1. ¿Qué clase de canción es «Las posadas»?
2. ¿Qué recrea esta canción?
3. ¿Cuándo buscaban alojamiento José y María?
4. ¿Dónde nació el niño Jesús?
5. ¿Dónde cantan «Las posadas» los mexicanos?
6. ¿Cuándo cantan esta canción?
7. ¿Qué pregunta San José en la canción?
8. ¿Contesta el casero?
9. ¿Qué dice varias veces el amigo de los cantantes?
10. ¿Qué comprende al fin?

II. ¿Qué palabras de A puede Ud. asociar con palabras de B?

A	B
1. canción	1. beber
2. casa	2. comer
3. refresco	3. buscar
4. camino	4. repetir
5. pastel	5. cantar
6. alojamiento	6. andar
7. el niño Jesús	7. comprender
8. escena	8. invitar
	9. adorar
	10. nacer

Las Posadas (México)

San José: ¿Quién les da posa — — da a estos
Casero: Por más que digá — — is que ve os
San José: En nombre de Cie — — lo os pi-
Casero: A-quí no es me són — — — si-gan

pe — re - gri — — — nos, que — —
nís ren-di — — — dos, no — —
do po-sa — — — da, pues
a — de -lan — — — te; yo

vienen can-sa — — — dos de an-dar los ca-
damos po-sa — — — da a des-co-no-ci-
no pue-de an — — — dar ya mi esposa a-
no puedo a — — — brir, no sea algún tu-

mi — — — — — — — nos.
— — — — — — — — dos.
ma — — — — — — — da.
nan — — — — — — — te.

"Las posadas" (music and text) from *Cancionero de la Escuela Española de Middlebury College*, Middlebury, Vermont.

EXPRESIÓN ORAL

Invente oraciones según el modelo.

Modelo: «*Las posadas*»
ser / buscar / cantar
—«*Las posadas*» es una canción tradicional.
—Los peregrinos buscan alojamiento.
—Los amigos cantan delante de la casa de un amigo.

1. *Navidades*
   (a) invitar / comer / beber
   (b) romper / cantar / celebrar
2. *Noche Vieja*
   (a) ir / hacer / comer
   (b) poner / beber / volver

OTRA VEZ

Cambie según los modelos.

(a) Modelo: Él comienza a comer.

Él ha comenzado a comer.

1. Cantamos «Las posadas».
2. Voy al supermercado.
3. Ponen los platos en la mesa.
4. Venden postres muy buenos.
5. ¿Quiénes están en la plaza?

(b) Modelo: Ellas entraron en la casa.
Ellas habían entrado en la casa.

1. Vino a casa muy temprano.
2. Escribieron su nombre en el menú.
3. Fuimos a las montañas.
4. Nos dijeron la verdad.
5. ¿Quiénes abrieron las puertas?

bd

BANCO DE OCCIDENTE C.A.

Les desea
Feliz Navidad y Próspero
Año Nuevo

VOCABULARIO ACTIVO

ADJECTIVES
varios, -as / *several*

ADVERBS
demasiado / *too much*

CONJUNCTIONS
durante / *during*

IDIOMS
por fin / *finally*

NOUNS
bebida / *beverage, drink*
cabeza / *head*
   dolor dc — / *headache*
el dulce / *sweet, candy*
gallina / *hen*
la medianoche / *midnight*
la mujer / *woman*
las Navidades / *Christmas*
los pasteles / *pastries*
pavo / *turkey*
puerta / *door*
queso / *cheese*
el reloj / *clock, watch*
risa / *(outbursts of) laughter*
sorpresa / *surprise*
uva / *grape*

PREPOSITIONS
delante de / *in front of*
desde / *from*

VERBS
cantar / *to sing*
celebrar / *to celebrate*
romper / *to break*

LOS MECANICOS DE ASCENSORES

Felicitan a Vd. las Pascuas y le desean un próspero y feliz Año Nuevo

LOS BARRENDEROS

Felicitan a Vd. las Pascuas y le desean feliz Año Nuevo

Felices Pascuas y próspero Año Nuevo

Lección DOCE

TEXTO 1: Hablandc con dos camareras
waitresses

—Yo tengo poca educación, ¿sabe Ud.?, pero teniendo el dinero, *compraría* una pequeña *pastelería*.

I would buy, pastry shop

—¿*Le gustaría cocinar?*

Would you like to cook?

—Como *dueña*, sí, señor. *¡Me encantaría! ¿Ve* Ud. esos *bollos, tartas* y pasteles? Los he hecho yo.

owner, I would love it!

sweet rolls, cakes

—¿Verdad?

* * * * *

—*Algún* día *dejaré* este *trabajo.* No quiero ser sirviente de *nadie.*

Some, I will leave, work (job)

anyone

—¿En qué *trabajará* Ud.?

will you work

—En mi cerámica. Hago platos decorativos y otros objetos artísticos. Es tradición de familia.

—Los *venderá* a los grandes *almacenes, supongo.*

you will sell, department stores,
I suppose

—No. Los *venderé* en mi *propia* tienda... *si Dios quiere.*

I will sell, own, God willing

CULTURAL NOTES ►*1. A **pastelería** is a small pastry shop that specializes in all kinds of fancy cookies, cakes, tortes, and so on. It is not uncommon to find 20 to 30 varieties of pastries made fresh every day; they include **palmeras** (in the shape of palm leaves), **lazos** (bows), **rosquitas** (curls), and **estrellas** (puff pastry in the shape of stars). ►2. Small specialty shops abound in the Hispanic world: **sombrererías** (hat shops), **zapaterías** (shoe stores), **papelerías** (stationery stores), etc. Department stores (**almacenes**) are found only in large cities.*

◄ Una sombrerería al aire libre en Cholula, México.

Práctica

Complete con sustantivos y frases del Texto 1.

1. ¿Sabe Ud.? Yo tengo poca _____.
2. Teniendo dinero, yo compraría _____.
3. Me encantaría hacer bollos, _____ y _____.
4. Algún día dejaré este _____.
5. No quiero ser _____ de nadie.
6. Hago objetos artísticos; es tradición _____.
7. ¿Prefiere venderlos en los grandes _____?
8. No, los venderé en _____.

EXPLICACIÓN

78. Future of regular verbs

All regular verbs in Spanish form the future by adding to the infinitive the following endings:

-é	-emos
-ás	-éis
-á	-án

entrar	volver	abrir
entraré	volveré	abriré
entrarás	volverás	abrirás
entrará	volverá	abrirá
entraremos	volveremos	abriremos
entraréis	volveréis	abriréis
entrarán	volverán	abrirán

The future is the tense constructed with the auxiliaries *will* and *shall* in English:

Abriré la tienda mañana.　*I shall open the store tomorrow.*
Volveremos pronto.　*We will return soon.*

Esta camarera de un restaurante al estilo colonial lleva un traje/vestido típico.

Práctica

I. Ejercicio de sustitución.

1. *Ella* comprará bollos.
   Ud. / Nosotros / Ellos
2. *Ella* dejará el trabajo.
   Uds. / Yo / Tú
3. *Ella* venderá objetos artísticos.
   Nosotros / Ellos / Vosotros
4. *Ella* irá a la tienda.
   Yo / Las muchachas / Nosotras

II. Dé la forma correcta del futuro.

1. Mamá, no quiero estudiar filosofía; yo _____ (ser) dueña de una pastelería.
2. Esta mañana nosotros _____ (escuchar) al señor Ramírez.
3. Mañana los estudiantes _____ (discutir) el problema económico.
4. En febrero mi hermana y yo _____ (entrar) en la universidad.
5. Él nos dice que _____ (dejar) ese trabajo.
6. Jorge, ¿_____ (ir) a la fiesta mañana?
7. ¿Es verdad que Uds. _____ (ganar) mucho dinero?
8. Ella _____ (estar) allí a las diez en punto.
9. Mañana ellos _____ (llamar) a sus amigos.
10. ¿Cuándo _____ (abrir) Ud. su tienda?

III. Cambie los verbos al futuro.

> Modelo: Él *come* a las seis.
> Él **comerá** a las seis.

1. Te *vemos* pronto.
2. Esas asignaturas no le *gustan*.
3. Federico y Policarpo (Fede y Poli) *son* mis compañeros.
4. Tú *vuelves* de las fiestas muy cansado.
5. Esas mujeres *comen* de todo un poco.
6. ¿Cómo *celebran* Uds. el Año Nuevo?
7. ¿A qué hora *cenas* tú?
8. ¿Cuándo *llega* tu madre?
9. Ellos *buscan* otro trabajo.
10. Eso *cuesta* mucho.

79. Conditional of regular verbs

All regular verbs in Spanish form the conditional by adding to the infinitive the following endings:

-ía	-íamos
-ías	-íais
-ía	-ían

When pronouncing these forms, be careful to stress the accented **í**. Study the chart below:

dejar	ser	preferir
dejaría	sería	preferiría
dejarías	serías	preferirías
dejaría	sería	preferiría
dejaríamos	seríamos	preferiríamos
dejaríais	seríais	preferiríais
dejarían	serían	preferirían

The conditional expresses the English *would* or *should* + verb:

> Yo lo dejaría en casa.   *I should (would) leave it at home.*
> Preferiríamos salir ahora.   *We would prefer to leave now.*

Las tiendas de artesanía española en Toledo venden cerámica muy bonita.

Práctica

I. Cambie según el modelo.

> Modelo: Dice que me verá.
> Decía (Dijo) que me _____.
> Decía (Dijo) que me **vería.**

1. Creen que él estudiará economía.
   Creían que él _____.
2. Sabemos que él entrará en la universidad.
   Sabíamos que él _____.
3. Yo creo que a Ud. le gustarán las tartas.
   Yo creía que a Ud. _____.
4. Él dice que será poeta.
   Él dijo que _____.
5. Yo te digo: deberás aprender un poco de todo.
   Yo te decía: _____.
6. Él me explica por qué volverá tarde.
   Él me explicó por qué _____.
7. Yo sé que Uds. invitarán a varios compañeros.
   Yo sabía que Uds. _____.
8. Me han dicho que dejarás la universidad.
   Me habían dicho que _____.

II. Conteste Ud.

1. ¿Qué compraría Ud. en los grandes almacenes con cincuenta dólares?
2. ¿Lloverá hoy?
3. ¿Dónde trabajará Ud. en verano?
4. ¿Adónde irá Ud. este fin de semana?
5. ¿Qué tomaría Ud. en el bar?
6. ¿Cuánto pagaría Ud. por una buena comida?
7. ¿Dónde preferiría Ud. trabajar?
8. ¿Cuándo visitará Ud. a su familia?
9. ¿En qué parte del país le gustaría a Ud. vivir?
10. ¿Qué preparará Ud. para la cena hoy?

TEXTO 2: Un simpático ladrón

thief

Unos amigos venezolanos que yo *conozco acaban de tener* una tremenda sorpresa. *Alguien* les *robó* el *coche*, pero lo *devolvió en seguida* dejando una carta: —Señores: sé que les he causado una gran molestia. *No volveré a* molestarles, y les *pido* perdón. Como expresión de *arrepentimiento*, les dejo dos boletos para ir al teatro *esta noche.*

I know, have just had
Someone, stole, car
returned, right away
I will not . . . again
I ask for, repentance
tonight

Muy *felices*, los esposos fueron al teatro en su coche. *Al volver* a casa tres horas *más tarde, descubrieron*, con enorme sorpresa, que alguien —el mismo ladrón, sin *duda*— les había robado todas las *sillas*, las mesas y otros *muebles, incluso* la cama matrimonial.

happily, Upon returning
later, they discovered
(a) doubt
chairs, furniture, including

Práctica

Formule Ud. preguntas según el modelo.

Modelo: preparar / cena
¿Quién prepara la cena en su casa?

1. acaban de tener / sorpresa
2. robar / coche
3. dejar / carta
4. causar / molestias
5. pedir / perdón
6. ir / teatro
7. volver / casa
8. robar / muebles

EXPLICACIÓN

80. *Conocer* and *saber*

Both verbs mean *to know;* however, they are used differently. **Conocer** means *to be acquainted* or *familiar with:*

¿Conoces a mi hermana?
Do you know (Are you acquainted with) my sister?

Yo conozco esta ciudad muy bien.
I know (am familiar with) this city very well.

NOTE: The first person singular present indicative of **conocer** is irregular: **yo conozco.** Be careful with its spelling.

Saber, by contrast, means to know a fact:

Sabemos que Rubén Darío fue un gran poeta.
We know that Rubén Darío was a great poet.

Yo sé que dos y dos son cuatro.
I know that two and two are four.

NOTE: The accent on **sé** clearly distinguishes this verb from the indirect object pronoun **se.**

Saber followed by an infinitive means *to know how to do something:*

Tú sabes leer poesía.   *You know how to read poetry.*

Yo sé cantar «Las posadas».   *I know how to sing "Las Posadas."*

Práctica

Complete con la forma correcta de **conocer** o **saber** en presente.

1. Yo _Sé_ que ella es una mujer inteligente.
2. Tú no _conoces_ quién es la novia del poeta. *sabes*
3. ¿_Conoce_ Ud. dónde está la plaza? *sabe*
4. Nosotros no _sabemos_ las películas de Buñuel. *conocemos*
5. ¿_Conoce_ Ud. a una actriz italiana?
6. ¿_Conoce_ Ud. aritmética?.
7. Tú y Marcelo no _conocen_ esa parte del país.
8. Tadeo y yo no _conocemos_ muy bien la Ciudad de México.
9. Nosotros no _sabemos_ esa canción de memoria.
10. Yo no _sé_ si él es mexicano o tejano.

Las pastelerías venden de todo. Hay muchas variedades de pan, tortas y pasteles todos los días.

81. Infinitive after prepositions

The verbal form required in Spanish after prepositions is the infinitive.

A. Simple prepositions: **a, de, en, con, por, para, sin,** etc.:

Trabaja mucho **para** ganar dinero.
He works hard in order to earn money.

Tiene mucho interés **en** salir.
He is very interested in leaving.

B. Compound prepositions: **antes de** (*before*), **después de** (*after*), etc.:

Comió **antes de** salir.   *She ate before leaving.*
Cerró la puerta **después de** entrar.   *He closed the door after entering.*

The last three examples show that this Spanish construction is often expressed in English by a preposition and a gerund.

Práctica

Complete Ud. con un verbo.

1. No es posible vivir sin _ganando dinero_.
2. Necesito dinero para _____.
3. Iremos al teatro el sábado después de _____.
4. Quiero tener amigos españoles para _____.
5. Ud. debe pensar antes de _____.
6. Tengo hambre porque he pasado dos días sin _comiendo_.
7. Este año vamos a _beber cerveza_
8. No va a salir porque tiene ganas de _trabajar_
9. Entraron en el restaurante y muy pronto comenzaron a _____.
10. Nadie puede aprender sin _____.

82. *Al* + infinitive

This construction implies that two actions occur at the same time. The English equivalent is *when* + a present or past tense or *upon* + present participle:

Al dejar la universidad, venderé mis libros.
When I leave the university, I shall sell my books.

Al llegar, siempre me da algo.
Upon arriving, he always gives me something.

Práctica

Cambie según el modelo.

Modelo: Cuando él salió, ella le habló.
Al salir él, ella le habló.

1. Cuando llamé, comprendí que él estaba enfermo.
2. Cuando le hablamos, comprendimos su problema.
3. Cuando fuimos al supermercado, vimos a Rosario.
4. Cuando viniste a mi casa, ¿viste a María?
5. Cuando abrí la puerta, me dio el periódico.
6. Cuando hice eso, me dijo que era mejor no hablar.
7. Cuando entré en la sala, vi a la profesora Domínguez.
8. Cuando me dio el dinero, le miré con sorpresa.
9. Cuando salía de mi casa, alguien me llamó por teléfono.
10. Cuando le serví la comida, me dio cincuenta pesos.

83. *Acabar de* and *volver a*

Acabar de + infinitive means *to have just done something* and is used only in the present and imperfect tenses:

Acaba de llegar. *He has just arrived.*
Acabábamos de verla. *We had just seen it.*

Volver a + infinitive means *to do something again* and can be used in all tenses:

Ellos **vuelven** a salir. *They are going out again.*
Volveré a verles mañana. *I shall see them again tomorrow.*

Práctica

Exprese en español.

1. They had just gone out.
2. I will not do that again.
3. We have just eaten.
4. You have just talked to our teacher.
5. They visited her again.
6. Don't say that again!

LECTURA: Machu Picchu[1]

Machu Picchu es un Shangrilá americano, construido por
los Incas en el *siglo* XV. *Al principio, parece irreal,* pero la
perfección de sus *paredes* y *escaleras* nos convence de que
es el resultado de un tremendo *esfuerzo* humano.

century, At first, it seems, unreal
walls, stairs
effort

En los días coloniales, vivieron en Machu Picchu algunos
miembros de la familia *real* que escaparon antes de la *caída*
del Cuzco;[2] con ellos vinieron algunos nobles, *sacerdotes,*
soldados y las vírgenes del *sol.* Congregados en la ciudad-
fortaleza, comenzó una *nueva* vida intensa y variada. Dicen las
historias que la ciudad fue construida en *tal* forma que era
posible defenderla con un reducido número de soldados.

royal, fall
priests
soldiers, sun
fortress, new
such (a)

Al entrar en Machu Picchu vemos inmediatamente grandes
«andenes» —largas terrazas construidas en las *laderas* para
cultivar patatas, *maíz* y otros productos. En las partes no
cultivables hay *restos* de casas de *piedra.* En la plaza principal
hallamos hermosas paredes hechas de piedras perfectamente
ajustadas, un templo, el palacio real, un gran mausoleo y varias
construcciones religiosas. No muy *lejos* hay también una gran
piedra que servía para observar la *salida del sol.*

slopes
corn
remains, stone
we find

far
sunrise

En días de *tempestad,* Machu Picchu parece *desafiar* el
tiempo. Cuando hace sol y la vemos *rodeada de* enormes y
blancas *nubes,* es una ciudad encantada que flota en el aire.

storm, to defy
surrounded by
clouds

CULTURAL NOTE ► *The first systematic exploration of Machu
Picchu was done in 1913 by Hiram Bingham, an American senator.*

---

[1]The first **c** in **Picchu** is pronounced like **j** in Spanish: **Pijchu.**
[2]Formerly the capital of the Inca empire, today Cuzco is a picturesque colonial
city of great archaeological importance. It is located about 600 kilometers
southeast of Lima, Peru.

Una de las maravillas de los Andes es la ciudad de Machu Picchu, construida por los Incas en el siglo XV.

Práctica

Conteste Ud.

1. ¿Qué es Machu Picchu?
2. ¿Qué nos dicen sus paredes y escaleras?
3. ¿Quiénes vivieron aquí?
4. ¿Qué dicen los libros de historia?
5. ¿Para qué construyeron «andenes» los Incas?
6. ¿Qué cultivaban los Incas?
7. ¿Qué hallamos en la plaza principal?
8. ¿Cómo sabemos que los Incas observaban el sol?
9. ¿Qué parece hacer Machu Picchu en días de tempestad?
10. Y en días de sol, ¿qué parece ser?

Se venden revistas y periódicos en quioscos al aire libre que hallamos en muchas calles de la ciudad.

EXPRESIÓN ORAL

Invente oraciones originales con los sujetos y verbos indicados.

Modelo: yo (buscar)
Yo buscaré trabajo en California porque hace mucho sol allí.

(a) *En futuro:*

1. mis padres
2. mi amiga
3. yo
4. tú

(comprar)
(cocinar)
(trabajar)

(b) *En condicional:*

1. las camareras
2. nosotros
3. él
4. mis hermanas

(dejar)
(vender)
(vivir)

OTRA VEZ

I. Cambie al futuro.

1. Yo *voy* pronto.
2. *Entiendo* mejor el problema.
3. *Leemos* toda la lección.
4. *Compras* tres tazas.
5. Él *recomienda* las dos asignaturas.

II. Cambie al condicional.

1. *Trabajaron* en los almacenes.
2. ¿Cuánto *costó* aquel libro?
3. *Estuve* allí media hora.
4. *Vendió* los tres cuadros.
5. *Fuimos* al Restaurante Gómez.

VOCABULARIO ACTIVO

ADJECTIVES
algún, -a / *some*
propio, -a / *own*

PRONOUNS
alguien / *someone*
nadie / *no one, anyone*

IDIOMS
en seguida / *immediately*
esta noche / *tonight*
más tarde / *later*
me encantaría / *I would love it*
sin duda / *undoubtedly*

VERBS
cocinar / *to cook*
conocer / *to know, be acquainted with*
descubrir / *to discover*
devolver (ue) / *to return (something)*
pedir (i) / *to ask for*

NOUNS
los almacenes / *department store*
bollo / *roll*
camarera / *waitress*
el coche / *car*
dueño, -a / *owner*
los muebles / *furniture*
pastelería / *pastry shop*
silla / *chair*
sirviente (*m.* or *f.*) / *servant*
tarta / *cake*
trabajo / *work, job*

Self-test IV

1. ¿Dónde debemos poner los pronombres?
    1. (me lo) _____ el _____ señor _____ Rivera _____ vendió _____.
    2. (te las) _____ yo _____ iba _____ a _____ comprar _~~las~~_.
    3. (se los) _____ señorita _____ Laforet, _____ no _____ dé _____
       Ud. _____ a _____ ellos _____.
    4. (se la) _____ Tomás _____ explica _____ a _____ ellos _____.

2. Cambie según el modelo.

    Modelo: Leímos *los menús a la camarera.*
    Se los leímos.

    1. Roberto da *el regalo a su hermana.* *se lo*
    2. Yo pedí *dinero a mi abuelo.* *se lo*
    3. Devuelva *los boletos a los agentes.*
    4. Están dando *los cincuenta pesos al vendedor.*

3. Complete con la forma correcta del pretérito.

    1. (poner) Ellos _____ varios libros en la mesa.
    2. (venir) Pedro _____ muy tarde.
    3. (estar) Ella _____ en Santo Domingo el año pasado.
    4. (tener) Yo no _____ tiempo para visitar a mi prima Luisa.
    5. (decir) Yo te _____ por qué debías hacer eso.

4. Complete según el modelo.

    Modelo: A ellos _____ _____ la tarta.
    A ellos **les gusta** la tarta.

    1. A él _____ _____ coches.
    2. A mí _____ _____ cocinar.
    3. A nosotros _____ _____ las fiestas.
    4. A ti _____ _____ el frío del invierno.
    5. A Julián y a mí _____ _____ los relojes grandes.
    6. A ellos _____ _____ los pasteles.

5. Cambie según el modelo.

    Modelo: Tú (comer) dos filetes.
    Tú **has comido** dos filetes.

    1. Yo (tomar) café.
    2. Nosotros (ver) la celebración.
    3. Ud. (decir) el número correcto.
    4. Él (poner) las bebidas ahí.

6. Exprese en español.

1. the third of May
2. he has just left
3. October 10th
4. upon arriving
5. after eating

7. ¿**Saber** o **conocer**? Use el presente.

1. Yo no _____ a ese señor.
2. ¿_____ Uds. esos versos de memoria?
3. Nosotros no _____ ese libro.
4. ¿No _____ tú dónde vivo?

8. Complete (a) con el verbo en el futuro, y (b) con el verbo en el condicional.

(a) 1. (entrar) Él _____ después.
     2. (abrir) Ellos _____ una tienda moderna.
     3. (devolver) María y yo le _____ el regalo.
(b) 1. (ir) ¿Adónde _____ tú entonces?
     2. (preferir) Nosotros _____ no hacerlo.
     3. (pedir) Ud. no _____ ese favor, ¿verdad?

9. Cambie según el modelo.

Modelo: Ella (ir) al Canadá.
        Ella había ido al Canadá.

1. Él (devolver) los dulces.
2. Ellos (morir) esa noche.
3. Uds. (no hacer) bien su trabajo.
4. Tú (romper) la piñata.

10. Complete con la palabra apropiada.

1. Cuando son las doce, el _____ de la plaza da doce campanadas.
2. Durante la fiesta rompemos una _____.
3. Ud. tiene que comprar un _____ para viajar en un tren.
4. En las grandes fiestas siempre hay muchas comidas y _____.
5. La última noche del año es la Noche _____.
6. Los mexicanos cantan «Las posadas» para celebrar las _____.
7. Compramos pasteles en una _____.
8. Yo como muy poco, pero preparo muchos bollos, tartas y platos especiales para mis amigos porque me gusta _____.

Lección TRECE ✷

TEXTO 1: Tipos comunes

common

El *perezoso prometerá* mucho: —*Podré* trabajar cuando…
—pero *no termina* la *frase*.

lazy person, will promise, I will be able
does not end, sentence

El alcohólico *hará sutiles* distinciones: —La *gente* cree que soy un *borracho*. No es así: soy y seré… un *simpático bebedor*.

will make, subtle, people
drunkard, social drinker

El enfermo crónico nos *dirá* que tiene una *enfermedad casi mortal* antes de ver a un *médico*. Si éste le dice que *no tiene nada*, irá a ver a otro.

will tell, illness, almost
doctor, nothing is wrong (with him)

El *sabelotodo* es una enciclopedia *ambulante* que nos dará muchos *informes sobre* todo y nada. Su pregunta clásica es: —¿No sabían Uds. que…?

know-it-all, walking
information, about

El *parlanchín tendrá algunos* momentos de silencio… cuando está solo y cuando duerme.

chatterbox, will have, some

Práctica

Complete Ud.

1. (a) El perezoso _____.
   (b) «Podré trabajar _____.»
2. (a) El alcohólico _____.
   (b) «No soy un borracho; soy _____.»
3. (a) El enfermo crónico _____.
   (b) Si el médico le dice _____.
4. (a) El sabelotodo es _____.
   (b) Su pregunta clásica _____.
5. (a) El parlanchín _____.
   (b) Hace esto en dos ocasiones, cuando _____.

◀ «Las viudas», colección del Museo Metropolitano de Arte de Nueva York.

EXPLICACIÓN

84. Irregular futures and conditionals

A. The future-conditional stem of the following verbs is the infinitive minus the **e** of the ending: **pod(e)r, quer(e)r, sab(e)r:**

poder		querer	
FUTURE	CONDITIONAL	FUTURE	CONDITIONAL
podré	podría	querré	querría
podrás	podrías	querrás	querrías
podrá	podría	querrá	querría
podremos	podríamos	querremos	querríamos
podréis	podríais	querréis	querríais
podrán	podrían	querrán	querrían

saber	
FUTURE	CONDITIONAL
sabré	sabría
sabrás	sabrías
sabrá	sabría
sabremos	sabríamos
sabréis	sabríais
sabrán	sabrían

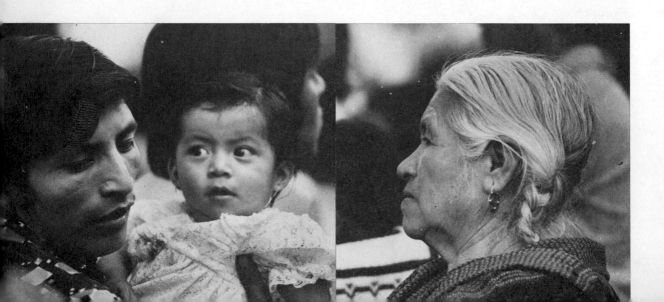

Práctica

Lea y conteste.

Como mi amigo es un enfermo crónico, querrá ver a su médico. Como no podrá inventar una enfermedad, sabrá por tercera vez que no tiene nada. Sé que irá a ver a otro médico.

1. ¿A quién querrá ver mi amigo?   2. ¿Por qué?   3. ¿Qué no podrá inventar?   4. ¿Qué sabrá él?   5. ¿A quién verá?

B. The following verbs replace the **e** or **i** of their infinitive ending with a **d** before adding the future-conditional endings: **poner (pondr-), salir (saldr-), tener (tendr-), venir (vendr-):**

poner		salir	
FUTURE	CONDITIONAL	FUTURE	CONDITIONAL
pondré	pondría	saldré	saldría
pondrás	pondrías	saldrás	saldrías
pondrá	pondría	saldrá	saldría
pondremos	pondríamos	saldremos	saldríamos
pondréis	pondríais	saldréis	saldríais
pondrán	pondrían	saldrán	saldrían

tener		venir	
FUTURE	CONDITIONAL	FUTURE	CONDITIONAL
tendré	tendría	vendré	vendría
tendrás	tendrías	vendrás	vendrías
tendrá	tendría	vendrá	vendría
tendremos	tendríamos	vendremos	vendríamos
tendréis	tendríais	vendréis	vendríais
tendrán	tendrían	vendrán	vendrían

Práctica

Lea y conteste.

Hoy saldremos a la calle y pondremos nuestro dinero en el banco. Dos horas después vendremos a casa y dormiremos tranquilamente.

1. ¿Cuándo saldremos?   2. ¿Adónde saldremos?   3. ¿Qué pondremos en el banco?   4. ¿Cuándo vendremos a casa?   5. ¿Cómo dormiremos entonces?

C. The future and the conditional stems of **decir** and **hacer** are unique;
simply memorize them:

decir		hacer	
FUTURE	CONDITIONAL	FUTURE	CONDITIONAL
diré	diría	haré	haría
dirás	dirías	harás	harías
dirá	diría	hará	haría
diremos	diríamos	haremos	haríamos
diréis	diríais	haréis	haríais
dirán	dirían	harán	harían

Práctica

I. Lea y conteste.

YO ¿Qué dirías si te doy un millón de dólares?
TÚ Diría «Muchas gracias».
YO ¿Y qué harías?
TÚ Nada, absolutamente nada.

1. ¿Cuántas personas hablan?   2. ¿Qué dirías si te doy un millón de
dólares?   3. ¿Y qué harías?   4. ¿Quién te daría un millón de dólares?
5. Si te lo doy, ¿qué me dirías?

II. Complete con el futuro del verbo entre paréntesis.

1. (venir) ¿Es verdad que las muchachas no _____?
2. (decir) Ella _____ la verdad.
3. (saber) ¿_____ Ud. cantar la canción?
4. (hacer) ¿Qué _____ Uds. mañana?
5. (decir) ¿Y qué _____ sus padres?
6. (tener) Tú _____ mucho dinero algún día.
7. (poner) Vosotros _____ los platos en la mesa.
8. (salir) ¿A qué hora _____ Juan y Carlos?
9. (venir) ¿Cuándo _____ los turistas?
10. (poder) Ellas no _____ contestarme.

III. Complete con el condicional del verbo entre paréntesis.

1. (salir) Si es así, nosotros no _____.
2. (hacer) En ese caso, yo _____ lo mismo.
3. (tener) Carlos y yo _____ una gran fiesta.
4. (hacer) ¡Bah! Vosotros no _____ ese trabajo.

5. (poder) ¿_____ Uds. decirme dónde está el hotel?
6. (decir) Naturalmente, ellas lo _____ en inglés.
7. (poner) Yo lo _____ en la mesa.
8. (tener) Es verdad: ella _____ que venderlo.
9. (venir) Si es así, ellos no _____.
10. (saber) ¿_____ tú explicárselo en español?

IV. Conteste Ud.

1. Si Ud. desea conversar con un señor (una señorita) que no sabe inglés, ¿qué podría Ud. hacer?
2. Si Ud. bebe demasiado, ¿qué tendría Ud.?
3. Si Ud. tiene ganas de hacer algo especial y no tiene bastante dinero, ¿qué haría Ud.?
4. Si su amigo (amiga) no quiere trabajar, ¿qué le diría Ud.?
5. Si Ud. tiene dinero, ¿dónde preferiría comer?
6. Si Ud. no va a sus clases, ¿qué diría Ud. a sus profesores?
7. Si alguien le (la) invita a una fiesta y Ud. no quiere ir, ¿qué diría Ud.?
8. Si una fiesta comienza a las nueve, ¿a qué hora llegaría Ud.?
9. ¿Qué haría Ud. con una persona que le (la) visita durante la cena?
10. Si Ud. tiene mucho dinero y no quiere gastarlo, ¿qué haría Ud.?

Una familia guatemalteca espera el autobús que va al mercado.

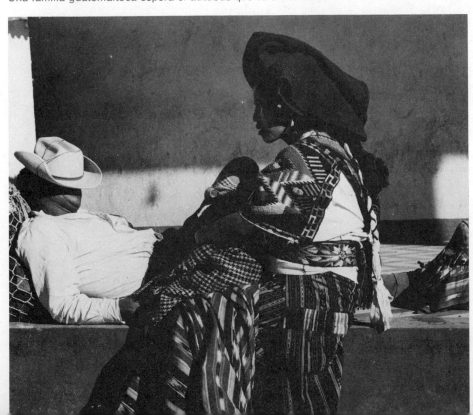

TEXTO 2: «Fuente de la juventud»

"Fountain of Youth"

RODOLFO	El señor Sánchez *tendrá por lo menos* setenta y cinco años.	must be, at least
LEONCIO	¿Verdad? Parece muy joven. ¿Cómo es posible?	
RODOLFO	*Paseará* mucho, y *hará* gimnasia en casa... supongo.	He probably walks, he must do
LEONCIO	¿A su *edad?*	age
RODOLFO	Y también *tomará* una *copa* de coñac todos los días.	he probably drinks, glass (wine goblet)
LEONCIO	¿Por qué dices eso?	
RODOLFO	Porque su madre la tomaba siempre y sólo *murió* el año *pasado*.	died \ last
LEONCIO	¿Cómo? ¿Cuántos años tenía?	
RODOLFO	*Tendría unos* 95.	She must have been, about
LEONCIO	¿*Tan vieja* era? Pues, dame una copa de coñac.	So, old
RODOLFO	Mira... ¿Por qué no comienzas haciendo gimnasia?... *Así* nos va a *resultar más barato*.	That way, turn out, cheaper

CULTURAL NOTES ▶ *1. Spaniards and Spanish Americans generally prefer wine to "hard" alcohol and are not as accustomed to drinking cocktails as are North Americans.* ▶ *2. Most Hispanic countries have no liquor laws. As a result, young people become accustomed to drinking wine, usually with their meals, as they grow up.*

Práctica

Conteste Ud.

1. ¿Cuántos años tendrá el señor Sánchez?
2. ¿Parece viejo él?
3. ¿Cómo es posible?
4. ¿Qué otra explicación da Rodolfo?
5. ¿Cuándo murió la madre del señor Sánchez?
6. ¿Cuántos años tenía ella?
7. ¿Qué pide Leoncio?
8. ¿Qué contesta Rodolfo?

EXPLICACIÓN

85. Future and conditional of probability

The Spanish future tense expresses at times the idea of probability in the present, and the conditional, the idea of probability in the past. Observe the variety of English equivalents for these two constructions:

Probability in the present
- ¿Qué hora será?
  What time can it be? (I wonder what time it is.)
- Será la una.
  It must be one o'clock. (It is probably one o'clock.)

Probability in the past
- ¿Qué hora sería?
  What time could it have been? (I wonder what time it was.)
- Serían las dos.
  It must have been two o'clock. (It was probably two o'clock.)

NOTE: A sentence containing the English phrase *I wonder* is usually expressed as a question in Spanish:

¿Estará (Estaría) enfermo?   *I wonder if he is (was) sick.*

Práctica

Exprese probabilidad (a) en el presente y (b) en el pasado. [NOTE: As shown in the models, try to be original in your answers.]

Modelos: (a) El coche cuesta mucho.
El coche costará mucho.
(El coche será muy caro.)

(b) Lo explicó en español.
Lo explicaría en español.
(Daría una explicación en español.)

1. Ella está ahí.
2. Son las cartas de mi padre.
3. Su madre sabe todo eso.
4. Es rica, ¿no?
5. Viene cansado. PAST
6. Él tiene mucho que decir.
7. Está muy aburrido.
8. Van a Montreal.
9. En el invierno hace frío allí.
10. A esos niños les gusta cantar.

86. Uses of the definite article

The various forms of the definite article (**el, la, los, las**) are employed

A. instead of the possessive adjectives (**mi, tu, su,** etc.) when the speaker refers to parts of the body and articles of clothing, provided there is no doubt regarding who is the possessor:

¿Qué hago ahora con el sombrero?
What do I do (What can I do) now with my hat?

Tengo el dinero en la mano.
I have the money in my hand.

B. with nouns used in a general sense:

Los niños no son siempre felices.
Children are not always happy.

El hombre es un animal social.
Man is a social animal.

NOTE: When the direct object implies a part of a totality, Spanish omits the article:

Necesito dinero.   *I need (some) money.*

C. with nouns that refer to concepts:

No todos buscan la verdad.
Not everybody looks for truth.

La especialización no es siempre buena.
Specialization is not always good.

D. with names of countries. There is no standard practice regarding the use of the article with names of certain countries. More often than not, it is used in the following cases:

la Argentina	el Japón
el Brasil	el Paraguay
el Canadá	el Perú
el Ecuador	el Salvador
los Estados Unidos	el Uruguay

E. with fields of knowledge when they are the subject of the sentence:

La economía (el comercio, la educación) es parte del programa de estudios.
Economics (Commerce, Education) is part of the curriculum.

F. with titles except when used in direct address:

El señor Díaz y el general Martínez acaban de llegar.
Mr. Díaz and General Martínez have just arrived.

But: ¿Cómo está Ud., señor Díaz?

Práctica

¿Con o sin el artículo definido?

1. Mi primo vive ahora en _____ Ecuador.
2. Sé que todos _____ hombres desean _____ libertad.
3. Está enfermo y, por eso, no puede comer _____ carne.
4. Llevaba _____ sombrero en _____ mano izquierda.
5. El verano pasado viajé en _____ Perú.
6. _____ Doctor Fernández, ¿cuándo puedo verle?
7. _____ justicia siempre ha sido indispensable.
8. ¿Es verdad que _____ hombres no entienden a _____ mujeres?
9. ¿Ha estado Ud. en _____ Brasil?
10. Yo quiero estudiar _____ economía.
11. _____ filosofía es muy importante.
12. Me dijeron que Ud. irá a _____ Estados Unidos este verano.

87. Other forms of the impersonal *haber*

The five forms corresponding to the tenses you have already learned are:

A. hay   *there is, there are (is there? are there?)*
B. había   *there was, there were (was there? were there?)*
C. hubo   *there was, there were (was there? were there?)*
D. habrá   *there will be (will there be?)*
E. habría   *there would be (would there be?)*

Impersonal **haber** can only be used in the third person singular, even if a plural noun follows:

   Había (Hubo) muchos problemas.   *There were many problems.*

Although **había** and **hubo** have the same English translation, they must be clearly distinguished in Spanish. All comments made on the use of the preterite and the imperfect apply here. See sections 46 and 53, respectively.

Práctica

Complete con una forma del verbo **haber.**

1. ¿Puede Ud. decirme dónde _____ un hotel?
2. Si viene otro profesor, _____ más estudiantes en mi clase.
3. ¿Cree Ud. que en el futuro _____ menos libertades?
4. ¿Es verdad que ayer _____ una fiesta en su casa?
5. Entonces comprendí que allí _____ mucho interés en el teatro.
6. El año pasado _____ muchos turistas en la capital.
7. Aquí _____ dos señores que desean verle.
8. Si eso ocurre, _____ una revolución.

LECTURA: Los dos espejos de *Las Meninas*[1]   mirrors

Uno de los cuadros más famosos del *pintor* español Diego   painter
Velázquez (1599–1660) se llama *Las Meninas. Aunque* la   Although
Infanta Margarita es el centro principal de interés, uno de los   Princess
aspectos más interesantes del cuadro será siempre el espejo
que *se ve* en la *pared* del *fondo.* Según la tradición, el espejo   is seen, wall, rear
refleja a los *reyes* (Felipe IV y Mariana de Austria), *cuyo*   king and queen, whose
retrato el artista está pintando. Interpretando así las imágenes   portrait
del espejo, nosotros, los espectadores modernos, podríamos
decir que, *al detenernos* frente a la *pintura,* estamos donde   standing, painting
estaban los reyes. Por un instante tenemos la ilusión de que
Velázquez está mirándonos a nosotros, para *retratarnos.* Ésta   to paint our portrait
es la ilusión *creada por* el espejo de *Las Meninas.*   created, by

Pero hay una *sorpresa* más. Las autoridades del Museo del   surprise
Prado en Madrid han puesto un espejo real en la *sala* donde   room
se exhibe Las Meninas. Con este espejo es posible mirar el   is exhibited
cuadro *de espaldas.* Continuando el *juego* iniciado por   with our backs turned, game
Velázquez, el museo nos transforma—no en los reyes, *sino* en   but
el artista *mismo:* miramos el cuadro con la perspectiva de   himself
Velázquez.

Los dos espejos, uno *dentro* y otro *fuera* del cuadro,   inside, outside
parecen *sugerir* una infinidad de reflejos que nos hacen   to suggest
participar en la pintura como el pintor y la persona pintada al
mismo tiempo.

Práctica

I. Conteste Ud.

1. ¿Quién fue Diego Velázquez?
2. ¿Qué es *Las Meninas?*
3. ¿Qué aspecto interesante tiene el cuadro?
4. Según la tradición, ¿a quiénes está pintando Velázquez?
5. ¿Qué ilusión tenemos nosotros, los espectadores modernos, al mirar el cuadro?
6. ¿Qué hay ahora en la sala donde está *Las Meninas?*
7. ¿Con qué perspectiva mira el cuadro ahora el espectador?
8. ¿Qué ilusión tiene ahora?
9. ¿Sugieren algo los dos espejos?
10. ¿Cómo participamos entonces en la pintura?

---

[1]*Las Meninas* is the name given to the young ladies in waiting who served
Princess Margarita, the daughter of King Philip IV and Mariana of Austria.

II. ¿Sí o no?

1. Los dos espejos están dentro del cuadro.
2. Un espejo refleja a los reyes.
3. Los dos espejos parecen sugerir una infinidad de reflejos.
4. La Infanta Margarita está mirando *Las Meninas*.
5. El cuadro está en el Museo del Prado.
6. Los reyes vendieron *Las Meninas* al Museo del Prado.
7. Al detenernos frente a la pintura, estamos donde estaban los reyes.
8. En *Las Meninas* vemos también al artista.

Las Meninas de Velázquez fascina a gentes de todas las edades. Este famoso cuadro está en el Museo del Prado de Madrid.

EXPRESIÓN ORAL

I. Exprese probabilidad en el presente.

   1. Enrique va al restaurante muy temprano.
     (a) He is probably hungry.
     (b) He probably works there.
     (c) He is probably going to see a friend there.
   2. Todos desean ver a la famosa actriz.
     (a) She is probably arriving at 4:00.
     (b) She is probably making a movie in our city.
     (c) I wonder if she is a rich woman.

II. Exprese probabilidad en el pasado.

   1. Juan compró una cámara fotográfica muy cara.
     (a) He must have bought it at the Ramírez store.
     (b) He probably needed it for his work.
     (c) He must have had a lot of money in order to buy it.
   2. Renato salió de la clase temprano.
     (a) He must have been tired.
     (b) He probably did not feel like studying.
     (c) I wonder if his mother was home.

OTRA VEZ

¿Con o sin el artículo definido?

1. _____ educación es necesaria en una sociedad moderna.
2. No quiero comer _____ carne hoy.
3. Ésta es la música favorita de _____ juventud.
4. Este verano visitarán _____ Canadá.
5. Hable Ud. con _____ doctor Menéndez.
6. ¿Qué tiene Ud. en _____ mano?
7. Mis abuelos viven en _____ Italia.
8. Esto no tiene interés para _____ estudiantes.
9. _____ filosofía es una asignatura interesante.
10. Dicen que hay grandes ríos en _____ Brasil.

VOCABULARIO ACTIVO

ADJECTIVES
algunos, -as / *some*
común / *common*
joven / *young*
pasado, -a / *past, last*
sutil / *subtle*
viejo, -a / *old*

ADVERBS
casi / *almost*
tan / *so*

IDIOMS
no tener nada / *not to have anything wrong*
por lo menos / *at least*

NOUNS
borracho / *drunkard*
la edad / *age*
la enfermedad / *illness*
la frase / *sentence, phrase*
la gente / *people*
los informes / *information*
la juventud / *youth, young people*
médico / *doctor*
perezoso, -a / *lazy person*
silencio / *silence*

PREPOSITIONS
sobre / *about, on*

VERBS
morir (ue) / *to die*
prometer / *to promise*
resultar / *to turn out (to be)*
suponer / *to suppose*
terminar / *to end*

ALCOHOLICOS ANONIMOS

Es una Asociación Mundial sin fines de lucro, que brinda la oportunidad a la persona que tiene problemas con el alcohol y quiere dejar de beber. Amigo lector, si tú tienes este problema, o conoces a algún familiar o amigo estamos interesados en servirle gratuitamente; llama a estos Teléfonos:-

En San Cristóbal.- Teléfono 31737
En Mérida.- Teléfono 24819
En Tovar.- Teléfono 71017

Lección CATORCE

TEXTO 1: Media hora de pesimismo

(A) half

Me despierto a las siete. A esa hora *no creo en nadie. Me levanto* y, con movimientos de orangután medio *dormido,* voy al *cuarto de baño* para *bañarme.* Luego *me afeito, me lavo la cara otra vez, me miro* en el *espejo,* y sin poder *admirarme,* exclamo: ¡Apolo, no eres! Después, *me pongo* la ropa, *me peino* el poco pelo que tengo y bajo al *comedor.*

I wake up, I don't believe in anyone, I get up
asleep
bathroom, to take a bath, Then, I shave, I wash my face
again, I look at myself, mirror, to admire myself
I put on, I comb
dining room

Me siento a la mesa y *me desayuno* con café, dos *tostadas* y *jamón* con *huevos.* ¡El *mundo se transforma!* ¡SOY ALGUIEN! Y ahora me pregunto: ¿no habrá una relación entre el optimismo y el *estómago?*

I sit down, I eat breakfast, pieces of toast
ham, eggs, world

stomach

Práctica

Conteste Ud. usando siempre «usted».

1. ¿A qué hora me despierto?
2. ¿En quién creo a esa hora?
3. ¿Cómo voy al cuarto de baño?
4. ¿Qué hago ahí?
5. ¿Qué exclamo cuando me miro en el espejo?
6. ¿Qué hago después?
7. ¿Adónde voy?
8. ¿Con qué me desayuno?
9. ¿Qué se transforma?
10. ¿Qué me pregunto después?

◄ El sol de la mañana trae nueva vida a esta residencia en Chile.

EXPLICACIÓN

88. Meaning of reflexive verbs

A reflexive verb is, strictly speaking, one that expresses an action performed by a person to or upon himself:

Se admira. *He admires himself.*

Study the following series:

me lavo	*I wash myself*
te lavas	*you (familiar) wash yourself*
se lava	⎰ *he washes himself* ⎱ *she washes herself* *you (polite) wash yourself*
nos lavamos	*we wash ourselves*
os laváis	*you (familiar pl.) wash yourselves*
se lavan	*they (m. pl.) wash themselves* *they (f. pl.) wash themselves* *you (polite pl.) wash yourselves*

When a reflexive verb is also radical-changing, you must keep in mind both the change in pronoun and the change in the root of the verb:

Me despierto temprano. *I wake up early.*
Siéntese Ud. *Sit down.*

Práctica

I. Conteste usando las palabras entre paréntesis.

(a) 1. ¿Dónde te sientas? (... a la mesa)
2. ¿Dónde me siento? (... en la silla)
3. ¿Dónde se sientan ellos? (... en el coche)
4. ¿Dónde nos sentamos? (... en el comedor)

(b) 1. ¿Cuándo te levantas? (... a las siete)
2. ¿Cuándo nos levantamos? (... temprano)
3. ¿Cuándo se levanta Ud.? (... a las seis y media)
4. ¿Cuándo se levantan ellos? (... cuando se despiertan)

(c) 1. ¿Con qué te desayunarás? (... con tostadas y café con leche)
2. ¿Con qué nos desayunaremos? (... con jamón y huevos)
3. ¿Con qué se desayunará Ud.? (... con pan y leche)
4. ¿Con qué me desayunaré yo? (... con patatas fritas, huevos y dos bollos)

(d) 1. ¿Cómo te lavaste? (... con jabón)
2. ¿Cómo me lavé? (... con agua fría)
3. ¿Cómo se lavaron Uds.? (... medio dormidos)
4. ¿Cómo nos lavamos nosotros? (... con el agua de una jarra)

II. Dé Ud. la forma apropiada del verbo.

    1. (desayunarse) Juan y Pablo _____ _____ medio dormidos.

    2. (preguntarse) Nosotros _____ _____ si es posible cambiar el mundo.

    3. (peinarse) Algunos muchachos no _____ _____.

    4. (transformarse) Las cosas _____ _____ cuando tomo café.

    5. (admirarse) Ese hombre _____ _____ mucho.

    6. (mirarse) Tú _____ _____ en el espejo.

    7. (bañarse) ¿_____ _____ Ud. todos los días?

    8. (sentarse) ¿Por qué no _____ _____ Ud. en esa silla?

    9. (despertarse) Uds. _____ _____ a las siete, ¿verdad?

    10. (afeitarse) Él _____ _____ con agua fría.

III. Conteste Ud.

    1. ¿Dónde se lava Ud.?

    2. ¿Por qué se sienta Ud. a la mesa?

    3. ¿A qué hora se afeita Ud.?

    4. ¿Dónde se desayuna Ud.?

    5. ¿A qué hora te despiertas tú?

    6. ¿Se peina Ud. todos los días?

    7. ¿A qué hora se levanta Ud. el domingo?

    8. ¿Qué se pregunta Ud. cuando se despierta?

    9. ¿Se baña Ud. con agua fría?

    10. ¿Dónde se mira Ud.?

89. Position of reflexive pronouns

These pronouns, like direct and indirect object pronouns, usually precede the verb; however, they may follow and be attached to infinitives, present participles, or affirmative commands:

Él siempre se despierta temprano. *He always wakes up early.*

Juanita no quiere levantarse. *Juanita does not want to get up.*

Están sentándose en este momento. *They are sitting down at this instant.*

Siéntese Ud. aquí, por favor. *Please sit here.*

Práctica

I. Cambie según el modelo.

    Modelo: ¿Quiere Ud. prepararse?
          Pues, prepárese Ud.

    1. ¿Quiere Ud. levantarse?   5. ¿Quiere Ud. afeitarse?

    2. ¿Quiere Ud. peinarse?   6. ¿Quiere Ud. mirarse en el espejo?

    3. ¿Quiere Ud. desayunarse?   7. ¿Quiere Ud. sentarse?

    4. ¿Quiere Ud. lavarse?   8. ¿Quiere Ud. pasearse?

II. Cambie según el modelo.

Modelo: Me lavo.
Estoy lavándome.

1. Tú te afeitas con agua fría, ¿verdad?
2. Él se prepara para los exámenes.
3. Nosotros nos desayunamos en casa.
4. Te lavas las manos con jabón.
5. Él se peina en el cuarto de baño.
6. ¿Se baña Ud.?
7. Ella se mira en el espejo.
8. Ellas se ponen ropas elegantes.

III. Dé Ud. la forma apropiada del verbo en el presente.

1. (lavarse) Preferimos _____ con jabón perfumado.
2. (levantarse) No me gusta _____ temprano.
3. (transformarse) Las cosas _____ después de comer.
4. (ponerse la ropa) Yo quiero _____ ahora.
5. (desayunarse) Deseo _____ con jamón y huevos.
6. (afeitarse) No queremos _____ todos los días.
7. (mirarse) A ellos les gusta _____ en el espejo.
8. (peinarse) Él no puede _____ porque no tiene pelo.
9. (preguntarse) No quiero _____ nada.
10. (bañarse) Me dicen que tú no quieres _____.

TEXTO 2: Costumbres norteamericanas   Customs

Después de llegar a los Estados Unidos continué viviendo, naturalmente, con las costumbres que *traje* de mi *país*.   I brought, country

Durante esos primeros días, un estudiante de español, que *supo* que yo era de Colombia, me invitó a comer en su casa   learned
a las seis. Como *no sabía nada* de las costumbres   I didn't know anything
norteamericanas, fui un poco tarde. *No pude* encontrar el   I could not
primer *piso*, y, por esta razón, *llegué* después de las siete.   floor, I arrived

Nos sentamos a la mesa. Al ponerme la *servilleta* en el   napkin
cuello, observé que todos me miraban con una amable *sonrisa*,   neck, smile
pero nadie dijo nada. Luego ocurrió *algo increíble:* la cena   something, incredible
comenzó con café y... ¡postre! —un plato de frutas en gelatina.
Pero la sorpresa más grande fue ver que todos comían con una
mano muerta.   hand, "dead"

CULTURAL NOTES ► *1. In most of the Hispanic countries the* **primer piso** *is the equivalent of the second floor in the United States. The first floor is* **planta baja** *(ground floor).* ► *2. Spaniards and Spanish Americans generally do not take coffee until after dessert. Since they usually avoid mixing sweet and sour foods, a jello salad would probably be considered a dessert.* ► *3.* **Mano muerta** *is a reference to the U.S. custom of keeping the left hand on one's lap. In Europe and Spanish America the left hand rests on the edge of the table during the meal, since it is customary to use the fork with the left hand and the knife with the right.*

Práctica

Reconstrucción del texto. [NOTE: This is a test of memory. Cover columns B and C. Complete the sentences begun in A. If you cannot, uncover column B; if still unsuccessful, uncover column C. Repeat this exercise.]

A	B	C
1. Después de llegar a los Estados Unidos, continué...	viviendo con las costumbres que...	traje de mi país.
2. Durante esos primeros días, un...	estudiante de español supo que...	yo era de Colombia.
3. Me invitó a...	comer en su casa a...	las seis.
4. Como no sabía nada de...	las costumbres norteamericanas, fui...	un poco tarde.
5. No pude encontrar...	el primer piso, y, por esta razón, llegué...	después de las siete.
6. Al ponerme la...	servilleta en el cuello, observé que...	todos me miraban con una amable sonrisa.
7. Luego ocurrió...	algo increíble; la cena comenzó con...	café y... ¡postre!
8. La sorpresa más grande fue ver que...	todos comían con...	una mano muerta.

EXPLICACIÓN

90. **Irregular preterites:** *poder, querer, saber, traer*

poder *(to be able)*	**querer** *(to want)*	**saber** *(to know)*	**traer** *(to bring, carry)*
pude	quise	supe	traje
pudiste	quisiste	supiste	trajiste
pudo	quiso	supo	trajo
pudimos	quisimos	supimos	trajimos
pudisteis	quisisteis	supisteis	trajisteis
pudieron	quisieron	supieron	trajeron

91. **Special meaning of preterite forms**

Several verbs have a special meaning in the preterite tense. Compare:

IMPERFECT		PRETERITE	
conocía...	*I knew...*	conocí...	*I met...*
podía...	*I was able...*	pude...	*I managed...*
quería...	*I wanted...*	quise...	*I tried...*
sabía...	*I knew...*	supe...	*I found out...*

En la fiesta conocí a dos simpáticas muchachas.
At the party I met two charming young ladies.

Ayer supe que Ud. estaba enfermo.
Yesterday I learned (found out) that you were ill.

No quisieron dármelo.   *They refused to give it to me.*

NOTE: The negative form **no quise**... means *I refused (to)* . . . .

Práctica

I. Ejercicio de sustitución.

   1. *Yo fui* al teatro, pero no *pude* entrar.
      Ella / Nosotros / Tú
   2. *Él trajo* dinero, pero no *quiso* gastarlo.
      Ellos / Yo / Uds.
   3. *Ellas* lo *supieron* cuando *vinieron.*
      Ud. / Nosotros / Yo

II. ¿Pretérito o imperfecto?

1. Fui al teatro, pero, como había mucha gente en la puerta, no (podía, pude) entrar.
2. En ese momento (sabía, supe) que había venido sin dinero.
3. Hice la excursión con él porque él (conocía, conoció) muy bien las montañas.
4. Cuando me pidió dinero, no (quería, quise) dárselo.
5. Yo no (sabía, supe) que él era poeta.
6. ¿Cuándo (conocía, conoció) Ud. al padre de Juanita?
7. Me dijo que no (quería, quiso) comer más porque estaba un poco enfermo.
8. Como ese año estuvo muy pobre, en varias ocasiones yo (quería, quise) darle dinero.

III. Invente oraciones en pretérito, usando el sujeto **tú.** Termine Ud. la oración con la hora indicada.

Modelo: lavarse / 9:00
   Tú te lavaste a las nueve.

1. despertarse / 6:00
2. levantarse / 6:15
3. lavarse / 6:20
4. afeitarse / 6:30
5. peinarse / 6:45
6. ponerse la ropa / 6:50
7. sentarse a la mesa / 7:00
8. desayunarse / 7:05

Nosotros nos desayunamos con café con leche y pan tostado.

92. Double negatives

Some of the most common negative words in Spanish are:

nunca⎫
jamás⎭ *never, not ever*

tampoco *neither,*
not . . . either

ni . . . ni *neither . . . nor*

nada *nothing,*
not . . . anything

nadie *no one,*
not . . . anyone

ningún⎫
ninguno⎬ *no, not any*
ninguna⎭

If a negative word follows the verb, **no** must precede the verb. The resulting double negative, while incorrect in English, is proper in Spanish:

No le veo **nunca.** *I never see him (I don't ever see him).*
No me dices **nunca nada.** *You never tell me anything.*

A negative word may take the place of **no,** in which case it must precede the verb:

Nunca habla a nadie. *He never speaks to anyone.*

Ni . . . **ni** usually calls for a plural verb:

Ni su padre **ni** su madre **saben** eso.
Neither his father nor his mother knows that.

Práctica

I. Cambie según los modelos.

(a) Modelo: Nunca tendrán dinero.
No tendrán dinero nunca.

1. Nunca contesta mis preguntas.
2. Tampoco me ha dicho eso.
3. Nadie ha venido hoy.
4. Ni él ni ella suben.
5. Ninguna joven se levanta.
6. Nada le gusta.

(b) Modelo: No la mira ningún hombre.
Ningún hombre la mira.

1. No han visto nunca esa película.
2. No invitaron a nadie.
3. La muchacha no dice nada.
4. No escucha jamás a sus padres.
5. No digo nada tampoco.
6. No le gustan ni Francia ni Italia.

II. Conteste las preguntas empleando un negativo.

1. ¿Conoce Ud. a alguien aquí?
2. ¿Trajo Ud. algo para nuestra clase?
3. ¿Viene Ud. alguna vez a clases los sábados?
4. ¿Conoce Ud. algún restaurante barato y bueno?
5. ¿Sabe Ud. algo de los indios del Paraguay?
6. ¿Viaja Ud. en autobús o en taxi?
7. ¿Ha salido Ud. con alguna persona de esta clase?
8. ¿Escribe Ud. a alguien en España?

93. *Pedir* **and** *preguntar*

The verb **pedir** means to request something or to ask a favor, while
preguntar means to ask a question:

Ella pide un postre.   *She asks for a dessert.*
Ellos preguntaron dónde vivía Celia.
They asked where Celia was living.

Práctica

Complete con la forma apropiada de **pedir** o **preguntar**.

1. Ayer ella me _____¹ si podía usar mi coche.
2. Cuando voy a un bar, siempre _____ vino o cerveza.
3. —¿Dónde estaban Uds.? —_____ la señora.
4. Nosotros le _____ si quería venir.
5. Mañana yo le _____ un favor.
6. Si Ud. desea saber dónde está la Calle Serrano, ¿qué _____ Ud.?
7. ¿No tienes servilleta? Pues, _____ una al mozo.
8. En el examen de mañana el profesor nos _____ algo de Simón Bolívar.

Font Vella

AGUA MINERAL NATURAL

INDICACIONES TERAPEUTICAS Y DIETETICAS
FACILITA LA DIGESTION - ESPECIALMENTE RECOMENDADA
EN LA ALIMENTACION INFANTIL - FAVORECE EL METABOLISMO -
ACTIVA LA DIURESIS - HEPATOPROTECTORA - ANTIALERGICA -
DESINTOXICA Y COMBATE LA OBESIDAD.
(No tiene contraindicaciones).
EL AGUA FONT VELLA, por su ligereza y equilibrada mineralización:
● FACILITA LA DIGESTION
● ACTIVA LAS FUNCIONES DE HIGADO Y RIÑONES
● LIMPIA EL ORGANISMO DE IMPUREZAS,
DEJANDOLO EN DISPOSICION DE
ELIMINAR EL EXCESO DE PESO
Cuide que su alimentación sea sana y natural y beba
solamente FONT VELLA.

LECTURA: La poesía y el pueblo

Es interesante observar la importancia del poeta y de la poesía en la sociedad hispánica. Los chóferes, los empleados de las tiendas, los vendedores *ambulantes,* por ejemplo, saben versos de memoria y los repiten en momentos de *tristeza* o *alegría.* ¿Por qué? *Quizá* porque la poesía permite un escape a otro mundo, o porque el uso de la palabra poética es signo de distinción espiritual, o porque el *alma* hispánica tiene una especial receptividad para el arte, *fomentada* por la tradición, el *ambiente* cultural y la educación.

Estando en la Habana, por ejemplo, conocí a un *portero,* hombre *humilde* que vivía pobremente en dos pequeñas *habitaciones* del *sótano. Cada vez* que yo entraba en mi *edificio* le *encontraba* de buen humor. Y siempre me hablaba de *escritores* y artistas.

—A mí me gustan los *pintores* impresionistas,[1] ¿sabe Ud.? Especialmente ese Monet… ¡Qué *juego de luces!* Sí, señor.

—¿José Martí?[2] Hombre, ¿qué le puedo decir? El padre de Cuba. ¿Y sus poemas? *Siento ganas de llorar* cada vez que los leo:

> *Cultivo* una rosa *blanca,*
> en julio como en *enero,*
> para el amigo sincero,
> que me da su mano *franca.*
>
> Y para el cruel que me *arranca*
> el *corazón* con que vivo,
> *cardo* ni *ortiga* cultivo;
> cultivo la rosa blanca.
> (XXXIV, *Versos sencillos,* 1891.)

(glosses, right column)

traveling
sadness
joy, Perhaps

soul
fostered
environment

doorman
humble
rooms, basement, Each time
building, I would find
writers

painters
interplay of lights

I feel like, crying

I am raising, white
January

(truly) friendly

tears out
heart
thistles, nettles

---

[1] Impressionism, a major movement in painting, developed largely in France during the second half of the nineteenth century.

[2] José Martí (1853–1895) was a poet, journalist, and patriot who died fighting for Cuba's independence from Spain. His name has become synonymous with liberty throughout Spanish America.

Práctica

Conteste Ud.

1. ¿Quiénes saben versos de memoria?
2. ¿Cuándo los repiten?
3. ¿Qué permite la poesía?
4. ¿De qué es signo el uso de la palabra poética?
5. ¿Qué especial receptividad tiene el alma hispánica?
6. ¿Qué factores han fomentado esto?
7. ¿A quién conocí en la Habana?
8. ¿Cómo era?
9. ¿Dónde vivía?
10. ¿De qué hablaba siempre?
11. ¿Cuándo sentía ganas de llorar?
12. ¿Qué importancia tiene la poesía para Ud.?
13. Según el poema, ¿qué cultiva el poeta?
14. ¿Para quién la cultiva?
15. ¿Y qué hace para el hombre cruel?

José Martí, poeta y patriota cubano.

Un jovencito escucha la poesía y la música de Puerto Rico en Nueva York.

EXPRESIÓN ORAL

Conteste Ud.

(a) ¿Qué hace Ud. por la mañana antes de venir a clases? [NOTE: Develop a short speech using as many reflexive verbs as possible.]

(b) ¿Qué costumbres norteamericanas parecen increíbles a un estudiante latinoamericano?

OTRA VEZ

Dé la forma correcta del verbo entre paréntesis.

1. (levantarse) ¿Por qué no quieres _____?
2. (sentarse) Señor Blanco, _____, por favor.
3. (desayunarse) —¿Qué hace Juan? —Está _____.
4. (afeitarse) —Paco, no _____ todavía. Sólo tengo agua fría.
5. (mirarse) Voy a _____ en este espejo.
6. (ponerse) ¿Qué ropa _____ ayer Elena?
7. (despertarse) Nosotros _____ muy temprano todos los días.
8. (lavarse) ¿Dónde _____ Uds. mañana?
9. (peinarse) ¿Vas a comer antes de _____?
10. (admirarse) ¿Por qué _____ Narciso?

VOCABULARIO ACTIVO

ADJECTIVES
increíble / *incredible, unbelievable*

ADVERBS
luego / *then*

IDIOMS
otra vez / *again*
por esta razón / *for this reason*

NOUNS
cara / *face*
el comedor / *dining room*
la costumbre / *custom*
cuarto / *room*
  —de baño / *bathroom*
espejo / *mirror*
los Estados Unidos / *United States*
fruta / *fruit*
huevo / *egg*
el jamón / *ham*
mundo / *world*
el país / *country*
piso / *floor*
servilleta / *napkin*
tostada / *(piece of) toast*

PRONOUNS
algo / *something*
nada / *nothing, anything*

VERBS
admirarse / *to admire oneself*
bañarse / *to take a bath*
desayunarse / *to have (eat) breakfast*
despertarse (ie) / *to wake up*
exclamar / *to exclaim*
lavarse / *to wash oneself*
peinarse / *to comb (one's hair)*
ponerse / *to put on*
recibir / *to receive*
sentarse (ie) / *to sit down*

En la sociedad hispánica el poeta y la poesía tienen mucha importancia. Todos saben versos de memoria.

Lección QUINCE

TEXTO 1: Una pregunta seria

El mes pasado *se organizó* un *guateque* en casa de un compañero de trabajo. Allí *fui presentado* a una *encantadora* señorita *llamada* Mari Carmen. Escuchamos *discos, bailamos,* cambiamos impresiones sobre diferentes *deportes* y *diversiones.* ¡Fue una noche memorable!

was organized, party
I was introduced, charming
named, records, we danced
sports
amusements (diversions)

Salimos los dos muchas veces después, para ir a *discotecas, montar a caballo,* nadar o simplemente para pasear. *Sin embargo,* nunca *fui invitado* a su casa. *La esperaba* en la *esquina,* o *nos encontrábamos* en el *portal* del *edificio* en que vivía.

discotheques
ride horseback, Nevertheless
was I invited, I waited for
corner, we met, main doorway, building

Como ella me habló *anteayer* del futuro y de la importancia de las decisiones, volví a casa perplejo. ¿*Oí* bien? *Temo que sí.* Ha llegado el momento de la verdad, cuando las cosas *se ven claras,* y tengo que preguntarme: —Muchacho, ¿sabes *lo que* estás haciendo?

day before yesterday
Did I hear, I fear so
are seen
clearly, what

CULTURAL NOTES ► *1. **Guateque** (probably a word of Caribbean origin) refers to an informal party, generally for seven or eight couples, held at someone's home.* ► *2. Although the tradition is slowly changing, in most Hispanic countries women still do not invite their male friends to their homes until their relationship is more or less formalized.*

◄Salimos los dos para pasear y para cambiar impresiones sobre diferentes deportes y diversiones.

Práctica

Preguntas personales.

1. ¿A Ud. le gusta ir a fiestas?
2. ¿Qué prefiere Ud. hacer en una fiesta?
3. ¿Cuántas veces sale Ud. cada semana?
4. ¿Sabe Ud. montar a caballo?
5. ¿Qué haces en una discoteca?
6. ¿Tienes un disco favorito? ¿Cómo se llama?
7. ¿Prefieres organizar una fiesta en casa, o ir a una discoteca?
8. ¿Tiene Ud. un deporte favorito?

EXPLICACIÓN

94. Passive voice in the present

The passive voice refers to an action which is performed on the subject by an agent. Contrast the passive voice with the active voice in the following examples:

ACTIVE	El muchacho cierra la puerta. *The boy closes the door.*
PASSIVE	La puerta es cerrada por el muchacho. *The door is closed by the boy.*

The agent in this example is **el muchacho,** and the subject is **la puerta.** Notice that this construction requires a form of **ser,** and that the past participle (**cerrada**) functions as an adjective; that is, it agrees with the subject in gender and number.

Whether expressed or not, an agent is always understood to be acting on the subject. Contrast the following examples:

Los problemas son presentados por el profesor.
The problems are presented by the teacher.

Las lecciones son explicadas en clase.
The lessons are explained in class.
(Though not expressed, the agent is understood.)

Práctica

Cambie según el modelo:

Modelo: El Sr. Alcántara explica el problema.
El problema es explicado por el Sr. Alcántara.

1. Los muchachos preparan la comida.
2. Mari Carmen compra los discos.
3. Los padres discuten su decisión.
4. María presenta a Juan.
5. Organizan la fiesta con gusto.
6. Mi primo escribe las cartas de recomendación.
7. Isabelita recomienda la película.
8. Mi padre abre la puerta.
9. La familia invita al novio.
10. Escuchan el programa con interés.

El festival del vino al aire libre en España atrae a la juventud.

95. Passive voice in other tenses

A. Imperfect of **ser** + past participle:

Él era conocido en toda la ciudad.
He was known in the entire city.

B. Preterite of **ser** + past participle:

Él fue invitado a la fiesta.   *He was invited to the party.*

C. Future of **ser** + past participle:

Ella será recomendada por el director.
She will be recommended by the director.

D. Conditional of **ser** + past participle:

Uds. serían presentados a la familia.
You would be introduced to the family.

Práctica

Cambie según los modelos.

(a) Modelo: Los jóvenes visitaban a sus padres.
Los padres eran visitados por los jóvenes.

1. Juan consultaba a un médico todas las semanas.
2. Mi madre servía la cena a las ocho y media.
3. Mi familia siempre celebraba las Navidades.
4. El profesor daba explicaciones en español.
5. Mi padre leía la correspondencia.

(b) Modelo: El joven escribió una carta.
La carta fue escrita por el joven.

1. Mi hija preparó el desayuno.
2. Un gran poeta escribió ese poema.
3. La clase presentó el programa.
4. María Luisa sirvió los postres.
5. El joven dijo esas palabras.

(c) Modelo: Los señores García venderán la casa.
La casa será vendida por los señores García.

1. Los muchachos organizarán la fiesta.
2. Cerrarán las puertas a las diez.
3. Mis abuelos invitarán a toda la familia.
4. Ellas no presentarán al joven.
5. El señor García comprará todos los boletos.

(d) Modelo: El agente abriría la carta.
La carta sería abierta por el agente.

1. El vendedor contestaría sus preguntas.
2. Los jóvenes pondrían la mesa en el comedor.
3. Las muchachas organizarían la cena.
4. Ellos venderían su casa.
5. La madre sin duda visitaría a Ángela.

96. The se construction

Spanish also has an impersonal passive construction which employs the word se:

Se prepara el desayuno a las siete de la mañana.
Breakfast is prepared at 7:00 a.m.

Se preparan las comidas a las siete de la noche.
Meals are prepared at 7:00 p.m.

Se is followed by a third person singular verb **(prepara)** when one thing is involved, and a third person plural verb **(preparan)** when two or more things are involved.

The **se** construction can replace the true passive when the agent is not expressed. This impersonal passive never has a reflexive meaning. **Se estudian las lecciones,** for example, does not mean that the lessons are studying themselves.

Práctica

I. Cambie según los modelos.

(a) Modelo: (hablar) _____ español aquí.
Se habla español aquí.

1. (explicar) _____ la palabra en clase.
2. (vender) _____ café colombiano aquí.
3. (escuchar) _____ el programa sin interés.
4. (escribir) _____ la carta inmediatamente.
5. (suponer) _____ que es persona amable.
6. (decir) _____ que son jóvenes perezosos.
7. (saber) _____ que fue invitado a su casa.
8. (discutir) _____ un cuadro de Velázquez.

GG   № 17375
INSTITUTO NACIONAL DE ANTROPOLOGIA E HISTORIA
ENTRADA $1.00

(b) Modelo: (vender) _____ coches aquí.
Se venden coches aquí.

1. (comprar) _____ periódicos en varias lenguas.
2. (admirar) _____ las cosas hermosas.
3. (preferir) _____ los libros baratos.
4. (repetir) _____ las mismas preguntas.
5. (pronunciar) _____ las oraciones.
6. (necesitar) _____ más autobuses en la ciudad.
7. (escribir) _____ muchos dramas románticos.
8. (discutir) _____ en el bar las noticias del día.

II. Cambie según el modelo, observando que en (a) no es necesario el agente.

Modelo: Mercedes sirve la sopa.
(a) Se sirve la sopa.
(b) La sopa es servida por Mercedes.

1. Ellos recomiendan ese hotel.
2. El agente vende los boletos.
3. María cierra las puertas a las diez.
4. Sus amigos admiran sus teorías.
5. Los señores Vélez celebran la Navidad en casa.
6. El periódico contesta todas las cartas.
7. El joven discute la película.
8. Los alumnos del primer año presentan el drama.
9. Carlos compra dos tazas mexicanas.
10. Juanita organiza la fiesta muy bien.
11. Toda la familia usa el coche de Alberto.
12. Julia paga las deudas.

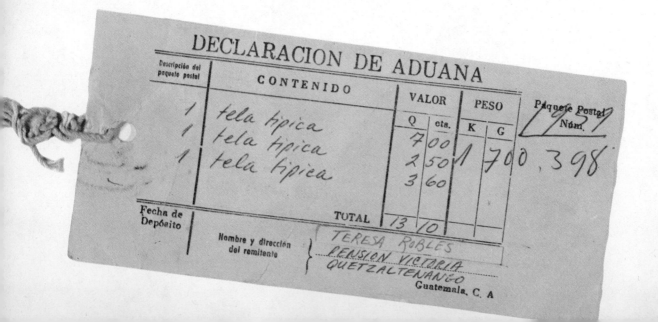

TEXTO 2: En la aduana

customhouse

INSPECTOR	¿*Quiere Ud.* abrir esta *maleta,* por favor?... Gracias, señorita... ¿Qué es esto?
VIRGINIA	Una pequeña estatua maya.
INSPECTOR	¿Cómo? ¿No sabe Ud. que *está prohibido sacar antigüedades* y objetos arqueológicos del país?
VIRGINIA	No.
INSPECTOR	Sí, señorita... ¡*Por Dios!* Aquí hay otro ídolo. ¡Todo esto *está protegido* por la *ley!* ¡Está *incluido* en el *patrimonio* nacional!
VIRGINIA	Pero se venden en el Bazar Oriental.
INSPECTOR	¡*Claro,* señorita! ¡Todos fueron *robados! Pase* Ud. *por aquí,* por favor.
VIRGINIA	¡*Dios mío!*

Will you, suitcase

is prohibited, to take out
antiquities

Good heavens!
is protected, law, is included
heritage

Naturally, stolen, Come
this way

Oh my goodness!

CULTURAL NOTE ▶ *Pre-Columbian and colonial treasures are now protected by law in all Spanish American countries. There continues to be, unfortunately, an active black-market trade among disreputable art brokers, importers, and some tourists. This provides an incentive to local treasure hunters who have been responsible for damaging, destroying, or stealing valuable archaeological remains.*

Práctica

I. Conteste Ud.

1. ¿Qué le dice el inspector a Virginia?
2. ¿Qué trae ella en la maleta?
3. ¿Por qué está prohibido sacar objetos arqueológicos del país?
4. ¿Qué otra cosa descubre el inspector en la maleta?
5. ¿Dónde compró estos objetos Virginia?
6. ¿Qué exclama el inspector?

II. Preguntas personales.

1. ¿Cuántas maletas tiene Ud.?
2. ¿Ha viajado Ud. alguna vez en un país hispánico?
3. ¿Qué tenemos que hacer en la aduana?
4. ¿Ha tenido Ud. problemas en la aduana?
5. ¿Qué buscan los inspectores de aduana?
6. ¿Compraría Ud. objetos prohibidos? ¿Por qué (no)?

EXPLICACIÓN

97. Resultant state

Spanish employs **estar** with a past participle to indicate the state that results from the actions expressed by the passive voice and the **se** construction. Contrast these sentences:

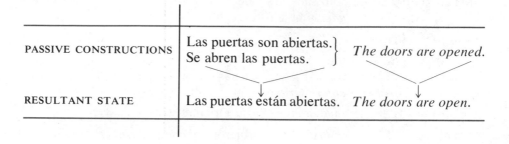

PASSIVE CONSTRUCTIONS	Las puertas son abiertas.⎫ *The doors are opened.* Se abren las puertas. ⎭
RESULTANT STATE	Las puertas están abiertas. *The doors are open.*

Observe that the resultant state is the logical sequence of the action expressed by the passive voice and the **se** construction. The past participle in this construction also agrees with the noun it refers to.

Práctica

I. Cambie según el modelo.

Modelo: vender el libro
El libro está vendido.

1. cerrar las puertas
2. preparar la sangría
3. servir el café
4. abrir las maletas
5. terminar las casas
6. escribir el poema
7. organizar muy bien la fiesta
8. hacer bien las ropas
9. prohibir esas diversiones
10. cubrir la mesa

II. Cambie según el modelo.

Modelo: Se escribe el examen.
El examen está escrito.

1. Se presenta muy bien el drama.
2. Se pagan las deudas.
3. Se contestan las cartas.
4. Se ponen los platos en la mesa.
5. Se escriben las lecciones.
6. Se anuncia el programa para las ocho.
7. Todo eso se dice en la carta.
8. Se hace la piñata.
9. Se piensa bien el programa.
10. Se abren las maletas.

III. Emplee la construcción con **estar** y el participio pasado.

1. Carlos me pregunta si he preparado el café; le contesto
   afirmativamente diciendo: _____.
2. Si vemos que han terminado la casa, decimos: _____.
3. Cuando un hombre ha muerto digo: _____.
4. Si sabemos que Pedro ha sido invitado, decimos: _____.
5. Si me preguntan si he escrito las cartas, digo: _____.
6. Después de cerrar las puertas, digo: _____.
7. Cuando me preguntan si han vendido esas ropas, digo: _____.
8. Mi hermano me pregunta si están haciendo el pan. Le contesto:
   _____.

98. Verbs that need no preposition

The following verbs take no preposition other than a personal **a.**

A. **buscar** *(to look for):*

Busco trabajo.   *I am looking for work.*
But: Busco a Juan.   *I am looking for John.*

B. **escuchar** *(to listen to):*

Escuche Ud. este programa.   *Listen to this program.*

C. **esperar** *(to wait for):*

Espero la carta.   *I am waiting for the letter.*

D. **mirar** *(to look at):*

Mirábamos el menú.   *We were looking at the menu.*

E. **pedir** *(to ask for):*

Pidieron dinero.   *They asked for money.*

Práctica

Invente oraciones, asociando las columnas A y B.

A	B
1. buscar	reloj
2. mirar	supermercado
3. pedir	coche
4. esperar	amigos
5. escuchar	programas
6. buscar	hermano
7. mirar	cuadro
8. pedir	dinero
9. esperar	postres
10. escuchar	explicación

Este ídolo maya, como todos los tesoros arqueológicos de México y de Centroamérica, está protegido por la ley.

LECTURA: Diario de una chicana

Diary

25 de agosto.   Hoy he leído esto: «En nuestra opinión, el
chicano *se ha dado cuenta de* la importancia de su *herencia*   has realized, heritage
cultural. *Poco a poco* ha *revelado* su *nuevo* estado espiritual a   Little by little, revealed, new
otras gentes y, *de este modo, se siente más seguro* de   in this way, he feels, surer
sí mismo… Nuestro objetivo es *conseguir* para el chicano un   himself, obtain
futuro mejor». (Palabras de Joe y Johnny González, *dueños* de   owners
una galería en Los Ángeles, quienes exhiben pinturas de artistas
chicanos.)[1]

27 de agosto.   Conversación que escuché hoy en el *campo:*   field

MI PADRE   Juanito, ¿ya has *llenado* el *balde?*   filled, bucket

MI HERMANO   *Todavía no,* papá.   Not yet

MI PADRE   Pues, *date prisa, hijito,* porque vamos a comer   hurry up, sonny
                pronto.

MI HERMANA   Papá, voy a *entregar* mis *cerezas* antes de   hand in, cherries
                comer.

MI PADRE   Bien, Luisa, pero *no pierdas* el boleto que te   don't lose
                van a dar.

MI HERMANA   No va a *pasar* otra vez.   happen

29 de agosto.   Hoy murió el *perrito* que me dio mi padre… No   little dog
puedo escribir más.

1° de septiembre.   Visita de un *extraño:*   stranger
—¿Cuántos hay en su familia?
—Somos nueve, señor. Mi hijo Fernando y su esposa están con
nosotros ahora.
—¿Tienen hijos?
—Una hija. Es Gloria, mi primera *nieta.*   granddaughter
—¿Qué edad tiene?
—Tres meses.
—Ah… Esta *cabaña* es demasiado pequeña para todos Uds.,   cabin
¿no?
—Sí, señor. Pero mis dos pequeños pueden dormir unos días
en la *camioneta.*   pickup truck
—¿Cuántos años tienen sus niños?
—Miguelito, once, y Francisco, ocho.
—¿Por qué no están en la *escuela* hoy?   school

---

[1]DEWAR'S PROFILES, del 25 de agosto de 1975. Reprinted by permission.

—Es que acabamos de llegar de California... y no sabemos el inglés muy bien.

7 de septiembre. *Cancioncita* que me escribió mi padre, y que ayer encontré entre mis cosas:

little song

> Escucha, Marina, escucha,
> el *gallo* cantando está:
> quiquiriquí, quiquiricá.
> *Arriba,* mi niña, arriba,
> quiquiriquí, quiquiricá.

rooster

Up (with you)

CULTURAL NOTES ▶ *1. Usually, a cherry picker receives a ticket for each bucket or box of cherries turned in. These tickets are later redeemed for money.* ▶ *2. Local health and school officials are usually quite concerned with the well-being and education of migrant families. The* **extraño** *in this reading could well be a truant officer.*

Práctica

I. ¿Qué dice esta lectura sobre los siguientes puntos?

1. el perrito
2. la cancioncita
3. el boleto
4. una galería
5. cerezas
6. cabaña
7. edad
8. camioneta
9. escuela
10. el gallo

Estos hermanos chicanos trabajan desde muy jóvenes para ganarse la vida.

Los chicanos de hoy día quieren llegar a lo que todos queremos: un futuro mejor.

II. ¿Qué puede Ud. decir de la personalidad de las siguientes personas?

1. la hija
2. el padre
3. el extraño

EXPRESIÓN ORAL

Invente Ud. oraciones usando los verbos indicados.

Modelos: (a) organizarse
Se organizó muy bien la fiesta.
(b) ser presentado
Fui presentado a una encantadora señorita.

1. ser escrito(s)
2. estar prohibido(s)
3. venderse
4. ser robado(s)
5. estar protegido(s)
6. prepararse

OTRA VEZ

Cambie según el modelo.

Modelo: Es explicada. **Se explica.**
Serán explicadas. **Se explicarán.**

1. Es preparada.
   Son preparadas.
2. Fue vendido.
   Fueron vendidos.
3. Era estudiada.
   Eran estudiadas.
4. Será discutido.
   Serán discutidos.
5. Es cerrada.
   Son cerradas.
6. Fue recibido.
   Fueron recibidos.
7. Sería organizado.
   Serían organizados.
8. Era lavado.
   Eran lavados.

VOCABULARIO ACTIVO

ADJECTIVES
claro, -a / *clear*
encantador, -a / *charming*

ADVERBS
anteayer / *day before yesterday*

IDIOMS
¡claro! / *of course!*
¡Dios mío! / *oh my goodness!*
pase Ud. / *come in*
por aquí / *this way*
¡por Dios! / *good heavens!*
sin embargo / *nevertheless*

NOUNS
aduana / *customhouse*
el deporte / *sport*
disco / *record*
la diversión / *amusement, diversion*
edificio / *building*
esquina / *corner*
la ley / *law*
maleta / *suitcase*
objeto / *object*
trabajo / *work, job*

VERBS
bailar / *to dance*
encontrarse (ue) / *to meet*
esperar / *to wait for*
montar a caballo / *to ride horseback*
organizar / *to organize*
prohibir / *to forbid, prohibit*
proteger / *to protect*
robar / *to steal*
sacar / *to take out*
temer / *to fear*

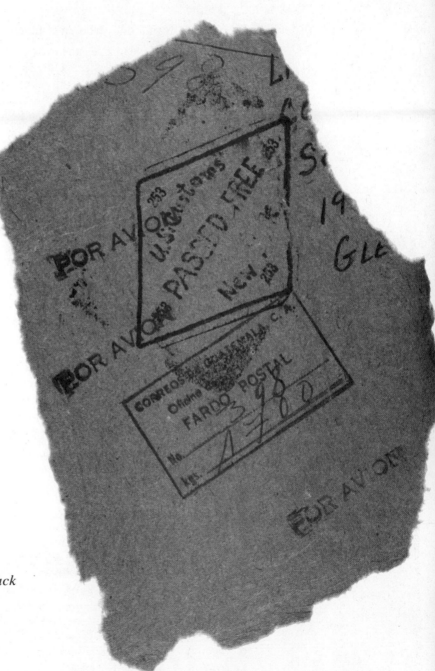

Self-test V

1. En (a) dé la forma del verbo en el futuro; y en (b) en el condicional.

  (a) 1. (hacer) ¿Qué _____ nosotros este verano?
   2. (poner) ¿Dónde _____ Uds. los platos?
   3. (venir) ¿Cuándo _____ tú a vernos?
   4. (poder) Francamente, tú no _____ hacer eso.
   5. (decir) Tú no _____ esto a nadie.
  (b) 1. (salir) Vosotros _____ con los señores Valdivia.
   2. (venir) En ese caso, yo no _____.
   3. (saber) ¿_____ Uds. explicar este problema?
   4. (querer) Yo no _____ decir eso en público.
   5. (tener) Los abuelos _____ que volver mañana.

2. En (a) exprese probabilidad en presente, y en (b) probabilidad en pasado.

  Modelo: ¿Qué dice él?
    Dirá algo muy interesante.

  (a) 1. ¿Son las ocho?
   2. ¿Dónde están mis padres?
   3. ¿Qué hace mi novia a esta hora?
  (b) 1. ¿Dónde puso él las tazas?
   2. ¿Qué edad tenía él entonces?
   3. ¿Cuándo fue él a Sud América?

3. Use Ud. en pretérito los verbos que aparecen entre paréntesis.

   1. (to bathe) ¿A qué hora _____ Ud.?
   2. (to shave) ¿_____ (él) con agua fría?
   3. (to eat breakfast) ¿Cuándo _____ Ud.?
   4. (to get up) Nosotros _____ a las ocho.
   5. (to ask oneself) Ellos _____ si eso es así.

4. Complete con la forma correcta del verbo.

   1. (levantarse) ¿A qué hora desean _____ los muchachos?
   2. (mirarse) Nosotros estamos _____ en el espejo.
   3. (prepararse) Juan y yo estamos _____ para el examen.
   4. (ponerse) ¿Por qué no quieren ellos _____ esas ropas?
   5. (peinarse) Queremos _____ con agua.
   6. (afeitarse) ¿A qué hora _____ él?
   7. (despertarse) Tú siempre _____ antes que yo.
   8. (sentarse) ¿Dónde voy a _____ yo?

5. Dé la forma correcta de los verbos en pretérito.

    1. (poder) ¿Por qué no _____ Ud. venir?
    2. (traer) ¿_____ Uds. la comida?
    3. (saber) Yo _____ que Uds. iban a salir hoy.

6. Exprese en español.

    1. ¿(Will there be) muchos problemas?
    2. (I am looking for) trabajo.
    3. ¿Quién desea (to look at) el menú?
    4. (I met) a su padre ayer.
    5. (He found out) anoche que yo estaba aquí.
    6. (Ask for) Ud. una parrillada en ese restaurante.

7. Cambie a la voz pasiva.

    1. Mi tío contesta las cartas en español.
    2. El agente abre las puertas a las seis.
    3. La familia recibe las invitaciones con mucho gusto.
    4. La hija pone los platos en la mesa.

8. Cambie a la construcción pasiva con **se**.

    1. Los dramas son presentados con entusiasmo.
    2. El libro fue vendido inmediatamente.
    3. Las oraciones son escritas en español.
    4. Los productos serán vendidos mañana.

9. Complete con **estar** y el participio pasado.

    1. Después de servir las comidas, la madre dice: _____.
    2. Después de hacer el pan, digo: _____.
    3. Después de abrir las puertas, digo: _____.
    4. Después de romper la jarra, la camarera dice: _____.

Lección DIEZ Y SEIS

TEXTO 1: Ropas modernas

ENRIQUE	Artemio, quiero que te *compres* otras *camisas* y un *traje nuevo*.	to buy, shirts / suit, new
ARTEMIO	No me gusta *ir de compras*... y no tengo *tiempo*.	to go shopping, time
ENRIQUE	Si quieres que *te acompañe*...	me to accompany you
ARTEMIO	No, no es necesario.	
ENRIQUE	Pero,... deseo que *pases por* la tienda de mi *tío*. Él te *ayudará* en todo.	to go by, uncle / will help
ARTEMIO	Bueno, si tú crees...	
ENRIQUE	Por ahora necesitas una *chaqueta deportiva*, *pantalones de punto*, *zapatos* con *hebilla* y un *cinturón ancho*.	sport jacket / double-knit trousers, shoes, buckle / belt, wide
ARTEMIO	¿Todo eso?	
ENRIQUE	También quiero que *mires* los *pañuelos*, *corbatas* y *calcetines*.	you to look at, handkerchiefs / (neck)ties, socks
ARTEMIO	Pero, entonces seré *otro*.	a different person
ENRIQUE	¡Exactamente! Con esas ropas que *llevas* ahora pareces un director de *funeraria*.	you are wearing / (a) funeral parlor

◀En la Zona Rosa de la ciudad de México hay muchas boutiques de ropa moderna.

CULTURAL NOTE ▶ *Clothes and general appearance are very important in the Hispanic world, since the way a person dresses is often considered an index of his or her social standing and good taste. For this reason, the larger cities abound with fashionable boutiques and a fairly high percentage of a person's income may be spent on his or her wardrobe. In fact, people with limited means may be willing to forego other pleasures and conveniences to buy good clothes.*

Práctica

Preguntas personales.

1. ¿Cuándo prefiere Ud. comprar un traje nuevo?
2. ¿Le gusta ir de compras? ¿Por qué (no)?
3. ¿Tiene Ud. una tienda favorita?
4. ¿Cuándo lleva Ud. una chaqueta deportiva?
5. ¿Prefiere Ud. la ropa de punto? ¿Por qué?
6. ¿Le gustan a Ud. los zapatos con hebilla?
7. ¿Qué ropas masculinas llevan a veces las señoritas?
8. ¿Cuánto dinero gasta Ud. en ropas cada año?

EXPLICACIÓN

99. Subjunctive mood

All tenses studied previously convey direct statements; they belong to the indicative mood. Two other tenses will be studied that are included in the so-called subjunctive mood: the present subjunctive and the imperfect subjunctive.

100. Endings of the present subjunctive

-ar		-er, -ir	
-e	-emos	-a	-amos
-es	-éis	-as	-áis
-e	-en	-a	-an

hablar	aprender	escribir
hable	aprenda	escriba
hables	aprendas	escribas
hable	aprenda	escriba
hablemos	aprend**amos**	escrib**amos**
habléis	aprend**áis**	escrib**áis**
hablen	aprend**an**	escrib**an**

Observe that for **-ar** verbs the predominant vowel is **e**; for **-er** and **-ir** verbs, it is **a**.

101. Present subjunctive sequence

A typical sentence containing the subjunctive is a statement in two parts:

Yo deseo / que Ud. estudie.

Here **deseo** is the main verb; **estudie** (a subjunctive form) is the dependent verb. There is always a relationship between the tense of the main verb and the tense of the dependent verb. This relationship is called *sequence of tenses*. The more common instances of present subjunctive sequences are

A. present indicative + present subjunctive:

Yo deseo / que Ud. hable. *I want you to speak.*

B. future indicative + present subjunctive:

Yo le pediré / que lo compre. *I will ask him to buy it.*

C. commands + present subjunctive:

Ordénele / que estudie. *Order him to study.*

In all the examples given, the speaker makes a first statement expressing a desire or preference and then specifies what he wishes or prefers through a second statement beginning with **que**. The second statement, or dependent clause, is a direct object. Compare:

Quiero **que Ud. escriba.** *I want you to write.*
Quiero **un libro.** *I want a book.*

In both cases, **que Ud. escriba** and **un libro,** being "the thing wanted," are direct objects.

102. Uses of the subjunctive: General statement

The subjunctive expresses actions that imply a projection into an indefinite or uncertain future, that are considered mere suppositions, regardless of time, or that reflect the intellectual or emotional involvement of the speaker with an event. This lesson and subsequent ones will examine these areas of subjunctive usage under the following labels: Group I, Group II, and Group III.

Each group has several subgroups that will be identified by means of a double numeral, as indicated below for Group I:

I (1) Verbs of wishing   Lección 16
I (2) Verbs of emotion
I (3) Verbs of disbelief, doubt, and denial}   Lección 17
I (4) Impersonal expressions
I (5) Verbs of advising and requesting   } Lección 18
I (6) Verbs of commanding, prohibiting, and permitting

103. Subjunctive with verbs of wishing: Group I (1)

The verbs **querer, desear,** and **preferir** require the subjunctive in the dependent clause, that is, the part introduced by **que:**

Yo quiero / que Ud. nos escriba.   *I want you to write to us.*
Él desea / que le escribamos.   *He wants us to write to him.*
Preferimos / que tú le escribas.   *We prefer that you write to him.*

Hasta la ropa deportiva cuesta mucho.

Práctica

I. Complete con el subjuntivo del verbo entre paréntesis.

1. (llevar) Quiero que
   1. todas las alumnas _____ chaqueta.
   2. Ud. _____ una corbata nueva.
   3. tú _____ otra camisa.
   4. Uds. _____ pantalones de punto.
   5. vosotros _____ zapatos.

2. (escribir) Ella quiere que
   1. yo le _____ una carta de recomendación.
   2. nosotros _____ sobre las Navidades . en España.
   3. tú le _____ una explicación.
   4. ellos _____ algo para el periódico.
   5. Ud. _____ un menú en español.

3. (invitar) ¿Deseas que
   1. yo _____ al profesor a la fiesta?
   2. ellas _____ a los muchachos de esta clase?
   3. nosotros _____ a ese tonto?
   4. él _____ a sus hermanas?
   5. mis padres _____ a toda la familia?

4. (leer) Deseo que
   1. él _____ la nueva ley.
   2. ellas no _____ el drama.
   3. Uds. _____ los informes.
   4. tú _____ en voz alta.
   5. vosotros _____ los poemas de José Martí.

II. Cambie según el modelo.

Modelo: Mi novia quiere / que yo _____ (comprar ropas modernas).
Mi novia quiere que yo **compre ropas modernas.**

1. Mis amigos quieren / que yo _____ (invitar a tres muchachas).
2. Yo deseo / que Ud. _____ (no trabajar tan tarde).
3. Preferimos / que ellas _____ (dejar eso en el comedor).
4. ¿Desea Ud. / que el profesor _____ (preparar exámenes más fáciles)?
5. Prefiero / que Uds. _____ (llamar por teléfono).
6. Yo quiero / que tú _____ (ayudar un poco).
7. Su madre quiere / que él _____ (tomar el desayuno temprano).
8. Queremos / que Ud. _____ (escribir a casa).
9. Preferimos / que los padres _____ (hablar con la muchacha).
10. Yo quiero / que Ud. _____ (pasar por mi casa a las ocho).

TEXTO 2: Las telas de Guatemala

cloths (fabrics)

Julián habla con Angélica, su prima.

JULIÁN   ¡Estoy muy contento! Iré a Guatemala este
          verano. ¿Qué quieres que *te traiga?*   (me) to bring you

ANGÉLICA ¡Ah! Deseo que *me hagas* un favor: que me   to do me
          compres tela para hacerme un *vestido.* Dicen que   dress
          los indios de Guatemala son extraordinarios
          tejedores. Pero prefiero que *no tenga* colores   weavers, it not have
          oscuros.   dark

JULIÁN   Mira. ¿Por qué no me das un *pedacito* de tu *falda*   a little piece, skirt
          para saber qué colores deseas?

ANGÉLICA Excelente idea. ¿Ves? Prefiero esta combinación:
          rojo, verde claro, verde oscuro y *amarillo,* con   red, light green, yellow
          azul verdoso y aguamarina.   blue green

JULIÁN   ¡Qué complicado!

ANGÉLICA ¡No es tan *difícil!* Tú *escoges* el *patrón* más   difficult, choose, pattern
          bonito y pides cinco metros con los colores de la   pretty
          muestra.   sample

JULIÁN   ¡Jamás en mi vida pensé que sería *modisto!*   fashion expert (couturier)

CULTURAL NOTE ► *The Indian weavers of Guatemala have long
been famous for their woven cloths, tapestries, rugs, purses,
scarves, belts, doilies, and many types of wearing apparel. It seems
incredible that all this work, in a variety of different patterns and
color combinations, is done on simple Indian looms.*

Práctica

Conteste Ud.

1. ¿Por qué son famosos los indios de Guatemala?
2. ¿Qué puede uno comprar en Guatemala?
3. ¿Qué combinación de colores prefiere Ud.?
4. Si Ud. va a comprar tela para otra persona, ¿qué podría Ud. llevar?
5. ¿Qué colores oscuros hay?
6. ¿Qué colores claros hay?
7. ¿Cuántos metros de tela necesita ella para un vestido?
8. ¿Cómo se llama el experto en vestidos femeninos?

EXPLICACIÓN

104. **Irregular present subjunctives:** *decir, hacer, poner, salir, tener, traer, venir*

All of these verbs contain the **g** of the first person singular, present indicative, throughout the six forms of the present subjunctive:

FIRST PERSON PRESENT INDICATIVE	PRESENT SUBJUNCTIVE
decir: digo	diga, digas, diga, digamos, digáis, digan
hacer: hago	haga, hagas, haga, hagamos, hagáis, hagan
poner: pongo	ponga, pongas, ponga, pongamos, pongáis, pongan
salir: salgo	salga, salgas, salga, salgamos, salgáis, salgan
tener: tengo	tenga, tengas, tenga, tengamos, tengáis, tengan
traer: traigo	traiga, traigas, traiga, traigamos, traigáis, traigan
venir: vengo	venga, vengas, venga, vengamos, vengáis, vengan

Práctica

I. Complete con la forma correcta del verbo.

1. (decir) Quiero que Ud. me _____ la verdad.
2. (levantarse) Prefiero que ella _____ a las siete.
3. (venir) Deseo que tú _____ con ropas oscuras.
4. (traer) Quiero que todos Uds. _____ su almuerzo.
5. (poner) ¿Prefiere ella que nosotros _____ el pan en la mesa?
6. (bañarse) No quieren que nosotros _____ en el río.
7. (hacer) Prefiere que Uds. lo _____ mañana.
8. (desayunarse) Prefiere que tú no _____ solo.
9. (salir) ¿Desea Ud. que ellas _____ más temprano?
10. (tener) Quiero que Uds. _____ dinero para ir al teatro.

II. Invente oraciones con las palabras indicadas.

1. Ellos quieren que
   - 1. mis amigas — 1. (tener) tiempo para hacerlo.
   - 2. usted — 2. (trabajar) aquí.
   - 3. Julita — 3. (hacer) esto.
   - 4. Pedro y Juan — 4. (venir) hoy.
   - 5. tú — 5. (decir) adónde fueron.

Una tejedora de Antigua con las famosas telas guatemaltecas.

2. Prefiero que
{
1. ellas   1. (ganar) más dinero.
2. María   2. (salir) a la calle.
3. nosotros   3. (discutir) algo serio.
4. ellos   4. (traer) su almuerzo.
5. su hija   5. (contestar) inmediatamente.
}

3. Él desea que
{
1. usted   1. (poner) la silla aquí.
2. ella   2. (salir) temprano.
3. ustedes   3. (invitar) a Rosita.
4. vosotros   4. (tener) otra oportunidad.
5. tú   5. (hacerlo) solo.
}

105. Change of subject

In all the subjunctive sentences just studied, the subject of the main verb is different from that of the dependent verb:

Ella quiere / que Ud. lo traiga.   *She wants you to bring it.*

If there is no change of subject, Spanish requires the use of the infinitive:

Él quiere comprarlo.   *He wants to buy it.*

Práctica

I. Cambie según los modelos.

   (a) Modelo: Yo prefiero salir. (ellos)
   Yo prefiero que ellos salgan.

1. Ella desea venir. (tú)
2. Mis padres quieren venderlo. (Ud.)
3. Nosotros preferimos no decirlo. (Uds.)
4. Yo quiero tener dinero. (ellas)
5. Tú deseas hacer todo el trabajo. (yo)
6. Margarita prefiere ponerlo aquí. (nosotros)

   (b) Modelo: Él desea que yo lo haga.
   Él desea hacerlo.

1. Nosotros preferimos que Uds. vengan con tiempo.
2. El doctor Ruiz no desea que Ud. haga eso.
3. Mis amigos quieren que yo lo aprenda.
4. ¿Prefieres que yo lo diga también?
5. Deseo que se levanten a las siete.
6. Quieren que nosotros traigamos el vino.

II. Combine Ud. diferentes números de las columnas A, B, C y D.

Modelo: (4) Tú (7) deseas que (11) Luis (15) se lo diga al médico.

A. Sujeto	B. Verbo principal		C. Segundo sujeto	D. Verbo dependiente
1. Yo	1. querer	que	1. los alumnos	1. escribir la carta.
2. Mis padres	2. querer	que	2. Juan y Pedro	2. traer el almuerzo.
3. Usted	3. querer	que	3. mi hermano	3. vender la casa.
4. Tú	4. querer	que	4. su hija	4. trabajar aquí.
5. El Sr. Martín	5. querer	que	5. Julián	5. no invitar a Juan.
6. Mi amigo	6. desear	que	6. Alberto	6. no salir por la noche.
7. Él	7. desear	que	7. las muchachas	7. llevar chaqueta.
8. Juan y María	8. desear	que	8. ellos	8. levantarse más temprano.
9. Su madre	9. desear	que	9. Luz Marina	9. no discutir eso aquí.
10. La señora	10. desear	que	10. los jóvenes	10. esperar hasta las cuatro.
11. Pedrito y yo	11. preferir	que	11. Luis	11. subir al segundo piso.
12. Ella	12. preferir	que	12. sus hermanas	12. viajar en tren.
13. Juanita	13. preferir	que	13. mis primas	13. ponerlo en la mesa.
14. El muchacho	14. preferir	que	14. su compañero	14. invitarlas para mañana.
15. Ustedes	15. preferir	que	15. sus amigos	15. decírselo al médico.

LECTURA: El mercado indio de Pisac

market

En el Perú, *cerca del* Cuzco, hay una pequeña ciudad
llamada Pisac. Aquí se celebra *una vez por semana* un
mercado indio que es famoso por su *colorido* y *extraño* aspecto
humano. Muy temprano salen hombres y mujeres de *lejanas
tierras,* con una *carga a la espalda. Caminan* con un peculiar
trote rítmico, cuatro, seis, ocho o más horas. Algunos indios
traen coca[1] y *evitan* los *sitios* en que hay policías, para no
pagar el *impuesto* oficial del gobierno. Buscan entonces otras
rutas por las montañas, y así el viaje *se hace* más largo y más
difícil.

near
once a week
picturesqueness, strange
distant
lands, load, on their backs, They
travel (walk) jogging

avoid, places
tax
pathways, becomes

Estando ya en Pisac, se sientan en una pequeña plaza del
pueblo. Allí las vendedoras ofrecen frutas, cerámica, telas,
raíces medicinales y todos los productos de sus tierras. Con
frecuencia una india *hace un trueque* con otra sin decir una
palabra. Una ofrece *maíz;* frente a ella una «compradora»
coloca una cantidad de coca. Si no ocurre nada, la primera
pone un poco más de maíz; la otra mira en otra dirección con
absoluta indiferencia. Cuando hay suficiente maíz, una da su
coca y la otra *recoge* el maíz. La transacción ha terminado.

roots
barters
corn
places

picks up •

Algunas indias llegan al mercado con ropas pintorescas y
una *corona* de *flores* blancas en la *cabeza.* Ésta es su manera
de anunciar que están buscando un *marido.* Entre los jóvenes,
hay algunos que llevan dos *sombreros,* uno indio y otro de tipo
europeo. También llevan hermosas chaquetas con muchos
adornos y botones. Ésta es su manera de decir: «Estoy
disponible».

crown, flowers, head
husband
hats

available

Antes de volver a casa, hombres y mujeres *se reúnen* en
una «chichería». Ésta es una habitación oscura, sin sillas, ni
mesas. Aquí, una *docena* o más de personas beben un líquido
blanco, sin decir casi nada. Los menos prudentes salen después
con *paso incierto* y se preparan para otro largo viaje.

gather

dozen

step, uncertain (shaky)

---

[1]**Coca** refers to the leaf of the coca shrub, containing cocaine, which is chewed
by the Indians. It enables them to endure hunger and exhaustion.

Práctica

Conteste Ud.

1. ¿Dónde está Pisac?
2. ¿Qué se celebra ahí cada semana?
3. ¿Por qué es famoso?
4. ¿De dónde vienen los indios?
5. ¿Cómo caminan?
6. ¿Por qué evitan algunos indios los sitios en que hay policías?
7. ¿Qué cosas se venden en la plaza del pueblo?
8. ¿Cómo se hace con frecuencia un trueque?
9. ¿Qué ofrece una? ¿Qué hace si no ocurre nada?
10. ¿Qué pasa cuando hay suficiente maíz?
11. ¿Cómo anuncian algunas indias que están buscando un marido?
12. ¿Cómo dicen los hombres que están «disponibles»?
13. ¿Qué es una «chichería»?
14. ¿Qué hacen ahí los indios?
15. ¿Para qué se preparan después?

El mercado de Pisac en el Perú es famoso por su colorido aspecto humano.

EXPRESIÓN ORAL

La clase de español va a organizar una fiesta y usted desea tener la colaboración de varios compañeros y compañeras de clase. Exprese Ud., empleando los verbos **querer, desear** y **preferir,** qué debe hacer cada uno de ellos.

> Modelo: comprar pan, queso y frutas
> Juan, quiero que compres pan, queso y frutas en el supermercado.

1. escribir las invitaciones
2. comprar bebidas y comidas en el supermercado
3. preparar el plato principal
4. hacer una sangría
5. ayudar en el comedor
6. poner los nombres de las personas en la mesa
7. traer los postres
8. lavar los vasos y platos

OTRA VEZ

Invente oraciones según el modelo.

> Modelo: Elena / querer / ellos (comprar) _____.
> Elena **quiere que** ellos **compren un auto nuevo.**

1. Yo		1. Ud. (traer) _____.
2. Ellas	querer	2. tú (escribir) _____.
3. Ud.		3. yo (discutir) _____.
4. Mercedes		4. nosotros (preguntar) _____.
5. Juan y yo		5. las señoritas (vivir) _____.
6. Las muchachas	desear	6. sus amigos (comer) _____.
7. Mis amigos		7. yo (decir) _____.
8. Uds.		8. sus hermanos (trabajar) _____.
9. Nosotros		9. nuestros padres (invitar) _____.
10. Tú	preferir	10. tu prima (preparar) _____.
11. Ellas		11. sus tíos (venir) _____.
12. José		12. Uds. (no prometer) _____.

Las vendedoras del mercado de Pisac ofrecen frutas, cerámica, telas, raíces medicinales y todos los productos de sus tierras.

VOCABULARIO ACTIVO

ADJECTIVES
amarillo, -a / *yellow*
azul / *blue*
bonito, -a / *pretty*
claro, -a / *light*
deportivo, -a / *sport*
difícil / *difficult*
necesario, -a / *necessary*
nuevo, -a / *new*
oscuro, -a / *dark*
rojo, -a / *red*
verde / *green*

corbata / *(neck)tie*
chaqueta / *jacket*
falda / *skirt*
los pantalones / *trousers*
　　—de punto / *double-knit trousers*
pañuelo / *handkerchief*
tela / *cloth, fabric*
tiempo / *time*
tío, -a / *uncle, aunt*
el traje / *suit*
vestido / *dress*
zapato / *shoe*

IDIOMS
ir de compras / *to go shopping*

NOUNS
el calcetín / *sock*
camisa / *shirt*
el cinturón / *belt*

VERBS
acompañar / *to accompany*
ayudar / *to help*
escoger / *to choose*
llevar / *to wear*
pasar (por) / *to go by*

Lección DIEZ Y SIETE

TEXTO 1: El fútbol   Soccer

Mañana será el *partido* más importante del año. *Me alegro* — game (match), I am glad
de que *sea* entre el Brasil y la Argentina—los dos clásicos — (it) is
rivales. Yo, como argentina, *no dudo de* que nuestro *equipo es* — I don't doubt, team
superior, pero los brasileños tienen un *jugador* extraordinario. — player
Dudo que exista otro *como* él: ¡es un «fenómeno»! *Siento* que — like, I'm sorry
no tengamos *otro igual. De todos modos, espero* que *ganemos.* — another like him, In any case, I hope, we win

Estos partidos son *encuentros* de gran emoción. — encounters (matches)
Naturalmente todos *nos consideramos* expertos, especialmente — we consider ourselves
mis compañeros, quienes *silban* y *gritan:* — whistle, shout

—*Oye,* tú, *¿para qué* tienes las *piernas?* — Hey, what . . . for, legs

—*Grandote,* ¿dónde aprendiste a *jugar así?* — Big guy, to play, that way

—¡Ahora el *pase,* y el *gol!* — pass, goal (point)

CULTURAL NOTES ▶1. **Fútbol** *in Spanish means* soccer *and not*
football. *In most Hispanic countries it has become the national*
sport, often generating impassioned loyalties. At times, in fact, it
would seem that a country's national honor is at stake on the play-
ing field. ▶ 2. *In the Hispanic world, whistling is always a sign of*
disapproval.

◀El fútbol es el deporte nacional de muchos países hispánicos (Manizales, Colombia).   **251**

Práctica

¿Qué expresan las siguientes ilustraciones? [NOTE : The captions suggest possible sentences.]

dos equipos **1.**

2. jugador «fenómeno»

espectadores **3.**

4. un pase

un gol **5.**

6. ganar

EXPLICACIÓN

106. Other irregular present subjunctives: *conocer, haber, ir, saber, ser, ver*

conocer	conozca, conozcas, conozca, conozcamos, conozcáis, conozcan
haber	haya, hayas, haya, hayamos, hayáis, hayan
ir	vaya, vayas, vaya, vayamos, vayáis, vayan
saber	sepa, sepas, sepa, sepamos, sepáis, sepan
ser	sea, seas, sea, seamos, seáis, sean
ver	vea, veas, vea, veamos, veáis, vean

NOTE: The present subjunctive form corresponding to the impersonal **hay** is **haya:**

Quiero que **haya** justicia para todos.
I want (that there be) justice for all.

Práctica

I. ¿Qué forma verbal necesitamos?

1. Él prefiere que
{
1. tú y yo
2. las muchachas
3. usted
4. yo
}
1. (ser) amigos.
2. (ir) temprano.
3. (saber) la verdad.
4. (ver) otra película.

2. Queremos que
{
1. tú
2. Isabel
3. vosotros
4. la familia Gómez
}
1. (salir) ahora.
2. (traer) a su madre.
3. (estar) contentos.
4. (ver) nuestra casa.

II. Invente oraciones según el modelo.

Modelo: Yo / querer / Ud. / ir…
Yo **quiero que** Ud. **vaya a la ciudad.**

1. Nosotros / desear / tú / saber…
2. Ellos / preferir / Uds. / ver…
3. Nuestros padres / querer / nosotros / ser…
4. Él / desear / Juan y yo / acompañar…
5. La señora Barrios / preferir / sus hijas / no salir…
6. Mi madre / querer / yo / levantarse…
7. El profesor / desear / todos nosotros / conocer…
8. Yo / desear / mi jugador favorito / hacer…

107. Subjunctive with verbs of emotion: Group I (2)

These verbs may express projection into the future, suppositions, or subjective attitudes (see Section 102). Regardless of the particular meaning conveyed, they regularly require the use of the subjunctive. The most common verbs of this type are: **alegrarse de** *(to be glad),* **esperar** *(to hope),* **sentir** *(to be sorry, regret),* and **temer** *(to be afraid of):*

Me alegro de / que Ud. tenga dinero.
I am glad that you have money.

Espero / que Ud. reciba buenas noticias.
I hope (that) you receive (get) good news.

Sentimos / que ella esté enferma.
We regret that she is ill.

Temen / que no haya tiempo.
They are afraid (that) there may not be any time.

Práctica

Invente oraciones originales. [NOTE: Use different subjects with the two verbs.]

Modelo: esperar / venir
Ud. espera que ellas vengan esta tarde.

1. esperar / ir
2. sentir / estar
3. alegrarse de / recibir
4. temer / venir
5. esperar / no pedir
6. sentir / traer
7. alegrarse de / comer
8. temer / tener
9. alegrarse de / saber
10. esperar / poder

108. Subjunctive with verbs of disbelief, doubt, and denial: Group I (3)

The verbs **no creer** *(not to believe)*, **dudar** *(to doubt),* and **negar (ie)** *(to deny)* also project the speaker's mind into suppositions or future events. Because they express uncertainty they normally require the subjunctive in the dependent clause:

No creemos / que venga este domingo.
We don't believe he will come this Sunday.

Dudamos / que sean inteligentes.
We doubt (that) they are intelligent.

Niego / que tengan buenas razones.
I deny (that) they have good reasons.

Creer used affirmatively expresses certainty; it always calls for the indicative:

Creo que es mexicano. *I believe (that) he is Mexican.*

Creer normally takes the subjunctive, however, in negative and interrogative statements.

The verbs **dudar** and **negar,** whether affirmative or negative, at times may not imply uncertainty. In such cases, a Spanish-speaking person would choose to employ the indicative. The beginner, however, is advised to practice only the constructions given above.

Práctica

I. Cambie los verbos al subjuntivo.

(a) Niego que
1. sus padres (ser) ricos.
2. hoy (hacer) calor.
3. él (saber) explicarlo.
4. ella (salir) sola a la calle.
5. tú (ver) la razón de todo esto.
6. (tener) deseos de estudiar.

(b) No creemos que
1. él (traer) a su hermana a la fiesta.
2. ella (considerarse) tan importante.
3. tú (preferir) esa universidad.
4. ella (ser) mexicana.
5. ellos (saber) dónde está Teresa.
6. vosotros (poder) ir a Buenos Aires.

◄Los partidos de fútbol son encuentros de gran emoción. Estos aficionados uruguayos le silban y gritan a su equipo favorito.

II. Complete según el modelo.

Modelo: (venir a vernos) Espero que Ud. ———.
Espero que Ud. **venga a vernos.**

1. (viajar) Espero que Uds. ——— este verano.
2. (ser inteligente) Dudo que ese señor ———.
3. (necesitar) Me alegro de que Ud. no ——— un médico.
4. (vivir) No creo que ella ——— en el mismo edificio.
5. (encontrarse) Yo sé que él ——— con sus amigos todos los días.
6. (levantarse temprano) ¿Espera Ud. que nosotros ———?
7. (poder ir) Dudo que nosotros ——— al partido con ellos.
8. (no saber) Yo creo que ellas ——— quién va a invitarlas.
9. (peinarse) Me alegro de que Ud. ——— el pelo.
10. (gustar) Esperamos que a Ud. le ——— estos platos españoles.

TEXTO 2: Una invitación

Marta invita a su amiga Sandy, joven norteamericana.

MARTA	*Oye, ven conmigo* al cine.	Listen, come, with me
SANDY	*Ya* es un poco tarde, ¿no?	Already (Now)
MARTA	*No lo creo.*	I don't think so
SANDY	Bien, pero *dame* unos minutos...	give me
MARTA	No es necesario ir con ropas muy elegantes. Es un cine de barrio.	
SANDY	Muy bien, pero yo pago; *no lo olvides.*	don't forget
MARTA	No, no, no.	
SANDY	*Dime* por qué no me *dejas* pagar nunca.	Tell me, let
MARTA	*Bueno,* por esta vez. Gracias.	All right
SANDY	Como tú hablas *mejor que* yo, *hazme* el favor de *sacar las entradas.*	better than, do me getting the tickets
MARTA	*No seas* modesta. Tú hablas *bastante* bien. *No tengas miedo.* Para aprender la lengua *es preciso* practicar constantemente.	Don't be, quite, Don't be afraid, it is necessary

CULTURAL NOTE ► *When friends go out together in the Hispanic world they do not go "Dutch treat." It is customary for one to treat the entire group, knowing that another will do likewise the next time. One writer has said of the Spaniard's generosity, for example, "Nadie sabe invitar como un español."*

Práctica

Complete Ud.

1. Para ir a un cine de barrio, no es necesario _____.
2. Antes de entrar en el cine, es preciso _____.
3. Para aprender una lengua, _____.
4. Cuando Ud. invita a alguien, Ud. dice _____.
5. Si Ud. sale con un amigo o una amiga que siempre le deja a Ud. pagar, Ud. dice _____.
6. Como mi amiga es un poco modesta, le digo: tú hablas _____.

Según los jóvenes del mundo hispánico, es más divertido salir en grupo.

EXPLICACIÓN

109. Subjunctive with impersonal expressions: Group I (4)

Several impersonal expressions require the subjunctive when the dependent clause (introduced by **que**) expresses a projection into something imaginary or yet to come:

> Es preciso (Es necesario) / que vengas mañana.
> *It is necessary for you to come tomorrow.*
>
> Es probable / que ella no sepa eso.
> *It is probable that she does not know that.*
>
> Es posible / que pronto tengamos un examen.
> *It is possible that we will soon have an examination.*

NOTE: If the idea of person is not important at all, use an impersonal expression with an infinitive:

> Es importante estudiar.   *It is important to study.*

If the idea of person is of slight importance, use an indirect object pronoun before the impersonal expression:

> Me es importante estudiar.   *It is important for me to study.*

Práctica

Invente oraciones según el modelo.

> Modelo: (venir) Es necesario _____.
> Es necesario **que Uds. vengan inmediatamente.**

1. (poner) Es posible que él _____.
2. (salir) Es probable que Ud. _____.
3. (ir) No es posible que nosotros _____.
4. (decir) Es preciso que tú _____.
5. (leer) Es posible que Uds. _____.
6. (levantarse) Es probable que ellos _____.
7. (escuchar) No es necesario que ella _____.
8. (ganar) Es muy probable que _____.
9. (tener) Es preciso que tú _____ otra oportunidad.
10. (haber diferencias) Es posible que _____.

110. Polite commands

These commands, whether affirmative or negative, are the same as the third persons, singular and plural of the present subjunctive:

PRESENT SUBJUNCTIVE OF **salir**		POLITE COMMANDS
salga	salgamos	
salgas	salgáis	
(salga) ⟶ (salgan) ⟶		(no) salga Ud.; (no) salgan Uds.

Práctica

Cambie según el modelo.

> Modelo: Si Ud. quiere hablar, _____.
> Si Ud. quiere hablar, **hable.**

1. Si Ud. quiere trabajar, _____.
2. Si Ud. quiere leer, _____.
3. Si Ud. quiere escribir, _____.
4. Si Uds. quieren preguntar, _____.
5. Si Uds. quieren comer, _____.
6. Si Ud. quiere salir, _____.
7. Si Uds. quieren venir, _____.
8. Si Ud. quiere ir, _____.
9. Si Uds. quieren hacer un viaje, _____.
10. Si Ud. quiere traer más dinero, _____.

111. Familiar commands

A. Affirmative forms
You learned the regular endings of these commands in Section 35. Here are the most important irregular forms. Notice that they are irregular only in the singular:

decir:	di (tú) *tell!*	salir:	sal (tú) *go out!*
hacer:	haz (tú) *do!*	ser:	sé (tú) *be!*
ir:	ve (tú) *go!*	tener:	ten (tú) *have, hold!*
poner:	pon (tú) *put!*	venir:	ven (tú) *come!*

Práctica

Cambie según el modelo.

> Modelo: Hable usted.
> Habla tú.

1. Trabaje usted.
2. Tome usted.
3. Llame usted.
4. Escriba usted.
5. Reciba usted.
6. Dígame usted.
7. Vaya usted.
8. Ponga usted.
9. Venga usted.
10. Hágame el favor.

B. Negative forms

The negative, familiar commands have the same form as the second persons, singular and plural of the present subjunctive:

PRESENT SUBJUNCTIVE OF **traer**		NEGATIVE FAMILIAR COMMANDS
traiga	traigamos	
traigas → traigáis →		no traigas tú; no traigáis vosotros
traiga	traigan	

Práctica

Exprese Ud. mandatos *(commands)* negativos según el modelo.

Modelo: venir
      (a) no vengas (tú)
      (b) no vengáis (vosotros)

1. mirar
2. vender
3. invitar
4. comer
5. discutir

6. hacer
7. ir
8. poner
9. decir
10. salir

LECTURA: La cultura maya

Los mayas eran un grupo de *tribus* que bajaron por la costa del Golfo de México y se establecieron en Yucatán, Guatemala y Honduras.

tribes

Sabemos que inventaron un calendario en el *siglo* IV *antes* de Jesucristo. Hoy es posible estudiar muchas *fechas* en numerosas inscripciones jeroglíficas. Su sistema matemático incorpora la noción de 0 (cero), creación de enorme importancia en la historia intelectual de la América prehispánica. Algunas observaciones astronómicas de los mayas eran más exactas que *las europeas* de la misma *época*. Por ejemplo, el año solar calculado por los astrónomos modernos es de 365,2422 días. Según el calendario europeo *antiguo* el año era de 365,2500 días. Pero los mayas lo habían calculado más exactamente: 365,2420 días.

century, before
dates

the European ones, epoch

old

La *autoridad* principal de los mayas era una *especie de rey*, que tenía a su servicio los nobles, los *soldados* y los *sacerdotes*. *Estos últimos* eran, al mismo tiempo, los *sabios* y científicos.

authority, kind of, king
soldiers
priests, The latter, sages

Los sacerdotes podían *predecir* los eclipses y otros fenómenos celestes. Es fácil imaginar el prestigio de estos hombres extraordinarios, que comprendían los misterios del firmamento.

predict

Hacia el siglo X, los mayas fueron conquistados por los toltecas. Cuando Cortés pasó por Yucatán en 1519 por primera vez, la cultura maya ya estaba en decadencia. Las grandes ciudades habían sido abandonadas *unas tras otras*. No sabemos por qué, pero entre las causas más probables están un posible *fracaso* de la agricultura, *guerras* entre ciudades o una rebelión de las masas contra la autoridad de los sacerdotes.

Toward (Around)

one after the other

failure, wars

Todavía podemos ver *hoy día* ruinas de grandes ciudades mayas: Copán, en Honduras, Quiriguá, en Guatemala, Uxmal, Palenque y Chichén Itzá, en México, entre muchas otras. Todas son *mudos* testimonios del enorme progreso de un *pueblo* enérgico y *creador*.

nowadays

silent
people, creative

◄ Estelas de Copán, grandioso centro maya en Honduras.

Esta figura vestida de soldado fue descubierta en Tikal, Guatemala, otra ciudad maya de importancia.

Práctica

I. Conteste Ud.

1. ¿Quiénes eran los mayas?
2. ¿Cuándo inventaron un calendario?
3. ¿Qué incorpora su sistema matemático?
4. ¿Qué sabemos de algunas de sus observaciones astronómicas?
5. ¿Qué dice la lectura sobre sus cálculos?
6. ¿Quiénes servían al rey?
7. ¿Por qué tenían mucho prestigio los sacerdotes?
8. ¿Quiénes conquistaron a los mayas hacia el siglo X?
9. ¿Cómo sabemos que la cultura maya estaba en decadencia hacia 1519?
10. ¿Qué podemos ver hoy día?

II. ¿Sí o no?

1. Los mayas subieron por la costa de Honduras y Yucatán y se establecieron en la costa del Golfo de México.
2. La noción de cero era una creación de enorme importancia.
3. Los mayas fueron conquistados por los toltecas hacia 1500.
4. No sabemos por qué las grandes ciudades habían sido abandonadas.
5. Los sacerdotes comprendían los misterios del firmamento.
6. El año solar calculado por los europeos era más exacto que el año calculado por los mayas.
7. Los nobles, los soldados y los sacerdotes no tenían que servir al rey.
8. Los sacerdotes podían predecir los eclipses.

EXPRESIÓN ORAL

Exprese dos tipos de mandatos con las palabras indicadas.

(a) *Mandato formal*
1. comprar / ropas
2. esperar / calle
3. lavarse / manos
4. traer / señoritas
5. no gastar / regalos

(b) *Mandato informal*
1. subir / autobús
2. venir / dinero
3. terminar / trabajo
4. poner / mesa
5. no salir / amigos

A la izquierda: Un ejemplar de los majestuosos templos mayas descubierto en Uxmal. México. A la derecha: La decoración exterior de muchas estructuras también incluye glifos, uno de los aspectos más avanzados de la cultura maya.

El magnífico Templo del Gran Jaguar, en Tikal, se construyó en honor de un rey maya en un sitio determinado por la salida del sol.

OTRA VEZ

Exprese un mandato según el modelo. Observe Ud. la posición de **lo, la, los, las.**

Modelo: Necesito comprarlo.
Pues, cómprelo usted.

1. Deseo escribirlos ahora.
2. Prefiero visitarla mañana.
3. Quiero lavarlo.
4. Me gustaría venderlas.
5. Tengo que invitarlas.
6. Estoy obligado a decirlo.
7. Prefiero hacerlo hoy.
8. Me gusta más ponerlas en la mesa.
9. Quiero traerlo a la clase.
10. Debo venir todos los días.

VOCABULARIO ACTIVO

ADJECTIVES
extraordinario, -a / *extraordinary*
gran, grande / *great, large*

ADVERBS
así / *that way*
bastante / *quite*
como / *like*
ya / *already, now*

IDIOMS
bueno / *all right*
de todos modos / *in any case*
oye / *hey (you), listen*
¿para qué? / *what . . . for?*
tener miedo / *to be afraid*

NOUNS
encuentro / *encounter, clash*
entrada / *ticket*
equipo / *team*
el fútbol / *soccer*
el jugador / *player*
partido / *game, match*
pierna / *leg*

VERBS
alegrarse (de) / *to be glad (of)*
considerar / *to consider*
dejar / *to let, permit*
dudar / *to doubt*
esperar / *to hope*
ganar / *to win*
gritar / *to shout*
jugar (ue) / *to play (a sport)*
olvidar / *to forget*
sacar / *to get (tickets)*
sentir (ie) / *to be sorry, regret*

Sello de cerámica usado por los Mayas de Veracruz, México.

Lección DIEZ Y OCHO

TEXTO 1: Psicología del farsante   phony

Si tengo que organizar una recepción, el farsante inmediatamente evita toda responsabilidad: — *Te aconsejo* que *nombres* a varias señoritas. Las mujeres son extraordinarias… para esas cosas.   *I advise / to appoint (name)*

Si le *ruego* que me *explique* un problema de matemáticas, me dice: —*Píde*le a González que *te ayude.* ¡Ese hombre es un genio!   *I beg, to explain / Ask, to help you*

Cuando le *propongo* que *presente* algo a nuestra *tertulia,* me *responde:* —¿Por qué no dejas que otros miembros hagan eso? *Apenas* tengo tiempo para *respirar.*   *I propose, to present, social gathering / answers (responds) / Hardly, to breathe*

—Pues, bien. Como estás tan *ocupado,* no te invitaremos a ninguna de nuestras fiestas.   *busy*

CULTURAL NOTE   ► *The **tertulia,** a uniquely Hispanic institution, is a get-together of friends and acquaintances at a café or in someone's home on a regular basis (once a week, for example). It may be either purely social or literary, in which case it is more formal. In the **tertulias literarias,** members read original compositions and discuss new books and ideas.*

◄ Una tertulia entre estudiantes universitarios de Algeciras, España.

Práctica

Conteste Ud.

1. ¿De quién habla el autor?
2. ¿Qué tengo que organizar?
3. ¿Qué hace el farsante?
4. ¿Qué me recomienda el farsante?
5. ¿Qué dice de las mujeres?
6. ¿Qué le ruego yo?
7. ¿Responde el farsante afirmativemente?
8. Según el farsante, ¿qué es González?
9. ¿Qué le propongo?
10. ¿Qué exclama él entonces?

EXPLICACIÓN

112. Subjunctive with verbs of advising and requesting: Group I (5)

The verbs **aconsejar** *(to advise)*, **pedir** *(to ask for)*, **proponer** *(to propose)*, **recomendar** *(to recommend)*, and **rogar** *(to beg)* point to a dependent clause containing an anticipation which, in Spanish, is expressed by the subjunctive:

Le aconsejo / que no gaste su dinero.
I advise you not to spend your money.

Nos ruega / que lo olvidemos.
He begs us to forget it.

Observe that the verbs in this section require the use of an indirect object pronoun (**le, nos,** etc.).

When the idea of person is not important, an infinitive can be used with the second verb. Compare:

(a) Me aconseja **venir** temprano.   *He advises me to come early.*
(b) Me aconseja **que venga** temprano.   *He advises me to come early (that I come early).*

In (a) the important idea is *to come,* while in (b) the presence of a personal subject is emphasized through the conjugated form **venga.**

Práctica

I. Exprese un consejo (piece of advice) según el modelo.

Modelo: no hablar demasiado
Le aconsejaré que no hable demasiado.

1. esperar hasta las cuatro
2. levantarse temprano
3. terminar los estudios
4. ir a clases siempre

5. hacer este trabajo
6. ayudarte inmediatamente
7. evitar toda responsabilidad
8. no traer problemas personales a la clase
9. viajar este verano
10. no decir nada a nadie
11. preparar la recepción
12. proponer su programa

II. Exprese una recomendación según el modelo. [NOTE: Expand your sentences so that they contain a subjunctive and a touch of originality.]

    Modelo: Ud. sabe que su amigo no va a clases.
               Le recomiendo que vaya a sus clases, si desea terminar
               sus estudios este año.

1. Ud. sabe que un amigo duerme menos de cinco horas.
2. Un joven quiere comprar un auto nuevo.
3. Una señorita desea ver una película interesante.
4. Un señor quiere visitar algunos países extranjeros.
5. Un muchacho quiere organizar una cena española.
6. Su compañero de cuarto desea conocer a Julia.
7. Un amigo le pregunta si hay un buen restaurante en esta ciudad.
8. Ud. sabe que muy pronto vamos a tener un examen.
9. Pedro bebe mucha cerveza todos los días.
10. Enrique es un farsante.

Las costumbres influyen sobre el arte. Este cuadro del pintor Gutiérrez Solana se titula *Tertulia de Pombo.*

113. Subjunctive with verbs of commanding, prohibiting, and permitting: Group I (6)

These verbs also point to a dependent clause containing an anticipation which is expressed by the subjunctive. The most common verbs of this group are **mandar** *(to order)*, **no permitir** *(to forbid)*, **prohibir** *(to forbid)*, **dejar** *(to allow, let)*, and **permitir** *(to permit, let)*:

Nos manda / que salgamos.   *He orders us to leave.*

Le prohibo / que hable en voz alta.   *I forbid you to talk aloud.*

Les permito / que traigan sus libros.   *I let them bring their books.*

Observe that these verbs also require the use of an indirect object pronoun (**nos, le, les,** etc.). As in the previous section, if the idea of person is not particularly important, Spanish prefers the infinitive construction:

Nos manda salir.   *He orders us to leave.*

Le prohibo hablar en voz alta.   *I forbid you to talk aloud.*

Les permito traer sus libros.   *I let them bring their books.*

Práctica

I. Exprese un mandato (afirmativo o negativo) según el modelo.

Modelo: salir de aquí
Le mando que **salga de aquí.**

1. ayudar a sus amigos
2. ir al supermercado
3. llamar por teléfono
4. consultar la guía de teléfonos antes de llamar
5. vender el coche
6. trabajar este verano
7. no gastar dinero en cosas caras
8. venir a nuestra recepción
9. escuchar sus recomendaciones
10. ser más metódico

II. ¿Qué diría Ud. en las siguientes situaciones? [NOTE: Employ the subjunctive according to the model.]

Modelo: (a) Ud. camina por la calle.
(b) Un amigo pasa en su coche.
(c) Quiero que **me lleves en tu coche.**

1. (a) Su compañero de cuarto comienza a cantar La Traviata.
(b) Ud. tiene que estudiar.
(c) Quiero que _____ .
2. (a) Una amiga de Ud. está organizando una recepción.
(b) A mí no me gustan las recepciones.
(c) Espero que _____ .

3. (a) Ud. no entiende un problema de matemáticas.
   (b) González es un experto en matemáticas.
   (c) Quiero que _____.
4. (a) Yo quiero comprar un coche deportivo.
   (b) Mis padres son personas prácticas.
   (c) Me recomiendan que _____.
5. (a) Dicen que habrá un partido de fútbol muy interesante.
   (b) Yo sé que mi amigo tiene dos boletos.
   (c) Por esta razón, le ruego _____.
6. (a) Mi compañero de cuarto desea llevar mi chaqueta.
   (b) Yo quiero llevar esa chaqueta hoy.
   (c) Por esto, le ordeno que _____.
7. (a) Tú eres ahora mi compañero (compañera) de cuarto.
   (b) No conoces a mis padres.
   (c) Te pido que _____.
8. (a) Mis compañeros de trabajo parecen ser personas simpáticas.
   (b) Mi esposa desea conocerlos.
   (c) Yo le pido que _____.
9. (a) Estoy discutiendo con varios amigos.
   (b) Hablan demasiado y no puedo decir nada.
   (c) Les pido que _____.
10. (a) Mañana tenemos que ir a la capital.
    (b) Será necesario salir muy temprano.
    (c) Te ruego que _____.

TEXTO 2: Reformadores, tradicionalistas y moderados

¿Cómo debe *resolver* el hombre de hoy los problemas de nuestra época? — solve

Los reformadores miran *hacia* el futuro y nos dicen: ¡*Que* los jóvenes *pongan fin al espíritu de competencia* y de *lucha!* Es preciso que la vida sea más amable y más justa. — toward, Let... / put an end to, spirit, **competition, struggle**

Los tradicionalistas, *por el contrario,* creen que *perderemos* el *camino* del futuro, si olvidamos nuestra historia. *Recordemos* nuestros mejores días, y *no repitamos* los errores del pasado. — on the other hand, we shall lose (miss) / road / Let us remember, let us not repeat

Entre los dos extremos están los *moderados:* Los hombres, ahora y mañana, tendrán que resolver sus problemas *de acuerdo con* los *dictados* de la inteligencia. — moderate ones / in accordance with / dictates

¿Es probable que todos *tengan un poco de razón?* — may be partly right?

La juventud hispánica por lo general se interesa mucho en la política del país (Buenos Aires, Argentina).

Práctica

I. Conteste Ud.

1. ¿De quiénes habla la lección?
2. ¿Qué dicen los reformadores?
3. ¿Qué creen los tradicionalistas?
4. ¿Qué debemos recordar?
5. ¿Cómo debemos resolver nuestros problemas, según los moderados?

II. Preguntas personales.

1. ¿Se considera Ud. un(a) reformador(a), un(a) tradicionalista o un(a) moderado (moderada)? ¿Por qué?
2. ¿Es necesario el espíritu de competencia?
3. En su opinión, ¿qué nos enseña nuestra historia?
4. ¿Qué personalidad política es un moderado (tradicionalista, reformador) en su opinión?
5. En su familia, ¿quiénes son los tradicionalistas? ¿Por qué?

EXPLICACIÓN

114. Radical-changing verbs in the present subjunctive

All radical-changing verbs have the same stem change in the present subjunctive as in the present indicative (see section 31), *except* for two different changes in **-ir** verbs only.

A. Pedir, repetir, and **servir** change **e > i** in all persons:

pedir	repetir	servir
pida	repita	sirva
pidas	repitas	sirvas
pida	repita	sirva
pidamos	repitamos	sirvamos
pidáis	repitáis	sirváis
pidan	repitan	sirvan

B. Dormir, preferir, and **sentir,** in addition to the regular changes (**o > ue, e > ie**) change **o > u** or **e > i** in the first and second persons plural:

dormir	preferir	sentir
duerma	prefiera	sienta
duermas	prefieras	sientas
duerma	prefiera	sienta
durmamos	prefiramos	sintamos
durmáis	prefiráis	sintáis
duerman	prefieran	sientan

Práctica

I. Dé las formas del presente de subjuntivo en las personas indicadas.

1. yo
   - servir
   - cerrar
   - poder

2. tú
   - morir
   - poder
   - pensar

3. él
   - sentir
   - pedir
   - repetir

4. nosotros
   - dormir
   - sentir
   - preferir

5. vosotros
   - preferir
   - servir
   - volver

6. ellas
   - repetir
   - poder
   - morir

II. Dé la forma correcta del verbo.
1. (cerrar) Él no quiere que Josefa _____ la puerta.
2. (repetir) Yo prefiero que Ud. no _____ estas palabras.
3. (decir) Espero que Uds. _____ la verdad.
4. (pensar) Queremos que él _____ antes de hablar.
5. (dormir) Él quiere que nosotros no _____ en las clases.
6. (morir) Espero que él no _____.
7. (pedir) Desea que nosotros no _____ carne de cordero.
8. (poder) Espero que todos Uds. _____ salir más temprano.
9. (dormir) No quiero que tú _____ toda la tarde.
10. (repetir) No quiero que vosotros _____ eso.
11. (pensar) Siente que nosotros no _____ en español.
12. (cerrar) Prefiere que nosotros _____ los libros.
13. (volver) Desea que nosotros _____ a las cuatro.
14. (pedir) Quiero que ellos _____ perdón primero.
15. (servir) Te ruego que tú _____ el desayuno inmediatamente.
16. (poder) Quiero que algún día Ud. _____ ir a Río de Janeiro.
17. (preferir) No es posible que todos _____ la misma cosa.
18. (morir) Quiero que las grandes ideas no _____.
19. (volver) Temo que ellas no _____ mañana.
20. (servir) Nos alegramos de que ellos _____ la cena.

115. Indirect commands

These commands (introduced in English by *let him, let her,* and *let them*), as well as the *let us* command, are also related to the present subjunctive (see sections 110 and 111). Study the following chart:

PRESENT SUBJUNCTIVE OF **salir**		INDIRECT COMMANDS
salga	salgamos →	¡Salgamos! *Let us go out!*
salgas	salgáis	
salga → salgan →		¡Que salga él (ella)! *Let him (her) go out!* ¡Que salgan ellos (ellas)! *Let them go out!*

The indirect commands involving the subjects **él, ella, ellos,** and **ellas** are introduced by **que.**

The form **vamos a** + infinitive (see section 16) is similar to the *let us* command, except that it implies an immediate action.

Todos tienen la responsabilidad de resolver los problemas de esta época.

Práctica

I. Cambie según el modelo.

> Modelo: Vamos a estudiar.
> Estudiemos.

1. Vamos a trabajar.
2. Vamos a llamar al médico.
3. Vamos a vender nuestra casa.
4. Vamos a vivir de acuerdo con nuestra personalidad.
5. Vamos a pedir informes.
6. Vamos a dormir la siesta.
7. Vamos a servir el almuerzo.
8. Vamos a decirle que es un farsante.
9. Vamos a hacer un gran esfuerzo.
10. Vamos a poner los platos en la mesa.

II. Cambie según el modelo.

> Modelo: Quiero (Queremos, Quieren, etc.) que Leopoldo entre.
> Que entre (él).

1. Quiero que Juanita hable.
2. Queremos que las camareras lleven ropas blancas.
3. Quieren que mi madre ponga el dinero en el banco.
4. Quiero que los alumnos nos escriban en español.
5. Quiero que ellas nombren al presidente.
6. Quiero que María Antonia cierre las puertas.
7. Queremos que Pascual ponga su chaqueta aquí.
8. Quiere que Alberto diga si va a venir o no.
9. Quieren que mi hermana vaya al supermercado.
10. Quiero que mi tío vuelva temprano.

LECTURA: Los milagros del mate

miracles

El mate, bebida muy común entre todas las clases sociales de
la Argentina, Chile, el Uruguay y el *sur* del Brasil, es una   *south*
especie de te. Se toma generalmente en una *calabacita*   *kind, little gourd*
empleando una *bombilla*.   *sipper*

—No sé qué me *pasa;* cuando *me acuesto* no puedo dormir.   *is happening, I go to bed*
—Tome Ud. uno, dos o tres mates, y dormirá como *un*   *a log (literally: dormouse)*
   lirón.

* * * * *

—¡Es una *vergüenza!* Soy demasiado *dormilón.*   *shame, sleepy head*
—Tómate unos mates, y *te sentirás otro.* ¡Verás!   *you will feel (like) a new man*

* * * * *

—¡Qué hacemos con este chico! No tiene apetito.
—Déle Ud. unos mates y verá cómo cambia.

* * * * *

—¡*Tengo una hambre atroz!* Y todo *por mantener* la   *I am awfully hungry, to keep*
   línea. No sé cómo *engañar* el estómago.   *figure, to deceive*
—¡Muchacha! Tómate unos mates… ¡*santo remedio!*   *best possible remedy*

* * * * *

—*Me siento débil,* sin *fuerzas.*   *I feel, weak, (any) energy*
—¡Hombre! Con dos o tres mates te sentirás más fuerte
   que un *oso.*   *bear*

* * * * * *

¿*Así que* el mate *sirve* para todo? Sin duda alguna. Es   *So then, is good*
bueno para el *mal de amores* y para el *dolor de muelas.*   *love pangs, toothaches*

El padre Nicolás del Techo escribió sobre el mate en
1673:

Estas *hojas* son tostadas y reducidas a pequeños   *leaves*
fragmentos. *Mezclándolas* con agua *caliente* se hace una   *By mixing them, hot*
bebida que los españoles y los indios toman varias veces
al día. Los que *se acostumbran a* tomar mate afirman   *per, get used to*
que no pueden *pasar sin él* y que, si no pueden tomarlo,   *do without it*
morirán antes de tiempo.

Adaptado del *Manual santafesino,* por Martha A. Salotti. Buenos Aires:
Editorial Kapelusz, 1961, pp. 116, 117.

Práctica

I. ¿Qué palabras de B corresponden a las palabras de A?

A	B
1. débil	1. sleepy head
2. hambre	2. to deceive
3. vergüenza	3. to get up
4. dormilón	4. hot
5. estómago	5. to go to bed
6. engañar	6. cold
7. mantener	7. weak
8. hoja	8. eye
9. acostarse	9. stomach
10. caliente	10. to support
	11. hunger
	12. energy
	13. to keep
	14. leaf
	15. shame

II. Invente oraciones empleando las siguientes palabras.

1. apetito   4. caliente
2. bebida   5. hambre
3. débil   6. fuerte

Los gauchos del Uruguay toman mate varias veces al día. Esta especie de te es una bebida muy común en algunos países sudamericanos.

EXPRESIÓN ORAL

Complete las siguientes oraciones en la forma más apropiada.

1. Ud. irá a Costa Rica este verano. Me alegro de que _____.
2. Señor profesor: espero que el examen final _____.
3. Alguien me dijo que ella está en el hospital. Siento mucho que _____.
4. Ellos volvieron tarde. Temo que _____.
5. Ud. no trabaja en clase. Dudo que _____.
6. Me dicen que Uds. van a ayudar a esa familia. Deseo que Uds. _____.
7. Ahora tiene Ud. tiempo y dinero. Espero que _____.
8. Estoy un poco enfermo, y, por eso, siento mucho _____.
9. Si Ud. va al Canadá, creo que _____.
10. Como es muy pobre, no creo que _____.

OTRA VEZ

I. Complete Ud.

1. Le aconsejo que _____ esta tarde.
2. Mi padre me recomienda que _____.
3. ¿Por qué no permite Ud. que sus hijas _____?
4. Nos manda que _____ inmediatamente.
5. Voy a rogarle a mi tío que _____.
6. Cuando entro en su casa siempre me pide que _____.

II. Exprese mandatos según los modelos.

Modelos: (a) Sé que desean hablar.
Que hablen.

(b) Vamos a trabajar.
Trabajemos.

1. Desean traer la comida.
2. Esperan ir al partido.
3. Quieren pedir un favor.
4. Desea servir la comida.
5. Oye, Juan, vamos a comer.
6. Vamos a salir todos.

VOCABULARIO ACTIVO

ADJECTIVES
ocupado, -a / *busy*

ADVERBS
apenas / *hardly*

IDIOMS
de acuerdo con / *in accordance with*
poner fin a / *to put an end to*
por el contrario / *on the other hand*

NOUNS
camino / *road*
época / *epoch, times*
el espíritu / *spirit*
el farsante / *phony*
historia / *history*
inteligencia / *intelligence*

matemáticas / *mathematics*
la responsabilidad / *responsibility*
tertulia / *social gathering*

PREPOSITIONS
hacia / *toward*

VERBS
aconsejar / *to advise*
evitar / *to avoid*
nombrar / *to appoint, name*
perder (ie) / *to lose, miss*
proponer / *to propose*
recordar (ue) / *to remember*
resolver (ue) / *to solve, resolve*
respirar / *to breathe*
responder / *to answer, respond*
rogar (ue) / *to beg*

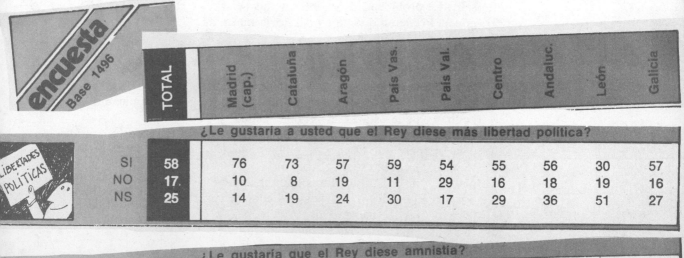

encuesta Base 1496

	TOTAL	Madrid (cap.)	Cataluña	Aragón	País Vas.	País Val.	Centro	Andaluc.	León	Galicia
¿Le gustaría a usted que el Rey diese más libertad política?										
SI	58	76	73	57	59	54	55	56	30	57
NO	17.	10	8	19	11	29	16	18	19	16
NS	25	14	19	24	30	17	29	36	51	27
¿Le gustaría que el Rey diese amnistía?										
SI	61	80	75	60	56	59	51	52	50	72
NO	12	5	10	9	5	13	17	16	11	15
NS	27	15	15	31	39	28	32	32	39	13

Self-test VI

1. Dé Ud. la forma apropiada del verbo entre paréntesis.

1. (invitar) Tú no quieres que ella _____ a ese señor.
2. (saber) Preferimos que ellas no lo _____.
3. (traer) Deseamos que Ud. _____ el dinero.
4. (salir) ¿Quiere Ud. que nosotros _____ a la calle?
5. (poner) ¿Dónde quiere él que yo _____ esto?
6. (estar) Siento mucho que ella _____ enferma.
7. (haber) Temen que no _____ boletos para todos.
8. (tener) Quiero que tú _____ más dinero.
9. (ser) Todos creemos que él _____ buena persona.
10. (ir) Dudo que ella _____ con ellos.
11. (hacer) Esperamos que ellos _____ todo el trabajo pronto.
12. (venir) Yo sé que ellas _____ aquí todos los días.
13. (entender) Niego que ellos _____ mis explicaciones.
14. (conocer) No dudo que él _____ a los dos señores.
15. (querer) Es muy posible que ella _____ ir también.
16. (ir) Me aconsejan que _____ a Madrid en invierno.
17. (levantarse) Te ruego que _____ temprano.
18. (decir) Les recomendamos a todos Uds. que no _____ eso.
19. (volver) Me mandan que _____ a casa inmediatamente.
20. (venir) Siempre le permitiré que _____ a mi casa.
21. (salir) Le prohiben _____ antes de las seis.
22. (poner) Prefieren que yo no _____ la mesa ahí.
23. (comprar) Me permitirán que lo _____.
24. (sentarse) Les mandamos _____.
25. (leer) Estamos _____ un drama en clase ahora.
26. (cerrar) Ella no quiere que yo _____ la puerta.
27. (repetir) El profesor dirá a los estudiantes que _____ las palabras.
28. (pedir) ¿Qué le está _____ el muchacho?
29. (servir) Señorita, no _____ Ud. la comida todavía.
30. (estar) Espero que tú ya _____ bien.
31. (tomar) ¿Quiénes están _____ vino?
32. (pedir) ¿Qué _____ esos tres hombres ayer?
33. (dormir) Él estaba _____ la siesta cuando yo salí.
34. (hacer) ¿Qué me manda Ud. _____?
35. (sacar) Están _____ las entradas ahora.

2. Cambie a la forma negativa.

1. Pepe, sal de aquí ahora mismo.
2. Dime cuántos vendrán.
3. Juanito, haz el trabajo antes de la cena.
4. Paco, pon eso en la mesa.
5. Tomás, ve al supermercado a comprar patatas.

3. Exprese en español.

1. Let him enter.
2. Let's leave soon.
3. Let them do it.
4. Pedro, don't bring it to class.

4. Dé Ud. la palabra más apropiada.

1. Dos equipos juegan en un _____ de fútbol.
2. Los hombres que juegan al fútbol se llaman _____.
3. Antes de entrar en el cine, tenemos que sacar las _____.
4. —Pongamos fin al _____ de competencia y de lucha.
5. Hay tres clases de hombres: reformadores, tradicionalistas y _____.
6. Voy a comprar pantalones de _____.

Desastre barcelonista

FUTBOL COLOMBIANO ES "MAYOR DE EDAD"

Amancio marcó a los dos minutos y López empató a cinco del final

FUTBOL EN EL MUNDO

ROMA, Feb. 8 (AF-P).—El equipo Juventus que continúa su irresistible ascenso hacia el título de campeón, derrotó hoy en la décimosexta jornada del campeonato italiano de fútbol a Verona por dos a uno.

Los resultados de la jornada de hoy fueron los

Lección DIEZ Y NUEVE

TEXTO 1: Un hombre tacaño

stingy

MARÍA	Déjame *contarte una cosa.* El miércoles Alberto me pidió que *le acompañara* al teatro.	tell you, something to go with him
JULIA	*¿Ése?* ¡No me digas!	That guy?
MARÍA	Como temía que me *llevara* en su «*cacharro*», le pedí que *llamase* un taxi, pero *dijo que no.*	would take, jalopy to call, he said no
JULIA	¡Nunca pensé que *fuera* tan tacaño!	he was
MARÍA	Pues, mira, *me atreví a proponerle* que *fuéramos* a ver una *zarzuela,* una *revista* o un programa de *cantos* y *bailes* populares.	I dared, to suggest to him, we go musical comedy, revue, songs dances
JULIA	¿Y a qué teatro fueron?	
MARÍA	¿Teatro? Me llevó a un cine barato, *cerca de* aquí… *sucio* y *feo,*… sin duda con *chinches.* Nos sentamos en *asientos* muy *duros… Lo peor* es que tuve que *prestarle* dinero…	near dirty, ugly, bedbugs seats, hard, The worst thing lend him
JULIA	*¡Una noche de encantos!*	An enchanting evening!

CULTURAL NOTE ►*Dating customs in Spain and Spanish America are changing. However, it can still be said, generally speaking, that women expect to be treated with deference and gentility. Dates are usually well planned in advance and "Dutch treat" is hardly ever practiced. While the institution of the chaperon is fast disappearing, most parents still expect to be informed about their daughters' plans. Traditionally, dating has not been a casual type of friendship and repeated invitations are interpreted as a sign of serious intentions.*

◄ Los tiempos cambian. Pocos jóvenes de hoy día salen con chaperona.

Práctica

Preguntas personales.

1. ¿Qué es un cacharro?
2. ¿Cuándo llama Ud. un taxi?
3. ¿Qué zarzuela conoce Ud.?
4. Si no quiere Ud. ir al teatro, o a un cine, ¿qué otros espectáculos podría Ud. ver?
5. ¿Qué bailes son populares hoy?
6. ¿Ha ido Ud. alguna vez a un cine muy barato? ¿Dónde?
7. ¿Cuánto cuesta ir a un buen programa de cantos y bailes?
8. ¿Qué diría Ud., si es invitado (invitada) por una persona tacaña?

EXPLICACIÓN

116. Endings of the imperfect subjunctive

	-ar			-er, -ir	
-ara	-áramos		-iera	-iéramos	
-aras	-arais		-ieras	-ierais	
-ara	-aran		-iera	-ieran	

trabajar	comer	recibir
trabajara	comiera	recibiera
trabajaras	comieras	recibieras
trabajara	comiera	recibiera
trabajáramos	comiéramos	recibiéramos
trabajarais	comierais	recibierais
trabajaran	comieran	recibieran

Note that the endings of the second and third conjugations are the same.
The imperfect subjunctive is the one tense that has a second set of endings:

	-ar			-er, -ir	
-ase	-ásemos		-iese	-iésemos	
-ases	-aseis		-ieses	-ieseis	
-ase	-asen		-iese	-iesen	

These endings are less common in Spanish America than in Spain. However, it is a good practice to combine the **-ra** and the **-se** endings whenever two or more imperfect subjunctives appear in close proximity:

Me mandó que le **recibiera** y que le **llevase** a la oficina.
He ordered me to receive him and to take him to the office.

117. Imperfect subjunctive sequence

The more common sequences involving the imperfect subjunctive are

A. imperfect indicative + imperfect subjunctive:

Era necesario / que Ud. los comprara.
It was necessary that you bought them.

B. preterite + imperfect subjunctive:

Dudaron que / Ud. estudiara todos los días.
They doubted that you studied every day.

C. conditional + imperfect subjunctive:

Yo le pediría / que trabajase más.
I would ask him to work harder.

There are some sequences which combine the present and the past. In such cases, the verb of the dependent clause has to express the time of the action, regardless of the tense of the main clause:

Me alegro de que viniera.   *I am glad he came.*
Temo que no le escribiera.   *I'm afraid he didn't write to her.*

All the rules that call for the use of the present subjunctive (in connection with verbs of wishing, emotion, disbelief, doubt, and denial, impersonal expressions, and verbs of commanding, prohibiting, and permitting) also apply to the imperfect subjunctive:

Esperaba que todos trabajáramos.   *He hoped that we would all work.*
Temían que lo vendiera.   *They feared I would sell it.*
No creíamos que hablara español.   *We didn't believe he spoke Spanish.*
No me permitieron que lo comprara.   *They would not let me buy it.*

Práctica

I. Cambie según el modelo.

Modelo: Era necesario que yo (estudiar) más.
Era necesario que yo **estudiara** más.

1. Me mandaron que (comprar) sólo un libro.
2. Preferían que Ud. (trabajar) en casa.
3. Deseábamos que ellas (responder) inmediatamente.
4. Temíamos que Uds. (olvidar) la hora.
5. Esperaban que nosotros (llegar) a las dos en punto.

6. Yo quería que tú (levantarse) temprano.
7. Le rogamos *(preterite)* que (comer) con nosotros.
8. Sentimos *(preterite)* que tú (no aconsejar) a ese farsante.
9. Ellos le rogarían que (ayudar) a los pobres.
10. Era probable que ellos (recibir) su dinero ese día.

II. Cambie según el modelo.

Modelo: Quiero que Ud. entre.
Quería que Ud. entrara.

1. Prefieren que Uds. hablen francamente.
2. Deseo que él evite esa responsabilidad.
3. Me alegro de que él visite a su familia.
4. Le ruego que no olvide llamar el taxi.
5. Espero que Ud. pase una semana con nosotros en Acapulco.
6. Temen que él gaste su dinero en ropas caras.
7. Me alegro de que Ud. me lleve en taxi.
8. Es necesario que nosotros trabajemos.
9. Le ruego que me acompañe al teatro y a una cena.
10. Dudan que él responda en inglés.

118. Irregular imperfect subjunctives

The irregularity of the third person plural preterite is found throughout the imperfect subjunctive:

dar: dieron	diera, dieras, diera, etc.
estar: estuvieron	estuviera, estuvieras, estuviera, etc.
haber: hubieron	hubiera, hubieras, hubiera, etc.
hacer: hicieron	hiciera, hicieras, hiciera, etc.
ir, ser: fueron	fuera, fueras, fuera, etc.
poder: pudieron	pudiera, pudieras, pudiera, etc.
poner: pusieron	pusiera, pusieras, pusiera, etc.
querer: quisieron	quisiera, quisieras, quisiera, etc.
saber: supieron	supiera, supieras, supiera, etc.
tener: tuvieron	tuviera, tuvieras, tuviera, etc.
traer: trajeron	trajera, trajeras, trajera, etc.

NOTE: All of the above forms may also use the **-se** endings: **diese, dieses, estuviese, estuvieses,** etc.

Práctica

Invente oraciones según el modelo. [NOTE: Make sure that the subjects of the two verbs are different.]

Modelo: Nosotros temíamos que / no tener
Nosotros temíamos que él no tuviera dinero en el banco.

1. Nosotros esperábamos que / dar
2. Mis padres dudaban que / ser
3. Juan y María querían que / traer
4. Era imposible que / recibir
5. Esperaba que / salir
6. Yo preferiría que / hacer
7. Nos alegraríamos de que / venir con nosotros
8. Todos los alumnos sentimos *(preterite)* que / no poder
9. No creían que / beber
10. Deseaban que / ir

TEXTO 2: Una encuesta telefónica

survey

—Señor, quiero pedirle un favor: que me diga *cuál* es su   what
programa de televisión favorito.

—¿No sería mejor que Ud. *pidiera* opiniones a los   ask
expertos?

—No, no. Yo preferiría que Ud. me hablara con toda
franqueza.   frankness

—¿Cuál es mi opinión? Pues, muy mala.

—¿Por qué?

—Porque la televisión ha sido *refugio* de *cómicos sin gracia,*   refuge, comedians, insipid
cantantes sin voz, y actores y actrices de poco talento. Los   singers
personajes son siempre los mismos: *enfermeras* con «tormentas   characters, nurses
secretas», detectives ingeniosos, *abogados* astutos, médicos   lawyers
sentimentales y *vaqueros* que *matan* indios. *En cuanto a* los   cowboys, kill, As for
anuncios comerciales…   commercials

En ese *mismo* momento *quedó interrumpida* la   very, was cut
comunicación.   connection

Práctica

Preguntas personales.

1. ¿Cuál es su programa de televisión favorito? ¿Por qué?
2. En su opinión, ¿cuál es el peor de todos los programas? ¿Por qué?
3. ¿Qué cantante(s) prefiere Ud.? ¿Por qué?
4. ¿Quiénes son los mejores cómicos? ¿Por qué?
5. ¿En qué programas hay médicos y enfermeras ahora?
6. ¿Quién es el detective inglés más famoso?
7. ¿Le gustan las películas sobre indios y vaqueros? ¿Por qué?
8. En su opinión, ¿cuál es el peor anuncio comercial en televisión?
9. ¿Hay demasiados programas deportivos?
10. ¿Ve Ud. programas educativos? ¿Cuáles?

EXPLICACIÓN

119. Imperfect subjunctive of radical-changing verbs

The **-ir** radical-changing verbs that change **o** to **u** and **e** to **i** in the third person plural, preterite, feature the same change throughout the imperfect subjunctive (see Section 76):

THIRD PERSON PLURAL PRETERITE	IMPERFECT SUBJUNCTIVE
dormir: durmieron	durmiera, durmieras, durmiera, durmiéramos, durmierais, durmieran
pedir: pidieron	pidiera, pidieras, pidiera, pidiéramos, pidierais, pidieran

Other verbs in this group are **morir, preferir, repetir, sentir,** and **servir.**

NOTE: It is understood that the -se endings may also be used with these verbs: durmiese, durmieses, etc.

Práctica

I.   Invente oraciones según el modelo.

   Modelo: (no repetir) Yo esperaba que él _____.
   Yo esperaba que él **no repitiera eso.**

1. (pedir) Yo no quería que ella _____.
2. (servir) Tú deseabas que ellas _____.
3. (preferir) Todos esperaban que él _____.
4. (poder venir) Me alegraría de que Ud. _____.
5. (dormirse) Temía que yo _____.

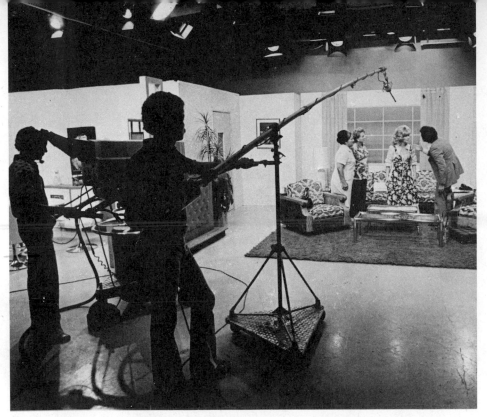

Un estudio de televisión de San Juan, Puerto Rico.

6. (morir) Nadie esperaba que él _____.
7. (no vender) Le rogaron que _____.
8. (responder) Yo esperaba que Ud. _____.
9. (pedir) Querían que nosotros _____.
10. (servir) No le permitió que _____.

II. Combine Ud. diferentes números de las columnas A, B, C y D.

Modelo: (4) Los alumnos (3) deseaban que (8) su familia (5) trajera los libros.

A. Primer sujeto	B. Imperfecto de indicativo		C. Segundo sujeto	D. Imperfecto de subjuntivo
1. Mi padre	1. preferir (ie)	que	1. los alumnos	1. escribir la carta.
2. Sus abuelos	2. querer (ie)	que	2. el muchacho	2. dormir más.
3. Su tío	3. desear	que	3. mis hermanos	3. trabajar ahí.
4. Los alumnos	4. temer	que	4. su hija	4. volver hoy.
5. Los profesores	5. esperar	que	5. Dolores	5. traer los libros.
6. El Sr. Pérez	6. sentir (ie)	que	6. su hermana	6. salir de la casa.
7. Mi madre	7. no creer	que	7. el joven	7. decir la verdad.
8. Ud. y Juan	8. dudar	que	8. su familia	8. estar en casa.
9. Tomás	9. alegrarse de	que	9. el Sr. Martínez	9. venir hoy.
10. Ellas	10. negar (ie)	que	10. sus amigas	10. hacer eso.

120. Interrogatives ¿qué? and ¿cuál?

USE	IN THE FOLLOWING CIRCUMSTANCES

¿Qué es?
¿Qué son?
	A. Questions with the verb **ser**
	  1. To request (a) a definition or (b) an identification by profession, political belief, or nationality:
	  (a) ¿Qué es un experto?
	     ¿Qué son las encuestas?
	  (b) ¿Qué es su padre? (¿Abogado? ¿Médico?)
	     ¿Qué son Uds.? (¿Demócratas? ¿Republicanos?)

¿Cuál es?
¿Cuáles son?
	2. To request a clarification:
	    ¿Cuál es la diferencia entre ellos?
	    ¿Cuáles son sus diversiones favoritas?
	
	This is the most troublesome construction. Rule of thumb: *What* followed by a definite article *(What is, are the . . . ?)* or by a possessive *(What is, are your, her, . . . ?)* will always call for **cuál,** except when we inquire about profession, political belief, or nationality, as stated above.

¿Qué + noun?	B. Questions with any verb other than **ser**
	   To request an identification:
	    ¿Qué chaqueta prefiere Ud.?
	    ¿Qué libros necesitan ellos?

NOTE: The construction **cuál** + *noun* is falling into disuse.

Práctica

¿Qué o cuál(es)?

1. ¿——— es su profesión?
2. ¿——— es un vaquero?
3. ¿——— libros leerá Ud.?
4. ¿——— es la capital del país?
5. ¿——— son sus estaciones favoritas?
6. ¿——— es la ciudad más importante del Brasil?
7. ¿——— es el número de su teléfono?
8. ¿——— es el color más popular en verano?

9. ¿———— es su abuelo, alemán o italiano?
10. ¿———— son sus responsabilidades?
11. ¿———— asignaturas prefiere Ud.?
12. ¿———— es el baile nacional de la Argentina?

121. The interrogative *¿de quién(es)?*

This interrogative is always followed by a verb, not by a noun as in English:

> **¿De quién** es esta casa?   *Whose house is this?*

Do not confuse **¿de quién(es)?,** which always asks a question, with the relative **cuyo (-a, -os, -as).** The latter form never implies a question and always agrees in gender and number with the noun it modifies:

> Ésta es la muchacha cuyo padre (cuya madre) está aquí ahora.
> *This is the girl whose father (mother) is here now.*

Práctica

Exprese en español.

1. ¿(Whose) es el coche que está Ud. usando ahora?
2. Ése es el joven (whose) padres vinieron hoy.
3. El señor García, (whose) libro todos hemos leído, es un hombre famoso.
4. ¿(Whose) son estas entradas?
5. Dígame Ud., por favor, ¿(Whose) es este cuarto?
6. Ese restaurante, (whose) comidas eran muy malas, ha sido cerrado.

Un cine en Miami, Florida, donde viven muchas personas de habla española.

LECTURA: Los cubanos en la Florida

Hoy viven en Miami más de 400.000 cubanos. *Lo que* estos exiliados han podido hacer allí es realmente *asombroso*.

Al principio nada les fue fácil. Abundan las anécdotas de cómo fueron—tristes y humorísticos—sus primeros *intentos* de adaptación a lo que nosotros llamamos «the American way of life», que en realidad es peculiarmente norteamericano.

Mi amigo Óscar cuenta cómo él iba muchas veces con sus tías al *Refugio* de Miami *para que* le pusieran ciertas inyecciones... y para recibir comida. No había trabajo y tenían muy poco *que* comer. El gobierno federal les daba siempre grandes cantidades de *huevos en polvo* y *manteca de cacahuete*. Ningún cubano—¡absolutamente ninguno!—, me dice Óscar, pudo nunca *aguantar* la manteca de cacahuete. Él, muy joven entonces, tenía que comerse su parte... y también *las de* sus tías.

A los cubanos no les fue fácil encontrar empleo porque casi todos eran profesionales y no sabían inglés. Por eso, tuvieron que aceptar los más *humildes* trabajos. Entre otros *se menciona* el caso de un hombre que era *contador* en La Habana. Fue *rechazado* por los bancos de Miami, donde trató de *ingresar*, y aceptó, por fin, un modesto empleo de 45 dólares por semana en una *fábrica de calzado*. Después de terminar su trabajo, volvía por la noche para aprender el proceso de *fabricar* zapatos. Año y medio más tarde, era vicepresidente de la compañía, al mismo *nivel* que tenía en La Habana, y hoy es presidente de un banco de Miami.

No es éste un caso *aislado* de buena fortuna. Cientos de cubanos son hoy *banqueros,* médicos, abogados y profesores. En Miami han creado numerosos y prósperos *negocios,* contribuyendo *así* al *desarrollo* económico de esa ciudad.

Glosses (margin):
- What
- astonishing
- At first
- attempts
- Welfare Office, so that
- to
- powdered eggs, peanut butter
- stand
- those of
- humble, is mentioned
- CPA
- rejected, to enter
- shoe factory
- manufacturing
- level
- isolated
- bankers
- commercial establishments
- in this manner, development

Práctica

¿Tiene Ud. buena memoria? Conteste.

1. ¿Qué profesiones se mencionan en esta lectura?
2. ¿Qué recibe la gente en un refugio?
3. ¿Por qué no les fue fácil a los cubanos encontrar empleo?
4. ¿Cuántos cubanos viven hoy en Miami?
5. ¿Qué han creado ellos allí?
6. ¿Cómo llamaría Ud. a los cubanos que vinieron a nuestro país?
7. ¿Por qué fueron difíciles los primeros intentos de adaptación?
8. ¿A qué han contribuido los cubanos en Miami?

EXPRESIÓN ORAL

Vamos a suponer que alguien le llama por teléfono y le hace preguntas
sobre la juventud de hoy. ¿Qué diría Ud.?

1. ¿Cree Ud. que los jóvenes tienen más sentido de responsabilidad hoy?
2. ¿Cree Ud. que el progreso económico de nuestros días tiene buenos o
   malos efectos en la juventud?
3. ¿Creen los jóvenes en lo que dicen los políticos?
4. ¿Qué problemas morales tienen los jóvenes de hoy?
5. ¿Tiene la familia la misma importancia que tenía antes?
6. ¿Cree la juventud en la religión?

En Miami, los cubanos han creado numerosos negocios.

Muchos exilados cubanos han contribuido con su talento al desarrollo económico de Miami.

OTRA VEZ

Complete según el modelo.

Modelo: Yo le pedí / hablar
Yo le pedí que hablara con su médico.

1. Deseaba que Ud. / ir
2. Le recomendé que / acompañar
3. Era necesario que ellos / pagar
4. Les mandamos que / llevar
5. Yo no creía / ser
6. Ella le pidió que / dar
7. No esperábamos que / llegar
8. Preferiríamos que Ud. / preguntar
9. Era muy probable que ellos / no estar
10. No creía que Ud. / saber

VOCABULARIO ACTIVO

ADJECTIVES

duro, -a / *hard*
feo, -a / *ugly*
mismo, -a / *very, same*
secreto, -a / *secret*
sucio, -a / *dirty*
tacaño, -a / *stingy*

ADVERBS

cerca de / *near*
peor / *worse*

IDIOMS

dijo que no / *he said no*
en cuanto a / *as for*
una cosa / *something*

NOUNS

abogado / *lawyer*
actor, actriz / *actor, actress*
anuncio / *announcement*
asiento / *seat*

el baile / *dance*
cacharro / *jalopy*
cantante (*m.* or *f.*) / *singer*
canto / *song*
enfermera / *nurse*
experto, -a / *expert*
franqueza / *frankness*
revista / *revue*
vaquero / *cowboy*

VERBS

atreverse a / *to dare*
contar (ue) / *to tell, relate*
interrumpir / *to interrupt*
matar / *to kill*
prestar / *to lend*

...RE ACOND.
GOMAS
BATERIAS ATLAS
CASI AL COSTO

RODRIGUEZ EXXON
ESTACION DE SERVICIO
MECANICA EN GENERAL

ACEPTAMOS
TARJETAS:
EXXON
CHEVRON
MASTER CHARGE

☎ 573—0416
2900 N.E. 2nd. Ave., Miami

Super Gulf Service
Mecanica en General. - Aire Acondicionado.
Especialidad en WolsWagon y Volvo.
Rentelo aqui, y devuelvalo donde Ud. Vaya
Precios Razonables

Gulf

1701 S.W. 8 ST. MIAMI

U-HAUL

Tel ...016 / 643-...

..e-/651
1 Blvd   945-6536
Blvd   374-0726
Bisc Blvd   891-9300
University Dr   443-0045
..l Coral Way   261-9145
..il S 2699 Tiger T Av   858-0813
..tgo 14090 W Dixie Hy   891-6350
..op Oil 1801 SW 67 Av   261-3297
..rse Mesa T 3301 NW 7 St   649-1114
Toledo E 4105 E 4Av Hlh   822-5831
Toledo S 101 E Okee Rd Hlh   887-3419
Tommy Tex 15060 NW 22 Av   688-9519
Tony-Jorge 451 Op-Lock Blvd   681-1422
Tony Citgo 3195 NW 79 St   696-5184
Tony Ser Sta 875 W Flag   545-0811
Tony S S 245 NE 183 St   651-9194
Tony's Standard Service
1400 N.W. 27 Ave.
Miami 634-4840
Tony Stand Ser 780 NW 72Av   261-9025
Town Pk 66 9980 SW 8 St   221-8898
Trail Amo 4941 SW 8 St   443-1785
Trail Citgo 8690 SW 8 St   261-5655
Trail Dodge
2900 S.W. 8 St.
Miami 642-5100
Trail Gulf S 401 SW 8 St   371-9576
Trail-76 Ser 8200 SW 8 St   264-5962
Trail Shell 5700 SW 8 St   266-0369
Tral- 27 Ave Ex 801 SW 27Av   642-6880
Treasure B 1508 79 St Cswy   866-8645
Triana -Son 2795 NW 7 Av   634-4151
Triangle BP 50 Hlh Dr Hlh   887-7275
Triangle F 500 S Mia Av   379-8284
Trikas Bro 9790 S Dixie Hwy   665-6478
Tropical C 345 NW 8 Av   54518158
Tropical P 7290 Bird Rd   264-8234
..t 340 23 St MB   532-2110
..Ofc 15290 NW 7 Av   688-9613
..0 E 49 St Hlh   681-9155
..E 2 Av   759-...
..2 62 St
..72 Av

Lección VEINTE

TEXTO 1: Declaraciones de un soltero   bachelor

ARTURO	Con ese nombre que tienes, ¿por qué *no te has casado?*	haven't you married
AMADOR	*Pienso* casarme algún día. Busco una novia que *sea* inteligente.	I intend, is
ARTURO	Bueno. *¿Qué más?*	What else?
AMADOR	Una mujer que *tenga gracia* y otros *atractivos.*	has, wit, charms
ARTURO	¿Y que *esté enamorada de ti?* Podrías hallarla.	is in love with you
AMADOR	*¡Claro!* Una mujer que me *ame locamente.*	Of course!, would love, madly
ARTURO	¿Locamente? ¿No te has mirado en el espejo?	
AMADOR	Preferiría una joven que supiese cocinar y que comprendiese mis *gustos* y mis sueños.	preferences
ARTURO	Pero, hombre, *¿no te das cuenta de* que no puedes *exigir tantas* perfecciones... con esa cara que tienes? ¡Eres *más feo que el coco!*	don't you realize to demand (expect), so many uglier than sin (*literally:* bogeyman)

CULTURAL NOTE ► *In Spanish, first names such as* **Amado** (Loved One), **Amador** (Lover), *and* **Amanda** (Lovable) *are not uncommon.*

◄ La mayor parte de los jóvenes hispánicos se casan en una ceremonia tradicional.

Práctica

Preguntas personales.

1. ¿Qué razones tienen algunos hombres (algunas mujeres) para no casarse?
2. ¿Qué le gustaría a Ud. hacer antes de casarse?
3. En su opinión, ¿cuál es la edad ideal para casarse?
4. ¿Cuándo piensa Ud. casarse?
5. ¿Qué tipo de novio (novia) busca Ud.?
6. ¿Qué problemas deben resolver los novios antes de casarse?
7. ¿Qué importancia tiene el dinero en el matrimonio?
8. ¿Es importante la ceremonia religiosa en el matrimonio moderno?
9. En la vida matrimonial, ¿quién debe hacer el trabajo de la casa? ¿Por qué?
10. ¿Qué piensa Ud. del divorcio?

EXPLICACIÓN

122. Subjunctive: Group II

When a speaker qualifies a noun in the main clause with another statement (adjective clause), a subjunctive verb may be required in the qualifying statement:

MAIN CLAUSE CONTAINING A NOUN	QUALIFYING STATEMENT FUNCTIONING AS AN ADJECTIVE
Necesito **una casa**	que sea grande.
I need a house	*that is large.*

The statement introduced by **que** is not a direct object, as is the case with the subjunctive constructions in Group I. Rather, **que sea grande** is the equivalent of an adjective: **Necesito una casa grande.**

Adjective clauses constitute the second large group of statements calling for the use of the subjunctive. This group contains two subgroups which will be designated II (1) and II (2).

123. Subjunctive in clauses modifying indefinite persons or things: Group II (1)

A subjunctive is employed in the second part of the sentence, or adjective clause, if the latter refers to an indefinite person, object, or event. Useful test: If the words *some* or *any* can be inserted before the noun, this noun is indefinite:

Necesito una persona / que me ayude en mi trabajo.
I need a person (any person) that will help me in my work.

En España, muchas profesiones antes dominadas por los hombres ahora dan entrada a la mujer.

Observe that the adjective clause **que me ayude en mi trabajo** expresses a hypothetical quality of an indefinite person. Such statements do not require the personal **a**.

If the person, object, or event is definite, the adjective clause will call for the indicative, not the subjunctive:

Conozco a una muchacha / que sabe español.
I know a girl who knows Spanish.

Here **que sabe español** refers to a definite person. One could not possibly interpret this sentence as meaning "I know any girl who knows Spanish."

Observe that the personal **a** is required since **una muchacha** is a definite person.

Práctica

Complete con la forma apropiada del verbo.

1. (presentar) Voy a pedirle un libro que _____ este problema.
2. (hacer) Prefiere tener amigos que no _____ eso.
3. (tener) Quería comprar una casa que _____ un patio español.
4. (estar) ¿Dónde puedo encontrar un apartamento que _____ cerca de la universidad?
5. (saber) Necesito un compañero (una compañera) de cuarto que _____ español.
6. (decir) Escriba Ud. una composición que _____ algo interesante.
7. (haber) Buscamos una persona que _____ estudiado matemáticas.
8. (pedir) No quiero tener amigos que me _____ dinero.
9. (entender) Conozco a una señorita que _____ el francés muy bien.
10. (llevar) Necesitaba un muchacho que me _____ las maletas.

124. Subjunctive in clauses modifying negative antecedents: Group II (2)

If a speaker qualifies the noun contained in a negative statement (main clause), the verb of the adjective clause must be in the subjunctive. Again, the latter clause expresses a hypothetical quality:

No estudio asignaturas / que sean demasiado difíciles.
I do not study courses / that are (may turn out to be) too difficult.

No había nadie allí / que pudiera ayudarle.
There was no one there / who could help him.

Práctica

I. Complete con la forma apropiada del verbo.

1. (costar) No tengo libros que _____ menos de un dólar.
2. (ser) Aquí no hay ropas que _____ baratas.
3. (tener) No escriba Ud. palabras que no _____ sentido.
4. (saber) No aceptamos niños que no _____ leer y escribir.
5. (poder) No compre Ud. cosas que no _____ usar.
6. (hacer) No veo películas que me _____ pensar.
7. (ir) No hay autobuses que _____ en esa dirección.
8. (preferir) Aquí no hay mujeres que _____ usar pantalones.

II. Complete según el modelo.

Modelo: (costar) No deseo comprar un coche que _____.
No deseo comprar un coche que **cueste demasiado.**

1. (tener) No queremos leer un drama en español que _____.
2. (no ser) Señor profesor: ¿por qué no nos da Ud. un examen que
_____?
3. (haber visto) Aquí no hay nadie que _____.
4. (querer) Necesito dinero, pero entre mis amigos no hay uno solo
que _____.
5. (vender) No conozco un agente que _____.
6. (poder) No hay hombres modernos (mujeres modernas) que _____.
7. (servir) Yo no conozco restaurantes buenos que _____.
8. (gustar) Aquí no hay apartamentos que _____.
9. (presentar) No deseo ver películas que _____.
10. (saber) Entre los profesores, ¿no habrá un experto en matemáticas
que _____?

TEXTO 2: La señora distraída

absent-minded

Como no hay nadie en la *sala* que pueda *sufrirla*, viene
hacia *mí trayendo consigo* un coctel.

room, stand her
me, bringing along (with her)

—¿Cómo está Ud.? — me dice.

—Pedro Ramírez, *su servidor.* Soy del Uruguay —. Ella *no
oye* nada.

at your service, does not hear

—Ah, señor Rodríguez, ¡*cuánto gusto!* ¿Ud. es el señor
que tiene siete niños?

so pleased (to meet you)!

Cayendo en la cuenta de que no me escucha, me atrevo a
contestarle:

Realizing

—Sí, y el último es *el mayor.* La verdad es menos real que
la ficción, ¿no? —. *Mientras* hablo, mira la ropa de otras
mujeres y luego dice *para sí:*

the eldest
While
to herself

—¡Ay, sí! ¡Los niños son *un encaaanto!* —. Inmediatamente
después *se marcha:*

such a joy
she goes away

—Adiós, Sr. Martínez. Algún día visitaré su país. El
Paraguay debe ser... ¡en-can-ta-dor!

chaaaarming!

◄ La sociedad moderna le ofrece a la mujer más oportunidades que nunca para aprender y
trabajar.

Práctica

Complete Ud.

1. La señora viene hacia _____.
2. Ella viene _____ consigo un coctel.
3. Yo le hablo. —Soy Pedro Ramírez, su _____.
4. Ella no oye _____.
5. —Ah, señor Rodríguez, ¡cuánto _____!
6. _____ en la cuenta de que no me escucha, le contesto.
7. Mira la ropa de otras mujeres y después dice para _____: —Ay, sí.
8. Inmediatamente después, se _____.

EXPLICACIÓN

125. Object pronouns after *con*

The preposition **con** is used in two different sets of constructions.

A. With non-reflexive pronouns. In this case, two or more persons or groups of persons are involved:

> Ella va al teatro **con él.**
> *She is going to the theater with him.*

B. With reflexive pronouns. This time there is no person other than the subject himself:

> Trae diez dólares **consigo.**
> *He is bringing ten dollars (with him).*

Here the subject *he* is the same person understood in the pronoun *him.* Although there is a difference in meaning, observe that the English translation is the same in both examples *(with him).* An English-speaking person may have difficulty recognizing these constructions because English often employs *with him, with her,* or *with you* for *with himself, with herself, with yourself.* Furthermore, the English speaker may resort to colloquialisms in which the word *with* does not appear: *He has only ten dollars on him; He is bringing a book along (with himself).* Spanish distinguishes the two series clearly. Observe, however, that the difference between the two series is in the third persons:

NON-REFLEXIVE FORMS
(At least two persons or two groups of persons are involved.)

Van conmigo. *They are going with me.*	Van con nosotros. *They are going with us.*
Van contigo. *They are going with you.*	Van con vosotros. *They are going with you.*
Van con él. *They are going with him.* Van con ella. *They are going with her.* Van con Ud. *They are going with you.*	Van con ellos. *They are going with them.* Van con ellas. *They are going with them.* Van con Uds. *They are going with you.*

REFLEXIVE FORMS
(Only one person or one group of persons is involved.)

Traigo conmigo un libro. *I am bringing (with myself) a book.*	Traemos con nosotros un libro. *We are bringing (with ourselves) a book.*
Traes contigo un libro. *You are bringing (with yourself) a book.*	Traéis con vosotros un libro. *You are bringing (with yourselves) a book.*
Él trae consigo un libro. *He is bringing (with himself) a book.* Ella trae consigo un libro. *She is bringing (with herself) a book.* Ud. trae consigo un libro. *You are bringing (with yourself) a book.*	Ellos traen consigo un libro. *They are bringing (with themselves) a book.* Ellas traen consigo un libro. *They are bringing (with themselves) a book.* Uds. traen consigo un libro. *You are bringing (with yourselves) a book.*

Práctica

Exprese en español.
1. Él viene (with us).
2. Ellos van a traer su almuerzo (with themselves).
3. ¿Quién fue al teatro (with you)?
4. Carlos, ven (with me).
5. —Niños, ¿quién saldrá (with you)?
6. Oye, tú, ¿quién irá a la fiesta (with you)?
7. Ella traerá los boletos (along with her = with herself).
8. Señor profesor, deseo hablar (with you).

126. **Object pronouns after prepositions other than** *con*

The forms given below can be used with **a, de, en, para, por, hacia, contra,** and other prepositions except **con:**

NON-REFLEXIVE FORMS

Esto es para mí. *This is for me.*	Esto es para nosotros. *This is for us.*
Esto es para ti. *This is for you.*	Esto es para vosotros. *This is for you.*
Esto es para él. *This is for him.*	Esto es para ellos. *This is for them.*
Esto es para ella. *This is for her.*	Esto es para ellas. *This is for them.*
Esto es para Ud. *This is for you.*	Esto es para Uds. *This is for you.*

REFLEXIVE FORMS

No hablo nunca de mí. *I never talk about myself.*	No hablamos nunca de nosotros. *We never talk about ourselves.*
No hablas nunca de ti. *You never talk about yourself.*	No habláis nunca de vosotros. *You never talk about yourself.*
Él no habla nunca de sí. *He never talks about himself.*	Ellos no hablan nunca de sí. *They never talk about themselves.*
Ella no habla nunca de sí. *She never talks about herself.*	Ellas no hablan nunca de sí. *They never talk about themselves.*
Ud. no habla nunca de sí. *You never talk about yourself.*	Uds. no hablan nunca de sí. *You never talk about yourselves.*

Mismo may be added for the sake of emphasis:

Ellas no hablan nunca de sí mismas.
They never talk about themselves.

Práctica

Complete las siguientes oraciones, siempre en tercera persona.

1. Sr. García, le traigo un regalo; esto es para _____.
2. Señorita, Ud. se admira mucho a _____ misma.
3. Pensando en sí mismos, se dijeron para _____: «Es mejor no hacer nada».

4. Juan dijo de su amigo: no creo en _____.
5. Muchas personas inteligentes no están interesadas en _____ mismas.
6. El farsante sólo trabaja para _____.
7. Ud. no debe admirarse a _____ mismo.
8. Las madres no pueden pensar sólo en _____ mismas.
9. Quería ayudarlos; hice todo eso para _____.
10. Señoritas, estos regalos son para _____.

127. Two irregular presents: *caer, oír*

caer *(to fall)*		oír *(to hear)*	
caigo	caemos	oigo	oímos
caes	caéis	oyes	oís
cae	caen	oye	oyen

128. Unaccented *i > y*

The unaccented **i,** appearing between vowels, becomes **y** in (a) the third persons singular and plural of the preterite and (b) the present participle:

	THIRD PERSONS PRETERITE	PRESENT PARTICIPLE
caer *(to fall):*	cayó, cayeron	cayendo
construir *(to build):*	construyó, construyeron	construyendo
creer *(to believe):*	creyó, creyeron	creyendo
leer *(to read):*	leyó, leyeron	leyendo
oír *(to hear):*	oyó, oyeron	oyendo

NOTE: Two other irregular present participles are **yendo (ir)** and **trayendo (traer).**

Práctica

Exprese en español.

1. He read it.
2. They fell (down).
3. Reading.
4. They built.
5. She heard it.
6. Hearing.
7. Seeing and believing.
8. Did you hear it?
9. I never fall.
10. I don't hear well.

«¡Qué valor!» de *Los desastres de la guerra* pintado por Goya.

LECTURA: El hombre Goya

Francisco de Goya (1746–1828): *torero, amante,* hombre | bullfighter, lover
de aventuras... y gran *pintor.* Todo eso fue el hombre Goya. | painter
En la *cumbre* de su *fama,* en 1792, una *enfermedad* muy seria | peak, fame, illness
le dejó completamente *sordo.* | deaf

Con esta tragedia cambia radicalmente su modo de pintar.
Los ingeniosos *retratos* y *dibujos* cómicos de antes | portraits, drawings
desaparecen, y, en su *lugar,* Goya crea una serie de obras | disappear, place
satíricas. Durante esta época el pintor termina la serie de
aguafuertes llamada *Los caprichos,* una terrible crítica de los | etchings, *Caprices*
males y aberraciones del período: perversión de los valores
cristianos, *desigualdad* económica *e* ignorancia de las masas. | inequality, and
Una de sus creaciones representa a un hombre con la cabeza
inclinada sobre su mesa. *Volando* por el aire se ve una | Flying
multitud de *pájaros amenazantes.* A la *izquierda* puso el pintor | birds, menacing, left
esta ominosa meditación: «El *sueño* de la razón produce | slumber (inaction)
monstruos».

A comienzos del *siglo* XIX, teniendo ya más de sesenta | At the beginning, century
años, Goya *presenció* la invasión napoleónica de España. | witnessed
Ahora *se sintió* más triste que nunca. Pintó entonces las | he felt
aguafuertes conocidas con el nombre de *Los desastres de la
guerra,* macabra serie de escenas cargadas de horror, con *las* | which
cuales nos muestra los extremos de barbarie a que llega el
hombre impulsado por el *odio.* | hatred

Goya es uno de los pintores más admirados hoy día, por su
técnica, por su actitud crítica y por su tremendo sentido vital.
Amaba la vida y la pintó como la veía, en colores vivos y
alegres, *u* oscuros y terroríficos. Torero, amante, hombre de | or
aventuras... y gran pintor. Todo eso fue el hombre Goya.

Práctica

Conteste Ud.

1. ¿Quién fue Goya?
2. ¿Cómo le dejó una enfermedad muy seria en 1792?
3. ¿Cómo cambió entonces su modo de pintar?
4. ¿Qué pintaba Goya antes de su enfermedad? ¿Y después?
5. ¿Qué son *Los caprichos?*
6. ¿Qué presenta en ellos el artista?
7. ¿Qué representa una de sus creaciones?
8. ¿Dónde se ve una multitud de pájaros amenazantes?
9. ¿Qué meditación puso el pintor en su cuadro?
10. ¿Qué presenció Goya a comienzos del siglo XIX?
11. ¿Qué expresó en *Los desastres de la guerra?*
12. ¿Por qué admiramos hoy a Goya?

EXPRESIÓN ORAL

Invente oraciones usando los siguientes verbos.

1. sufrir (a una persona)
2. caer en la cuenta
3. marcharse
4. no oír nada
5. escuchar
6. atreverse a
7. traer consigo
8. decirse para sí

Goya: «Y no hay remedio» de *Los desastres de la guerra.*

«El sueño de la razón produce monstruos» de la serie de obras satíricas de Goya llamada *Los caprichos*.

OTRA VEZ

Complete Ud.

1. (ser) Busco una novia (un novio) que _____.
2. (tener) Prefiero una mujer (un hombre) que _____.
3. (estar) Dudo que ella (él) _____.
4. (amar) Tendrá que ser una mujer (un hombre) que _____.
5. (saber) Preferiría a una joven (un joven) que _____.
6. (no poder) Temo que _____.
7. (haber) Francamente, no creo que _____.
8. (comprender) ¿Hallaré una mujer (un hombre) que _____?
9. (ganar) Me gustaría conocer a una mujer (un hombre) que _____.
10. (mirarse) Primero te recomiendo que _____.

VOCABULARIO ACTIVO

ADJECTIVES
distraído, -a / *absent-minded*
tantos, -as / *so many, as many*

ADVERBS
locamente / *madly*
mientras / *while*

IDIOMS
¡claro! / *of course!*
¡cuánto gusto! / *so pleased (to meet you)!*
estar enamorado (-a) de / *to be in love with*
¿qué más? / *what else?*
su servidor / *at your service*

NOUNS
atractivo / *charm*
gracia / *wit*
gustos / *likes, preferences*
sala / *room*
soltero, -a / *bachelor, unmarried man;
     unmarried woman*

VERBS
amar / *to love*
caer / *to fall*
   — en la cuenta / *to realize*
casarse (con) / *to get married to*
darse cuenta de / *to realize*
exigir / *to demand, expect*
marcharse / *to go away*
oír / *to hear*
pensar (ie) + inf. / *to intend to*
sufrir / *to stand, suffer*

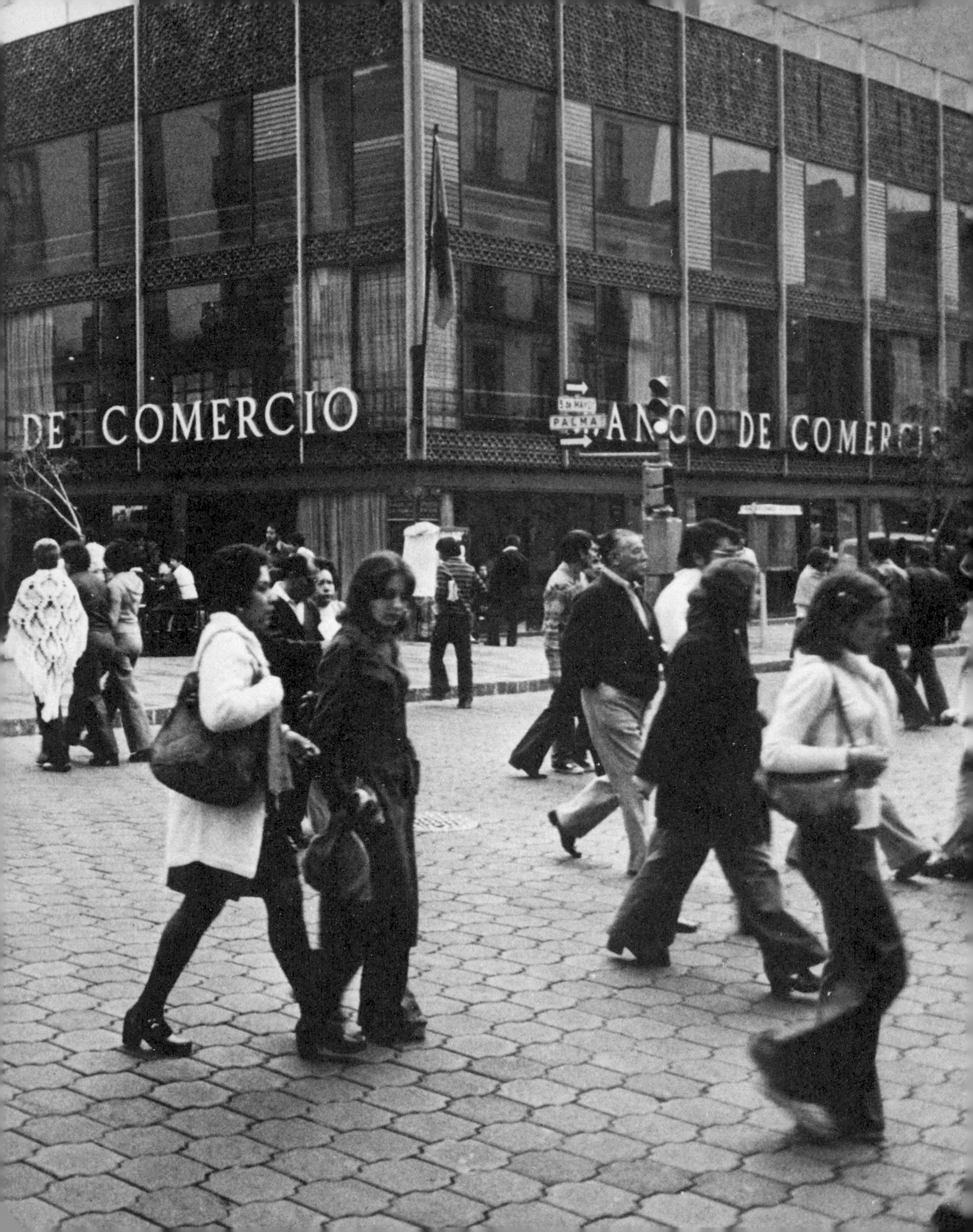
DE COMERCIO
5 de MAYO
PALMA
ANCO DE COMERCIO

Lección VEINTE Y UNO

TEXTO 1: En el banco

MIGUEL	Señorita, *quisiera* comprar *soles*. ¿A qué *tipo de cambio* me los daría Ud.?	I should like to, Peruvian monetary unit, rate of exchange
CAJERA	Hoy están a veinte y siete *por* dólar.	Cashier, per
MIGUEL	¿Tan poco *valen* los dólares? *¡Qué demonios!*	are worth, What the devil!
CAJERA	*Lo siento,* señor.	I'm sorry
MIGUEL	*Todo anda mal,* ¿no?	Everything's going wrong
CAJERA	Será porque hoy es lunes.	
MIGUEL	No tengo dólares en *billetes.* ¿Podría Ud. *hacer efectivos* estos tres *cheques de viajeros?*	bills, cash / traveler's checks
CAJERA	*¡Cómo no!* Pero no olvide *firmarlos.*	Of course, to sign them
MIGUEL	Muy bien. ¿Es verdad que si yo *vendiera* estos cheques en el *mercado negro,* recibiría más soles *que* en el banco?	sold / market, black / than
CAJERA	Sí, pero *no debiera* hacerlo.	you should not
MIGUEL	¿Por qué?	
CAJERA	Si la persona que le *ofrece* el cambio *resultara* ser un agente del gobierno, Ud. tendría que pagar una *multa.*	offers, should turn out / fine
MIGUEL	*¡Es lo único que me falta!*	That's all I need now!

◄ En los bancos de las grandes ciudades es posible cambiar billetes extranjeros.

CULTURAL NOTE ▶ *Tourists are often required to declare the amount of foreign currency they have when entering and leaving some Hispanic countries. This is one method by which these countries attempt to control the flow of foreign money. Purchases made in these countries must be documented through sales slips and receipts.*

Práctica

Preguntas personales.

(a) *Cheques de viajeros*
1. ¿Ha comprado Ud. alguna vez cheques de viajeros? ¿Por qué?
2. ¿A qué precio los compró?
3. ¿Dónde los compró?
4. ¿Qué hace Ud. antes de hacerlos efectivos?
5. ¿Por qué es recomendable comprar estos cheques?

(b) *Mercado negro*
1. ¿Conoce Ud. algún país que tenga mercado negro? ¿Cuál?
2. ¿Por qué van muchos turistas al mercado negro?
3. ¿Es peligroso el cambio? ¿Por qué?
4. ¿Qué paga el turista si ocurre esto?
5. ¿Por qué hay mercado negro en algunos países, y no en otros?

Un hombre panameño viene a comprar cheques de viajeros a un banco.

EXPLICACIÓN

129. If-clauses of near certainty

All conditional sentences consist of two parts, one that states a condition (introduced by *if*), and another expressing a result. In Spanish there are two types of conditional sentences that reflect a fair degree of certainty. Both call for the use of an indicative tense in the if-clause.

A. Automatic conditions

Here the relationship between the two parts of the sentence is almost one of cause and effect; if something is assumed, one must naturally expect a certain course of action or state:

Si está muy cansado, no trabaja.
If he is very tired, he does not work.

Si no trabajaba, no era feliz.
If he did not work, he was not happy.

The if-clauses in these examples employ the present and the imperfect indicative tenses, respectively, not the subjunctive.

B. Probable-future conditions

These conditions express a similar relationship but with regard to a future action; something that is very likely to happen in the future is followed by a result directly dependent on it:

Si viene mañana, le hablaré.
If he comes tomorrow (and it is very likely that he will), I will talk to him.

This if-clause also employs a present indicative tense.

Práctica

Complete con la forma apropiada de los verbos entre paréntesis.

(a) 1. (salir a la calle) Si ella tiene tiempo, _____.
  2. (no tener dudas) Si Ud. lo dice, _____.
  3. (poder ir a la ciudad) Si me levanto temprano, _____.
  4. (querer visitar La Alhambra) Si voy a España, _____.
  5. (recibir más pesos) Si cambiamos el dinero en el mercado negro, _____.

(b) 1. (no estar prohibido) Haré el cambio, si _____.
  2. (no tener ganas de ir) No vaya Ud. con ellos, si _____.
  3. (venir a buscarme temprano) Le acompañaré, si _____.
  4. (tener hambre) Coma Ud., si _____.
  5. (desear pensar un poco) Vea Ud. esa película, si _____.

130. If-clauses of uncertainty

There are two types of conditional statements that always call for the use of the imperfect subjunctive. (No conditional clause ever employs the present subjunctive.)

A. Contrary-to-fact conditions

When a speaker makes an assumption, knowing that it does not agree with the facts, he expresses that assumption with a subjunctive in the if-clause. The result clause, which in this case contains an imaginary circumstance, requires a verb in the conditional tense:

Si yo fuera rico, viajaría por todo el mundo.
If I were rich (I know that I am not), I would travel all over the world.

Si él fuese más inteligente, no haría eso.
If he were more intelligent (I know that he isn't), he would not do that.

B. Improbable-future conditions

If the speaker anticipates a future action which is not likely to take place, he can convey his uncertainty by using a subjunctive in the if-clause:

Si viniese mañana, no lo recibiría.
If he should come tomorrow (and I am not sure at all that he will), I would not receive him.

Si no pudiera ir a la universidad, trabajaría en un supermercado.
If I should be unable to go to the university (and this is quite improbable), I would work in a supermarket.

English indicates this type of uncertainty with *should* plus verb: *If he should come . . . , If I should be unable . . . .*

Práctica

I. Complete según el modelo.

Modelo: (estar enfermo) Iría a ver a un doctor, _____.
Iría a ver a un doctor, **si estuviera enfermo.**

1. (tener más tiempo) Me gustaría visitar a Lisboa, _____.
2. (ser más inteligentes) Uds. comprenderían mejor a esos hombres, _____.
3. (no gastar todo su dinero) Ud. no tendría estos problemas, _____.
4. (necesitar comprar otro coche) Yo no les pediría ayuda a mis padres, _____.
5. (acompañarme) Yo iría a las montañas, _____.
6. (hacer buen tiempo) Todos tendríamos más ganas de estudiar, _____.
7. (trabajar más) Ud. ganaría más, _____.

8. (poder evitarlo) No hablaría con ese abogado, _____.
9. (venir a mi casa) Yo me atrevería a decírselo, _____.
10. (ir a los almacenes) Ud. encontraría todo eso, _____.

II. Complete según el modelo.

Modelo: No tengo dinero / ir
      Si tuviese dinero, iría a Puerto Rico en invierno.
      (Contrary-to-fact statement)

1. No puedo terminar mis estudios este año / ir
2. Ud. no quiere ayudarme / poder
3. No voy en taxi a la universidad / llegar
4. No duermo más de cinco horas / no estar
5. No hago efectivo este cheque / tener
6. Pedro no es un hombre ideal / casarse
7. Hoy no voy al banco / cambiar
8. Ud. no me invita a cenar en ese restaurante / aceptar
9. No hace mal tiempo / marcharse
10. No soy rico / comprar

131. Softened statement: *debiera, quisiera*

The imperfect subjunctive of **deber** and **querer** (**-ra** form) may be used in place of the present and the conditional, which are often considered too forceful and direct. Compare the following pairs of sentences:

Ud. **debe** visitar ese país.
You must visit that country.

Ud. **debiera** visitar ese país.
You really ought to visit that country.

Yo **quiero** que Ud. vaya al Lago Luisa en el Canadá.
I want you to go to Lake Louise in Canada.

Yo **quisiera** que Ud. fuese al Lago Luisa en el Canadá.
I would really like you to go to Lake Louise in Canada.

Práctica

Cambie según el modelo.

Modelo: Ud. debe lavarse las manos.
      Ud. debiera lavarse las manos.

1. Yo quiero ir a Yucatán para ver las ruinas mayas.
2. Tú no debes viajar sin mi permiso.
3. Quiero hacer efectivos estos cheques.
4. No debo hacerlo, pero lo voy a hacer.
5. Quiero tener tiempo para dar un paseo.

TEXTO 2: En El Rastro

Flea Market

RAÚL	¡Ah! Ahí tienen *pulseras*. ¿No decías que perdiste *la tuya?*	bracelets yours
MARÍA	Sí, la perdí, o me la robaron; *en uno u otro caso*, necesito una nueva.	one way or the other
VENDEDOR	*¿En qué puedo servirles?*	What can I do for you?
MARÍA	Quisiera comprar una pulsera *de plata* con *turquesas.*	silver turquoise
VENDEDOR	¿Con turquesas de color claro *u* oscuro?	or
MARÍA	Oscuro.	
VENDEDOR	¡Ha llegado Ud. *en buena hora! Aquí tiene Ud.* una hermosa pulsera importada. *Es de* plata. Acabamos de recibirla de México.	at the right time, Here is It is (made of)
MARÍA	*¡Canastos! ¡Es igual a la mía! Hasta tiene* mis iniciales. ¡Estupendo... *e* increíble!	Good heavens!, It's just like mine, It even has and
VENDEDOR	Coincidencias *así* no ocurren todos los días, ¿verdad? *Anda Ud. con suerte.*	like this You're really in luck

CULTURAL NOTE ► *Many Hispanic cities have colorful Flea Markets, a group of small shops and open-air stalls set up in a centrally located plaza or street. All kinds of new and used objects are sold here. A market of this type is busiest one day a week (Sundays generally) when tourists and local people come looking for bargains. Many people simply enjoy strolling through the area to listen to the lively chatter and to watch the hustle and bustle around them.*

Práctica

¿Qué diría Ud. en las siguientes situaciones?

1. Alguien entra en su tienda. ¿Qué le dice Ud.?
2. Ud. quiere explicar de qué está hecha una pulsera.
3. Dígale a alguien que tiene mucha suerte hoy.
4. Si Ud. está muy sorprendido, ¿qué dice Ud.?
5. ¿Qué diría Ud. al dar un objeto a un cliente que lo ha comprado?
6. ¿Cómo explicaría Ud. que cierto objeto ha venido de México muy recientemente?
7. ¿Qué razones podría ofrecer la persona que tiene que comprar otra pulsera?
8. Explique Ud. que cierto objeto viene de otro país.
9. ¿Qué es El Rastro?
10. ¿Qué palabra usaría Ud. para indicar que dos acciones ocurren al mismo tiempo?

EXPLICACIÓN

132. Possessive adjectives: Stressed forms

The possessives studied in Section 17 are unstressed forms. Compare them now with the stressed forms in the following chart:

UNSTRESSED FORMS	STRESSED FORMS
mi, mis *my*	mío, mía, míos, mías *my, of mine*
tu, tus *your*	tuyo, tuya, tuyos, tuyas *your, of yours*
su, sus *his, her, your*	suyo, suya, suyos, suyas *his, her, your, of his, of hers, of yours*
nuestro, nuestra nuestros, nuestras *our*	nuestro, nuestra nuestros, nuestras *our, of ours*
vuestro, vuestra vuestros, vuestras *your*	vuestro, vuestra vuestros, vuestras *your, of yours*
su, sus *their, your*	suyo, suya, suyos, suyas *their, your, of theirs, of yours*

A stressed form follows the noun it modifies and agrees in number and gender with it. Compare:

mi amigo *my friend*
un amigo mío *a friend of mine, (one of my friends)*
nuestras camisas *our shirts*
algunas camisas nuestras *some shirts of ours*

◄ Universitarias españolas examinando libros de segunda mano en El Rastro.

Práctica

Cambie según el modelo.

Modelo: mi ropa
la ropa mía

1. sus pantalones
2. mi pulsera
3. nuestros cuadros
4. su barrio
5. tus gustos

6. vuestro billete
7. sus iniciales
8. nuestra amiga
9. mis problemas
10. sus dólares

En El Rastro se vende de todo un poco—objetos nuevos y de ocasión.

133. **Possessive pronouns**

Study the following chart:

el mío	la mía	los míos	las mías	*mine*
el tuyo	la tuya	los tuyos	las tuyas	*yours*
el suyo	la suya	los suyos	las suyas	*his, hers, yours*
el nuestro	la nuestra	los nuestros	las nuestras	*ours*
el vuestro	la vuestra	los vuestros	las vuestras	*yours*
el suyo	la suya	los suyos	las suyas	*theirs, yours*

Possessive pronouns agree in number and gender with the noun that is understood:

Juan tiene **las mías** (pulseras).   *John has mine (bracelets).*

Ya hemos leído **el nuestro** (periódico).
We have already read ours (newspaper).

Always keep the understood noun in mind and you will avoid confusing the possessor with the thing possessed.

When a possessive pronoun follows a form of the verb **ser,** the definite article is usually dropped:

Esa pulsera es mía.   *That bracelet is mine.*

Since **el suyo (la suya,** etc.) could have six possible meanings, clarify which you intend by using **el de él, el de ella, el de Ud., el de ellos, el de ellas, el de Uds.:**

Nuestro cuadro y **el de ellos** no me gustan nada.
I don't like our picture and theirs at all.

Mi casa y **la de Ud.** no son grandes.
My house and yours are not large.

Práctica

   I. Cambie según el modelo.

      Modelo: mi casa
            la mía

     1. mi precio
     2. su reloj
     3. vuestros poemas
     4. sus calcetines
     5. nuestros lápices

     6. tu corbata
     7. sus escritores
     8. tus zapatos
     9. vuestros pantalones
    10. mis comidas

II. Cambie según el modelo.

>   Modelo: su cuadro (Juan)
>   el de él

1. ropas (María y Virginia)
2. diversiones (ustedes)
3. pulsera (Carmen)
4. maletas (usted)
5. nombre (mi padre y mi tío)
6. gustos (Pilar y Luisa)
7. cuadro (usted)
8. gracia (María)
9. asignaturas (Alberto y Roberto)
10. costumbres (los españoles)

III. Conteste según el modelo.

>   Modelo: ¿Dónde está *tu chaqueta?*
>   **La mía** está ahí, en esa silla.

1. Federico, ¿son éstos *tus cheques?* No,...
2. ¿A qué hora llega *su avión?*
3. ¿Dónde están *mis boletos?*
4. ¿Cuándo serán *nuestros exámenes?*
5. ¿Es muy grande *tu casa?* No,...
6. ¿Cuál es *mi asiento?*
7. María, ¿son caras *tus ropas?*
8. Isabel, ¿dónde está *tu pulsera?*
9. ¿Cómo es *tu reloj?*
10. Pero tú, ¿no tienes también *defectos?* Sí, pero...

134. Conjunctions e and *u*

To avoid the repetition of the same vowel, **y** becomes **e** before a word beginning with **i** or **hi,** and **o** becomes **u** before a word beginning with **o** or **ho:**

>   Padres **e** hijos saben esto.   *Fathers and sons know this.*
>
>   Será comprado por Juan **u** otra persona.
>   *It will be purchased by John or some other person.*

Práctica

Exprese en español.

1. Frenchmen and Englishmen *e*
2. seven or eight *u*
3. mathematics and history *e*
4. for women or men *u*
5. useful and interesting *c*
6. yesterday or today *u*
7. Spain and Italy *e*
8. in September or October *u*

LECTURA: Puerto Rico

Puerto Rico es ahora un *Estado Libre Asociado* que *elige* su gobernador, los miembros de su propia legislatura, y un *comisionado* que representa a la *isla* en Washington. Los puertorriqueños son *ciudadanos* norteamericanos y, por esta razón, pueden entrar libremente en los Estados Unidos.

Commonwealth, elects
commissioner, island
citizens

Durante las últimas décadas muchos de ellos, por el *desempleo* o la superpoblación de su *tierra,* han venido a este país, especialmente a Nueva York. Allí hay una colonia de más *de* 900.000 puertorriqueños.

unemployment, land

than

La vida del puertorriqueño en los Estados Unidos ha sido difícil. Unos no saben inglés, otros no tienen suficiente preparación para ganar un buen salario, y otros todavía *se sienten* como *extraños* aquí. También hay, *por supuesto,* un buen número de puertorriqueños que han *logrado* incorporarse *plenamente* en la vida norteamericana, *sobresaliendo* en la medicina, ciencias teóricas, la política, el comercio, los deportes y las bellas artes.

feel, foreigners, of course
succeeded in
fully, excelling

La gente *nacida* en una isla del *Mar* Caribe lleva en la *sangre* el amor a la *naturaleza,* y especialmente al mar. En su vida emocional son muy importantes las *graciosas* palmas, las *nubes* que pasan y el horizonte del mar. *Por esto,* entre los *sueños dorados* del puertorriqueño que vive en Nueva York, está volver a sentarse *bajo* una palma, sin pensar *en* el reloj, el *alquiler* o el tren subterráneo que *habrá de llevarle* al trabajo.

born, sea
blood, nature
graceful
clouds, For this reason
dreams, golden
under(neath), about
rent, will take him

La vida de esta familia puertorriqueña en Nueva York es difícil.

Práctica

I. Conteste Ud.

1. ¿Qué es Puerto Rico?
2. ¿Qué autoridades eligen los puertorriqueños?
3. ¿Por qué pueden entrar libremente los puertorriqueños en los Estados Unidos?
4. ¿Cuántos puertorriqueños hay, más o menos, en Nueva York?
5. ¿Por qué salieron muchos de ellos de Puerto Rico?
6. ¿Por qué ha sido difícil la vida del puertorriqueño en Nueva York?
7. ¿Qué han logrado hacer muchos de ellos?
8. ¿Qué lleva en la sangre la gente del Mar Caribe?
9. ¿Qué es muy importante en su vida emocional?
10. ¿Cuál es el sueño dorado de muchos puertorriqueños que viven en Nueva York?

II. Use Ud. las siguientes palabras en oraciones originales.

1. desempleo
2. superpoblación
3. ciudadano
4. naturaleza
5. colonia
6. sueño dorado

EXPRESIÓN ORAL

Usted está en una tienda mexicana. El dueño tiene mucho interés en
venderle algo. Conteste Ud. pensando siempre en que no tiene mucho
dinero y que sus gustos son muy especiales. No formule Ud. preguntas.

1. VENDEDOR ¡Muy buenos días, señor! ¿Desea Ud. comprar uno de estos
   sombreros mexicanos?

   USTED ...

2. VENDEDOR Tengo una magnífica colección de objetos artísticos.
   ¿Quiere Ud. verlos?

   USTED ...

3. VENDEDOR ¿No le interesaría comprar algo para su novia (novio)?

   USTED ...

4. VENDEDOR También tengo platos y tazas a precios ex-cep-cio-na-les.

   USTED ...

5. VENDEDOR ¡Ah! Mire usted estos dibujos mexicanos. Hermosos, ¿eh?

   USTED ...

6. VENDEDOR ¿No quiere comprar algún regalo para su familia?

   USTED ...

7. VENDEDOR Entonces, señor, compre algo para usted: una camisa, un
   cinturón...

   USTED ...

8. VENDEDOR Ando con mala suerte. Si todos los compradores fueran
   como Ud.... ¡me moriría de hambre!

   USTED ...

Estos jóvenes puertorriqueños juegan al béisbol cerca de El Morro, famoso monumento
colonial en la bahía de San Juan.

OTRA VEZ

Complete con la forma apropiada del verbo entre paréntesis.

1. (tener) Hablaré con él mañana, si _____ tiempo.
2. (venir) No le hables, por favor, si ella _____ mañana.
3. (quedarse) Me gustaría pasar más tiempo en esta ciudad, si tú _____ aquí conmigo.
4. (llover) No saldremos, si _____ esta noche.
5. (ser) No les dejaría hacer eso, si _____ mis hijos.
6. (haber) No vayas a ver la película, si ya la _____ visto.
7. (firmar) Si ella _____ el cheque, ¿por qué no lo hizo efectivo el banco?
8. (escribir) Yo siempre escribo a mis amigos, si ellos me _____ a mí primero.
9. (hacer) Ellos sin duda jugarían al tenis, si _____ buen tiempo.
10. (llegar) Se lo daré, si _____ temprano.

BILLETES DE BANCO EXTRANJEROS

Cambios que este Banco aplicará a las operaciones que realice por su propia cuenta durante la semana del 17 al 23 de Noviembre de 1975, salvo aviso en contrario. (B. O. E. del 17-11-75)

Billetes correspondientes a las divisas convertibles admitidas a cotización en el Mercado Español.	COMPRADOR PESETAS	VENDEDOR PESETAS
1 Dólar USA. { Billete grande (1)...	57,93	
{ Billete pequeño (2)	57,35	60,10
1 Dólar canadiense	56,89	60,10
1 Franco francés	13,16	59,31
1 Libra esterlina (3)		
1 Franco suizo		
100 Francos belgas		
1 Marco alemán		
100 Liras italianas (4) ...		
1 Florín holandés.. ...		
1 Corona sueca		
1 Corona danesa		
1 Corona noruega		
1 Marco finlandés ...		
100 Chelines austríacos.. ...		
100 Escudos portugueses ...		
100 Yens japoneses		

Otros billetes

1 Dirham ... ...
100 Francos C. F. A. ...
1 Cruceiro ...

BANCO DEL NORTE

Departamento Extranjero

Mod. 76 - ZUBIRI-63592

Fecha 29-11

Clave de Divisa 1

N.º de pasaporte C-751449

Expedido el 7-4-72 (6-4-77)

en Chicago

Divisa 80 $ Trav.

Cambio 59,39

4.751'20

CLAVE DIVISA	
$ U.S.A.	1
$ Can.	2
Fr. F.	3
Fr. CFA.	4
£	5
Fr. S.	6
Fr. B.	7
D. M.	8
L. It.	9
Fl. H.	10
Cr. S.	11
Cr. D.	12
Cr. N	13

VOCABULARIO ACTIVO

ADJECTIVES
importado, -a / *imported*
negro, -a / *black*

CONJUNCTIONS
e / *and*
hasta / *even*
u / *or*

IDIOMS
aquí tiene Ud. / *here is*
¡canastos! / *good heavens!*
¡cómo no! / *of course!*
¿En qué puedo servirle? / *What can I do for you?*
es igual a / *it's just like*
lo siento / *I am sorry*
¡qué demonios! / *what the devil!*

NOUNS
el billete / *bill (money)*
cajero, -a / *cashier*
el cheque de viajeros / *traveler's check*
mercado / *market*
multa / *fine*
plata / *silver*
pulsera / *bracelet*
la suerte / *luck*

PREPOSITIONS
por / *per*

VERBS
andar / *to walk, be*
   —con suerte / *to be in luck*
firmar / *to sign*
hacer efectivo / *to cash*
ofrecer / *to offer*
valer / *to be worth*

¿UN BANCO HISPANO DISTINTO...?

Seguro: ¡el Banco de Ponce! El primero que abrió en Nueva York...y el único que abre los sábados. Por algo en el Banco de Ponce usted se siente **¡como en su casa!**

BANCO DE PONCE
El banco que habla su idioma

Self-test VII

1. Cambie al imperfecto.

1. Esperan que yo sea capaz.
2. Teme que él no sepa hacerlo.
3. Desea que no ponga eso en la mesa.
4. ¿Por qué quieres que pidamos dinero a tu padre?
5. Es imposible que una persona duerma doce horas.
6. No es verdad que él solo haga todo el trabajo.

2. **¿Qué o cuál(es)?**

1. ¿_____ es el jai-alai?
2. ¿_____ son tus deportes favoritos?
3. ¿_____ es una enfermera?
4. ¿_____ es la diferencia entre esos dos anuncios?
5. ¿_____ es su asiento?
6. ¿_____ diccionarios prefieren Uds.?

3. Cambie según el modelo.

Modelo: Si habla contigo, te insultará.
Si hablara contigo, te insultaría.

1. Si viene pronto, le daré la carta.
2. Si no está prohibido, haré el cambio.
3. Si quieres saberlo, me lo preguntarás.
4. Si tiene ganas de ir, me lo dirá.
5. Si aprendes la lección, recibirás un regalo.

4. Exprese en español.

1. Yo pienso hacer ese viaje en septiembre (or) octubre.
2. Este año Juan está estudiando historia (and) geografía.
3. Nosotros ya conocemos Italia (and) España.
4. Cuando voy a su casa, sólo (I hear) música popular.
5. Ud. (really ought to) leerlo antes de salir.
6. El libro (fell) al suelo.

5. Dé Ud. la forma correcta del verbo entre paréntesis.

1. (costar) Deseamos libros que _____ muy poco.
2. (saber) Conozco a una chica que _____ seis lenguas extranjeras.
3. (ir) No hay trenes que _____ a ese pueblo.
4. (decir) Escriba Ud. una composición que _____ algo interesante.
5. (querer) Necesitaba un amigo que _____ venir conmigo.
6. (tener) Es una señorita que _____ muchos amigos.

7. (recibir) ¿Es posible que ellos _____ malas noticias?
8. (ser) Quería un libro que _____ fácil.
9. (preferir) No había ninguna mujer que _____ llevar sombrero.
10. (trabajar) ¿Había alguien que _____ allí a esa hora?

6. Dé Ud. el pronombre apropiado.

1. Yo iré al teatro con (him).
2. Lo hice para (myself).
3. Ella trae los cheques con (herself).
4. Una persona no debe admirarse a (himself).
5. No lo vamos a hacer para (them) otra vez.
6. No quiero ir sola. Juan, ven (with me), por favor.

7. Dé Ud. el adjetivo o pronombre posesivo indicado.

1. Mis padres ya están aquí. ¿Dónde están (yours), Paco?
2. Señora Palma, su vida es muy interesante. Ahora voy a contarle (mine).
3. Estos cuadros son baratos. ¿Por qué son tan caros (yours, *familiar pl.*)?
4. Alberto es un buen amigo (of ours).
5. Tus problemas también son (mine).
6. Éste es mi poema. ¿Y (yours), señorita Calderón?

8. ¿De quién(es) o cuyo?

1. Es el médico _____ hijas son tan inteligentes.
2. ¿_____ es este coche?
3. Ella es la joven _____ padres murieron en un accidente de trenes.
4. Juan es el estudiante _____ problemas son increíbles.
5. Dígame Ud., por favor, ¿_____ son esos papeles?

Lección VEINTE Y DOS

TEXTO 1: Semana Santa

Holy Week

En caso de que tenga Ud. tiempo, vaya a Sevilla en la primavera para ver las procesiones de Semana Santa.

In case

Antes de que se llene la calle principal, *busque* Ud. un buen punto *de observación* en un balcón, *ventana* o terraza, *para que* desde allí pueda ver las multitudes y las muchas imágenes de la Virgen. Y no se marche Ud. *hasta que oiga* en una *esquina* alguna *saeta*, y *vea* la patética figura de Cristo, *obra* del famoso Martínez Montañés.

Before, is filled, look for
vantage, window
so that (in order that)
until, you hear
corner, religious song, see
work

Ud. verá que en estas procesiones *se funden* el amor al *espectáculo* y el *sentimiento* religioso. Comprenderá, *además*, por qué durante la Semana Santa el *pueblo andaluz siente* también una profunda *tristeza*.

are fused
pageantry, sentiment, besides (furthermore)
people, Andalusian, feels
sadness

CULTURAL NOTES. ▶ *1. It is traditional in many Hispanic countries to celebrate Easter with numerous religious processions. These usually include a small band, local dignitaries, religious authorities, one or two* **pasos** *(floats) containing a statue of the Virgin Mary or the figure of Christ carrying his cross, and several groups of parishioners.* ▶ *2. The main participants in the religious processions of Holy Week are the members of different religious associations called* **cofradías.** *Some of these penitents, dressed in black and hooded to conceal their identity, walk the hard, cold streets for hours in their bare feet, carrying heavy crosses.* ▶ *3.* **Saetas** *are plaintive religious songs, in Flamenco style, sung spontaneously by a single person on a street corner or balcony as a procession passes by.*

◀ Las procesiones pasan por las calles de Sevilla durante la Semana Santa.

Práctica

Conteste Ud.

1. ¿Sabe Ud. dónde está Sevilla?
2. ¿Por qué debe Ud. ir a Sevilla en primavera?
3. ¿Dónde debe Ud. buscar un buen punto de observación?
4. ¿Cuándo debe Ud. buscarlo?
5. ¿Qué verá Ud. desde allí?
6. ¿Dónde podemos oír una saeta?
7. ¿Qué debe Ud. ver?
8. ¿Qué se funden en las procesiones?

EXPLICACIÓN

135. Subjunctive: Group III

Sometimes the pivotal word in a Spanish statement is not a noun, as in sentences involving adjective clauses (see sections 122, 123, and 124), but an adverbial conjunction:

Yo trabajo / para que coma mi familia.
I work so that my family can eat.

Here the conjunction **para que** introduces a statement (adverb clause) which completes the meaning of the verb **trabajo.** Adverb clauses constitute the third large group of statements calling for the use of the subjunctive. This group contains four subgroups which will be designated III (1), III (2), III (3), and III (4).

136.   Subjunctive in adverb clauses of proviso: Group III (1)

The adverbial conjunctions **a menos que** *(unless)*, **con tal (de) que** *(provided that)*, and **en caso de que** *(in case that)* always require the use of the subjunctive in Spanish because they introduce statements of uncertainty:

No le daré dinero **a menos que** trabaje.
I will not give him money unless he works.

Yo iré **con tal (de) que** ella vaya también.
I will go provided that she goes also.

Prepárelo **en caso de que** venga.
Prepare it in case he should come.

Práctica

I.   Complete con la forma apropiada del verbo entre paréntesis.

1. (tener tiempo) Iremos a Yucatán con tal de que Ud. _____.
2. (no haber recibido el cheque) Le daré el dinero en caso de que _____.
3. (traer dinero) Ud. no podrá entrar a menos que _____.
4. (venir conmigo) No me gustaría viajar a menos que Ud. _____.
5. (hacer buen tiempo) Yo saldría a la calle con tal de que _____.
6. (ser necesario) No iré a Buenos Aires, a menos que _____.
7. (decirnos la verdad) Nosotros lo haríamos con tal de que tú _____.
8. (no poder hacerlo) Yo le ayudaría en caso de que Ud. _____.

II.   Complete Ud.

1. (sentirse bien) María irá con tal que _____.
2. (trabajar) Ud. no ganará dinero a menos que _____.
3. (venir tú) Saldría temprano en caso de que _____.
4. (tener tiempo) Yo voy a fiestas con tal de que _____.
5. (necesitarlo) Yo compraría el coche en caso de que _____.
6. (no ser muy tarde) Tomaré el autobús con tal de que _____.
7. (llover) No iremos a las montañas en caso de que _____.
8. (quererlo ella) Yo la acompañaría con tal de que _____.
9. (no poder evitarlo) No invitaría a esos farsantes a menos que _____.
10. (recibir pronto el dinero) Comprará un traje nuevo con tal de que _____.

◄ Los guatemaltecos de Antigua celebran la Semana Santa con espectáculos religiosos.

137. Subjunctive in adverb clauses of time: Group III (2)

A subjunctive is required whenever an expression of time introduces a statement implying futurity. Some common expressions of time are:

antes (de) que	*before*	**hasta que**	*until*
cuando	*when*	**mientras que**	*while*
después (de) que	*after*	**tan pronto como**	*as soon as*

Yo se lo daré cuando ella lo necesite.
I will give it to her when she needs it.

Iremos después de que termines.
We shall go after you finish.

Hablaré contigo hasta que salga el tren.
I will talk with you until the train leaves.

If future time is not implied, the speaker must employ a verb in an indicative tense:

Siempre le hablo cuando la veo.   *I always speak to her when I see her.*
Esperé hasta que llegó el tren.   *I waited until the train arrived.*

In the first sentence, a habitual action in the present is implied; in the second, the event (*the train arrived*) is obviously a past action.

The expression **antes (de) que** is always used with the subjunctive:

Él siempre llega **antes de que** me levante.
He always arrives before I get up.

If the idea of person is not important, the speaker can use an infinitive. Compare:

Le hablaré después de que terminemos.
I will speak to him after we finish.
Le hablaré después de terminar.   *I will speak to him after finishing.*

Práctica

Complete según el modelo.

Modelo: (llamar) Ayer le hablé cuando _____.
Ayer le hablé cuando **llamó.**
(llamar) Mañana le hablaré cuando _____.
Mañana le hablaré cuando **llame.**

(a) cuando
1. (venir) Comimos una tarta cuando ella _____ a visitarnos.
   (venir) Comeremos una tarta cuando ella _____ a visitarnos.
2. (terminar) La llamó cuando _____ su trabajo.
   (terminar) La llamará cuando _____ su trabajo.
3. (oír) Sintió una gran tristeza cuando _____ la saeta.
   (oír) Sentirá una gran tristeza cuando _____ la saeta.

Una familia observa la procesión de Semana Santa desde su balcón.

(b) hasta que
   1. (dar) No le hablaron hasta que él _____ una explicación.
      (dar) No le hablarán hasta que él _____ una explicación.
   2. (encontrar) Buscó trabajo hasta que lo _____.
      (encontrar) Buscará trabajo hasta que lo _____.
   3. (ver) No se marchó hasta que _____ la procesión.
      (ver) No se marchará hasta que _____ la procesión.

(c) después de que
   1. (leer) Entró en su cuarto después de que _____ la carta.
      (leer) Entrará en su cuarto después de que _____ la carta.
   2. (recibir) Estaba muy preocupado después de que _____ los informes.
      (recibir) Estará muy preocupado después de que _____ los informes.
   3. (volver) Le dieron el regalo después de que ella _____.
      (volver) Le darán el regalo después de que ella _____.

El torero es un artista que desafía la muerte.

TEXTO 2: La corrida de toros

bullfight

Si Ud. va a México, vea Ud. una corrida de toros
aun cuando piense que no le va a gustar, y, para que Ud.
la comprenda, lea primero algo sobre sus *complejidades*.
Un *consejo:* compre siempre boletos «*de sombra*».
Aunque Ud. no lo crea, el *torero* es un artista, un *bailarín* que,
con absoluta calma, *desafía* la *muerte.* Vaya Ud. varias
veces *a fin de que* conozca la *técnica* de *distintos* toreros,
y aprenda a distinguir un estilo de otro. ¡Quién sabe!
Hasta es posible que termine Ud. siendo un *aficionado.*

even though
complexities
piece of advice, in the shade
Although, bullfighter, dancer
defies, death
in order that, technique, different
It is even possible that, you may end up, fan

CULTURAL NOTES ► *1. Bullfights generally begin in the late afternoon around 4:00 or 5:00. By this time about half the bullring is still
bathed in sunlight while the other half is in the shade. The latter is
more comfortable for viewing the spectacle and, thus, is more expensive.* ► *2. Bullfighting is permitted only in Colombia, Mexico,
Peru, Venezuela, and Spain. Its popularity rises and falls with the
prestige and daring of the individual bullfighters.*

Práctica

I. Complete Ud.

1. Si Ud. va a México, _____.
2. Es posible que Ud. piense que la corrida _____.
3. Para que Ud. la comprenda, _____.
4. Un consejo: siempre _____.
5. Aunque no lo crea, el torero _____.
6. Vaya Ud. varias veces a fin de que _____.
7. Es posible que Ud. aprenda a distinguir _____.
8. Hasta es posible que Ud. _____.

II. Conteste Ud.

1. ¿Le gusta a Ud. la corrida de toros? ¿Por qué sí? ¿Por qué no?
2. ¿Ha visto Ud. una corrida alguna vez?
3. ¿Puede Ud. explicar qué es un boleto «de sombra»?
4. Muchos aficionados dicen que la corrida es un arte. ¿Sabe Ud. por qué dicen eso?
5. ¿Qué podría Ud. aprender, viendo varias corridas?
6. ¿En qué otros deportes desafía el hombre la muerte?

Los aficionados aplauden a los toreros que entran en la plaza.

EXPLICACIÓN

138. Subjunctive in adverb clauses of concession: Group III (3)

If a speaker conceives an event as a mere possibility when making a statement introduced by either **aunque** *(although, even if)* or **aun cuando** *(even though)*, the subjunctive must be used:

Juan no terminará, aunque trabaje diez horas.
John will not finish even if he works ten hours.

Ud. debe comer, aun cuando no tenga apetito.
You must eat even though you may not have an appetite.

If the concession is conceived as a fact and not as a possibility, the speaker must employ a tense in the indicative:

Aun cuando ella no quería verle, le permitió entrar en su casa.
Even though she did not want to see him, she let him enter the house.

Aunque cantan ahora, no los oigo.
Although they're singing now, I don't hear them.

In these sentences, "not wanting to see him" and "their singing" are conceived as actual facts.

Práctica

I. Complete Ud. empleando el subjuntivo del verbo entre paréntesis.

1. (tener tiempo) Él no irá aunque _____.
2. (estar enfermo) Él quiere que trabajes aun cuando tú _____.
3. (ser mala la cama) Ellos dormirán bien aunque _____.
4. (ser barato) No lo comprará aunque _____.
5. (invitarlos) No entrarán aunque Ud. _____.
6. (acompañarnos) No iremos a la corrida aunque ellos _____.
7. (comer otra vez) Tú tendrás hambre aunque _____.
8. (poder hacerlo) No lo harás en público aun cuando _____.
9. (ir bien vestido) No te recibirán aunque tú _____.
10. (no creerlo) El torero es un artista aunque Ud. _____.

II. Dé Ud. la forma correcta del verbo. (Algunas oraciones no admiten el subjuntivo; otras admiten el subjuntivo y el indicativo.)

1. (volver) No le diga Ud. a ella nada, aunque _____ a verla.
2. (salir) No iré a pasear, aun cuando _____ temprano de casa.
3. (tener) Me gustaría ver el drama, aunque, en verdad, no _____ gran admiración por el actor principal.
4. (traer) No pudo entrar aun cuando _____ una carta de recomendación.
5. (tener) No hará nada, aunque _____ bastante tiempo.

6. (decir) Si habla con ellos, no van a creerle, aunque Ud. _____ la verdad.
7. (ver) Nunca comprenderé ese espectáculo, aunque lo _____ mil veces.
8. (ser) No nos dan nada, aun cuando _____ muy ricos.
9. (prometer) No lo haré ahora, ni mañana, aunque me _____ mucho dinero.
10. (saber) Le hablo aunque _____ que es un farsante.

139. Subjunctive in adverb clauses of purpose: Group III (4)

When a speaker wishes to express purpose with the following adverbial conjunctions, he must use the subjunctive. The most common expressions of purpose are:

a fin de que		de modo que	
para que	} *in order that, so that*	de manera que	} *so that* ·

Lea Ud. este libro para que entienda mejor la corrida.
Read this book so that you may understand bullfighting better.

Pondré las maletas aquí de modo que Ud. pueda verlas.
I will put the suitcases here so that you will be able to see them.

If **de modo que** and **de manera que** introduce a statement of result (an accomplished fact), a tense in the indicative is required. Compare:

PURPOSE	Cerré la puerta de modo que él no pudiera entrar. *I closed the door so that he would not be able to enter.*
RESULT	Cerré la puerta de modo que él no pudo entrar. *I closed the door so that he couldn't (was unable to) enter.*

EN EL RUEDO Y EN LAS NUBES

TOROS EN EL MUNDO

"GUERRA" EN DOS FRENTES

UN TERCIO DE PLAZA PARA VER A LUIS MIGUEL

La Unica Oreja, Para Gastón

Práctica

I. Complete Ud. la columna A con la forma apropiada de una frase de la columna B. (Algunas frases piden el indicativo.)

	A		B
	1. Hablaré más alto para que Ud.		1. comprar dos de ellos.
8	2. Dio regalos a los niños, de manera que todos ahora		2. aprender inglés.
10	3. Llegaré a las ocho a fin de que		3. poder leer también.
1	4. Los vestidos no eran muy caros, de modo que		4. tener más tiempo ahora.
7	5. Venga Ud. conmigo para que Ud.		5. tener que pedir dinero a un amigo.
3	6. Ponga Ud. el periódico así, de modo que yo		6. cenar temprano.
6	7. Prometió preparar la comida temprano, para que Uds.		7. no ir sola.
2	8. Voy a comprarle este libro para que Ud.		8. estar contentos.
	9. Olvidé mi dinero, de manera que ahora		9. oír lo que digo.
	10. Invítela Ud. para que ella		10. ver una corrida.
			11. no perderse.
			12. poder salir.

II. Termine Ud. las oraciones pensando siempre que está hablando a un amigo (una amiga).

1. Iremos a Sevilla para que (tú) _____.
2. Sé que no has comido. Voy a darte este dinero para que (tú) _____.
3. Debes trabajar este verano a fin de que (tú) _____.
4. Te explicaré por qué tengo deudas a fin de que (tú) _____.
5. Te despertaré a las siete para que (tú) _____.
6. Voy a darte el número del teléfono de esa señorita para que (tú) _____.
7. Veré si hay una manera más barata de ir a México para que (tú) _____.
8. Traeré un libro sobre la corrida de toros para que (tú) _____.
9. Te dejaré solo para que (tú) _____.
10. Te recomendaré un buen restaurante para que (tú) _____.

LECTURA: Sor Juana Inés de la Cruz   Sister
(1648–1695)

Entre las mujeres más famosas de América está Sor Juana Inés de la Cruz, mexicana de extraordinaria inteligencia y *belleza*, que *se hizo monja* a los diez y seis años.   beauty, became, (a) nun

En una época en que la mujer no podía ir a la universidad, *ni* leer libros — con excepción de obras *piadosas* — muchos pensaron que la independencia intelectual de Sor Juana era una cualidad reprehensible, especialmente porque era mujer y monja. Por esta razón, el *obispo* le escribió una carta *bajo* el seudónimo de «Sor Filotea», insinuándole la necesidad de abandonar sus estudios, sus trabajos literarios, su correspondencia y su *biblioteca*.

nor, pious

bishop, under

library

Para una mujer de la capacidad de Sor Juana, *tal* orden era una aberración. Contestó, pues, con una larga carta, la famosa *Respuesta a Sor Filotea*. Es ésta una rara *mezcla* de erudición, ironía y modestia, y también una *juiciosa* defensa de su vida intelectual.

such (an)

Reply, mixture
judicious

Haciendo uso de sus vastos *conocimientos*, menciona *autores* clásicos para defender su *derecho* a pensar. Se llama a sí misma «*maestra*», y *hasta* propone una tremenda innovación: que las mujeres puedan *dedicarse* a la *enseñanza*, como en los días del imperio romano.

knowledge
authors, right
teacher, even
devote themselves, teaching

Sor Juana fue la primera feminista de América. Comprendió la necesidad de educar a la mujer y defendió la condición femenina en un famoso poema que comienza así:

Hombres *necios* que acusáis
a la mujer sin razón,
sin ver que sois la *ocasión*
de *lo mismo* que *culpáis*.[1]

foolish

cause
the very thing, condemn

Práctica

Conteste Ud.

1. ¿Quién era Sor Juana Inés de la Cruz?
2. ¿Por qué era una persona extraordinaria?
3. ¿Cuándo se hizo monja?
4. ¿Qué no podían hacer las mujeres entonces?
5. ¿Qué le insinuó el obispo a Sor Juana?
6. ¿Cómo contestó ella?
7. ¿Por qué es famosa esta respuesta?
8. ¿Deseaba Sor Juana defender algo en particular?
9. ¿Sabe Ud. si hay, o no, una gran innovación en la carta de Sor Juana?
10. ¿Qué dice Sor Juana de los hombres en el poema?

---

[1]Sor Juana Inés de la Cruz, *Anthology of Spanish American Literature* (New York: Appleton-Century-Crofts, Inc., 1946.)

Sor Juana Inés de la Cruz, la primera feminista de América, propuso que las mujeres se dedicaran a la enseñanza.

EXPRESIÓN ORAL

Invente Ud. un breve discurso *(short speech)*, para presentar a la clase, sobre uno de estos puntos.

1. su deporte favorito
2. su estación favorita
3. su familia
4. una película favorita
5. un programa de televisión
6. restaurantes y cenas
7. vida universitaria
8. un viaje

OTRA VEZ

Complete según el modelo.

Modelo: (volver) Espere Ud. aquí hasta que _____.
Espere Ud. aquí hasta que **yo vuelva del supermercado.**

1. (venir) Comeremos una tarta cuando Ud. _____.
2. (hacer) El verano ha llegado. Me iré antes de que _____.
3. (aprender) No voy a bailar en público hasta que _____.
4. (terminar) Venga Ud. a mi casa tan pronto como _____.
5. (comer) No aceptó otra cosa después de que _____.
6. (verla) No podré hablarle hasta que yo _____.
7. (marcharse) Déles Ud. el dinero antes de que _____.
8. (oír) No se vaya Ud. hasta que _____.
9. (sentarse) Empezó a comer tan pronto como _____.
10. (salir de) Llame Ud. por teléfono antes de que _____.
11. (entrar en) No pude conversar con ellos cuando _____.
12. (tener) Le pagaré tan pronto como _____.

VOCABULARIO ACTIVO

ADJECTIVES
absoluto, -a / *absolute*
distinto, -a / *different*
religioso, -a / *religious*
santo, -a / *holy*

ADVERBS
además / *besides, furthermore*

CONJUNCTIONS
a fin de que / *in order that, so that*
antes de que / *before*
aun cuando / *even though*
aunque / *although*
en caso de que / *in case*
hasta que / *until*
para que / *so that, in order that*

NOUNS
el balcón / *balcony*
calma / *calm*
consejo / *piece of advice*
corrida de toros / *bullfight*
espectáculo / *pageantry, spectacle*
la muerte / *death*
la multitud / *crowd*
obra / *work*
la procesión / *procession*
pueblo / *people*
punto / *point*
sentimiento / *sentiment, feeling*

sombra / *shade, shadow*
torero / *bullfighter*
toro / *bull*
tristeza / *sadness*
ventana / *window*

VERBS
llenar / *to fill*
sentir (ie) / *to feel*

PLAZA DE TOROS

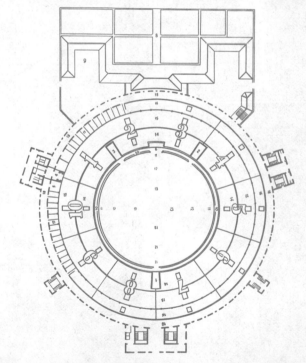

Número 1. Puerta grande o principal.—2. Puerta de cuadrillas.—3. Puerta de arrastre.—4. Palco de honor.—5. Palco de la presidencia.—6. Chiqueros o toriles.—7 Patio de caballos.—8. Corrales.—9. Desolladero. -10. Callejón.—11. Terrenos llamados «tablas» por estar cerca de la barrera.—12. Tercio del ruedo,—13. Medios o centro.—14. Tendidos bajos.—15. Tendidos altos.—16. Gradas.—17. Palcos.—18. Andanadas.—Los tendidos 9, 10, 1 y 2 son de sombra; los 3 y 8, de sol y sombra, y los 4, 5, 6 y 7, de sol.

Lección VEINTE Y TRES

TEXTO 1: En un teatro argentino de provincia

Hace más de cien años, un famoso actor de Buenos Aires vino a varios *pueblos* de provincia e *hizo el papel* de un gaucho violento y cruel. *Cierto* día, cuando *intentó matar* a su *enemigo* en el drama, tuvo una tremenda sorpresa: uno de los espectadores, que era gaucho, creyendo que todo era real, le gritó: —¡*Cobarde!* ¿Por qué *atacas* a un hombre *indefenso?*— Y, *puñal* en mano, *corrió tras* el actor. Éste, *no pudiendo* defenderse, salió corriendo por la puerta principal.

Dicen que *hace muchos años* que *no vienen* actores de Buenos Aires a este tranquilo pueblo de la pampa.

More than a hundred years ago villages (towns), played the role (A) certain, tried (attempted) to kill, enemy

Coward! do you attack defenseless, dagger, ran after not being able

for many years, have not come

CULTURAL NOTES ▶ *1. Traditionally in Spanish America there has been great competition between the provinces and the large urban areas. In fact, certain capital cities, often comprising as much as a fifth of their country's total population, have frequently tried to monopolize the entire country. Argentina, for example, was forced to adopt a federal form of government in order to protect the interests of the provinces.* ▶ *2. The Argentine pampa measures approximately 700 miles from north to south and 400 miles from east to west. It comprises 25 percent of the Argentine Republic's total land mass and is one of the most uniformly fertile areas in the entire world.*

Sugerido por Raúl Castagnino, *Teoría del teatro* (Buenos Aires: Plus Ultra, 1967), pp. 36 and 37.

◀ Dos aspectos de la vida en la pampa argentina.

Práctica

Conteste Ud.

1. ¿Por qué cree Ud. que el gaucho atacó al actor?
2. ¿Cómo se defendió el actor?
3. ¿Qué llevaba el gaucho en la mano?
4. ¿Cuál fue la sorpresa del actor?
5. ¿Dónde ocurre la acción?
6. ¿Cuándo ocurrió?
7. ¿Por qué no vinieron otros actores a este pueblo?
8. ¿Por qué gritó el gaucho «¡cobarde!»?

EXPLICACIÓN

140. *Hace que* **construction**

A. In Spanish **hace** + unit of time + **que** (followed by a present tense) is equivalent to *for* + unit of time in English. This construction refers to an action or state that began in the past but is still going on in the present:

Hace dos años que trabaja aquí.
He has worked (has been working) here for two years.

Observe that Spanish employs a single verb (**trabaja**) where English requires two or three.

B. The corresponding construction in the past employs **hacía** + unit of time + **que** (followed by an imperfect):

Hacía varios años que estudiaba alemán.
He had studied (had been studying) German for several years.

This construction expresses an action that began in the past and continued up to a point in the past. Contrast A and B in the following chart:

1:00	2:00	3:00	4:00

A   Hace dos horas que habla.
He has been talking for two hours. (I'm going to leave now.)

B   Hacía dos horas que hablaba.
He had been talking for two hours (when I got up and left).

C. **Hace** + unit of time + **que** followed by the preterite tense is equivalent to the *ago* construction in English:

Hace dos horas que le conocí.   *I met him two hours ago.*

If the verb precedes **hace**, omit the **que**:

Le conocí hace dos horas.   *I met him two hours ago.*

Práctica

I. Cambie según el modelo.

> Modelo: Hace diez minutos que espero el autobús.
> Hacía diez minutos que esperaba el autobús.

1. Hace cinco minutos que él habla por teléfono.
2. Hace ocho años que mis tíos viven en Barcelona.
3. Hace mucho tiempo que no voy a un teatro de provincia.
4. Hace media hora que leo.
5. Hace tres meses que buscas una casa.

II. Invente oraciones empleando la forma correcta del verbo.

(a) Hace tres meses que
     { 1. mi mujer y yo
     { 2. el vecino

  Hace un año que
     { 3. mis primos
     { 4. nosotros

  Hace una semana que
     { 5. el actor
     { 6. ese señor

(b) Hacía un mes que
     { 7. yo
     { 8. el joven

  Hacía mucho tiempo que
     { 9. la familia
     { 10. ustedes

  Hacía varios días que
     { 11. nosotros
     { 12. mis tíos

1. no visitar un pueblo de provincia.
2. estudiar ese problema.
3. no ir al teatro.
4. no hablar con nadie.
5. no venir al mercado.
6. buscar trabajo.
7. no pagar sus deudas.
8. estar mal.
9. no comer una parrillada.
10. no salir a la calle.
11. esperar buenas noticias.
12. vivir ahí.
13. no recibir visitas.
14. conocer a la familia Díaz.
15. no ver una película.

III. Conteste con dos oraciones según el modelo.

> Modelo: ¿Cuándo comenzó la clase? (diez minutos)
> Hace diez minutos que comenzó la clase.
> La clase comenzó hace diez minutos.

1. ¿Cuándo fue Ud. al supermercado? (dos días)
2. ¿Cuándo estuvo Ud. en mi casa? (un mes)
3. ¿Cuándo llegó la última carta de sus padres? (seis meses)
4. ¿Cuándo tuvo Ud. un examen? (varias semanas)
5. ¿Cuándo conoció Ud. al profesor? (poco tiempo)

IV. Conteste Ud.

1. ¿Cuánto tiempo hace que conoces al profesor de esta clase?
2. ¿Cuánto tiempo hace que estudian Uds. el español?
3. ¿Cuánto tiempo hace que vive Ud. en esta ciudad?
4. ¿Cuánto tiempo hace que eres estudiante?
5. ¿Cuánto tiempo hace que Ud. no compra ropas nuevas?
6. ¿Cuánto tiempo hace que Ud. escribió a sus padres?
7. ¿Cuánto tiempo hace que Ud. vino a esta ciudad?
8. ¿Cuánto tiempo hacía que Ud. no veía a su familia desde la última visita?
9. Antes de levantarse hoy, ¿cuánto tiempo hacía que Ud. dormía?
10. Antes de este semestre, ¿cuántos meses hacía que Ud. estudiaba español?

141. Present participle of radical-changing verbs

The following verbs change **e** > **i** or **o** > **u** in the stem of their present participle (see Sections 76 and 119):

dormir	durmiendo *sleeping*
pedir	pidiendo *asking for*
poder	pudiendo *being able*
sentir	sintiendo *feeling*
servir	sirviendo *serving*
venir	viniendo *coming*

Práctica

Complete con el participio presente (gerundio) del verbo entre paréntesis.

1. (dormir) Estaban cansados y, por eso, están _____ la siesta.
2. (poder) No _____ defenderse, el actor salió corriendo a la calle.
3. (servir) La camarera está _____ ahora el café.
4. (pedir) Tu siempre estás _____ dinero. ¿Por qué?
5. (sentir) Salí de allí _____ una profunda tristeza.
6. (venir) Ud. podría entrar, _____ un poco más temprano.

La Catedral de Lima que está en la Plaza de Armas es un magnífico ejemplar de la arquitectura colonial.

TEXTO 2: Una sorpresa

Hace unos años me encontraba en un restaurante de la ciudad de Salta,[1] cuando entró *por* la puerta *lateral* un hombre mal *vestido,* quien le habló al dueño en voz baja. El dueño le pidió entonces su *carnet de identidad,* lo examinó por unos minutos, y después llamó a un mozo *para* darle una orden. En unos momentos, éste volvió con un sandwich de jamón con queso y un *vaso* de leche.

through, side

dressed

identity card (ID card)

in order to

glass

Antes de salir *me acerqué* al dueño para saber qué había ocurrido.

I approached

—Hay una *ley* argentina—me dijo—que permite a los pobres pedir *algo de comer,* en casos extremos, sin pagar. Para *obtener* yo el *pago, me basta* presentar la *cuenta* al gobierno con el número del carnet. ¿Sabe Ud.? En nuestro país está prohibido *morirse de hambre.*

law

something to eat

get (obtain), payment (reimbursement), it is enough for me (all I have to do is), bill

to starve

[1]Salta is a very picturesque city in the northwest corner of Argentina. The civic pride felt keenly by its citizens encourages the careful maintenance of its colonial architecture and fosters the continuation of this style in new buildings.

Práctica

Complete Ud. con palabras y frases del Texto 2.

Hace unos años me encontraba (1) _____, cuando entró por la puerta lateral un (2) _____, quien le habló al dueño (3) _____.

El dueño le pidió entonces (4) _____, lo examinó (5) _____, y después llamó a un mozo para (6) _____. En unos momentos, éste volvió con (7) _____.

Antes de salir me acerqué al dueño para (8) _____.

—Hay una ley argentina que (9) _____. Para obtener el pago me (10) _____.

EXPLICACIÓN

142. *Para* meaning *in order to*

Para is most commonly used to express purpose: it means *in order to* and is followed by an infinitive:

Lo hago para ayudarte.   *I do it in order to help you.*

Para hablar bien el español, es preciso practicarlo.
In order to speak Spanish well, it is necessary to practice it.

143. *Por* and *para:* Motive versus objective

These two meanings of **por** and **para** are conveyed by *for* in English. In Spanish, a clear distinction between them must be made. **Por** stresses the basic motivation or reason for an action, while **para** points to the recipient or objective of an action:

POR	MOTIVE OF ACTION
for (for the sake of, on behalf of, on account of)	Lo hace por su hermano. *He does it for (on behalf of) his brother.* Murió por su patria. *He died for his country.*

PARA	RECIPIENT OR OBJECTIVE OF ACTION
for (with someone or something in mind)	El regalo es para su madre. *The present is for his mother.* Haga las maletas para el viaje de mañana. *Pack your suitcase for tomorrow's trip.*

Práctica

I. Complete Ud. según los modelos.

(a) Modelo: Yo lo hago por él.

1. Él _____ _____ _____ Ud.
2. Tú _____ _____ _____ tus padres.
3. Nosotros _____ _____ _____ ellas.
4. Ellos _____ _____ _____ vosotros.
5. El presidente _____ _____ _____ nosotros.

(b) Modelo: Nosotros preparamos el café para la cena.

1. Yo _____ _____ _____ _____.
2. Tú _____ las maletas _____ el viaje.
3. Ellos _____ _____ _____ _____.
4. Él _____ la mesa _____ su madre.
5. Ella _____ la cama _____ su hija.

II. ¿**Por** o **para**?

1. Compré este vestido _____ ir al baile.
2. Yo daría mi vida _____ ella.
3. Yo sé que ella haría lo mismo _____ mí.
4. Fui a la ciudad _____ comprar zapatos.
5. Me dijo que han organizado una fiesta _____ él.
6. Escribiré a mis padres _____ explicarles mi problema.
7. Ellos han comprado un excelente regalo _____ Juanita.
8. _____ no morirnos de hambre, tenemos que trabajar.
9. Murió _____ sus ideas.
10. Prepárese Ud. _____ sus exámenes.

La vida en las provincias del Perú, aisladas por los Andes, sirve de contraste a la vida urbana de Lima.

144. *Por* and *para:* Movement versus destination

POR	TYPE OF MOVEMENT
along	Él camina por la calle. *He walks along the street.*
through (by)	Ella entró por la puerta principal. *She entered through the main door.*

PARA	GOAL OF MOVEMENT
for	Él saldrá para Lima mañana. *He will leave for Lima tomorrow.*

The following diagrams illustrate the fundamental differences presented above:

por   **para**

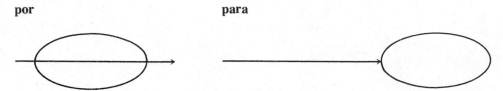

Práctica

¿Por o para?

1. Le vi pasar _____ la plaza.
2. Saldremos _____ San Juan, Puerto Rico.
3. Pase Ud. _____ aquí.
4. Entró _____ la ventana.
5. Yo venía _____ la Calle Florida a esa hora.
6. Partirá _____ Buenos Aires mañana.
7. Corrió _____ la calle y subió al autobús.
8. Salieron _____ la otra puerta.
9. Viaje Ud. _____ Centro América este verano.
10. El avión salió _____ Barranquilla hace una hora.

145. *Por* and *para:* Time-duration versus specific moment

POR	PERIOD OF TIME
for, during	Estuvo en la ciudad por varios días. *He was in the city for several days.*

PARA	POINT IN TIME
for, by	Lo prometió para el lunes. *He promised it for (by) Monday.*

The following diagram illustrates the two concepts graphically. Assume that each division is one day:

lunes

Estuvo en la ciudad por varios días.   Lo prometió para el lunes.

Práctica

¿Por o para?

1. No he visto al doctor _____ más de un año.
2. He reservado mi vestido nuevo _____ el sábado.
3. Pienso visitar a México _____ tres semanas.
4. Anunció el examen _____ la semana próxima.
5. Saldré de la capital _____ un mes.
6. Dejaré este trabajo _____ mañana.
7. Mi amigo me prestó su coche _____ dos días.
8. Prometí traer una piñata _____ la Navidad.
9. No he escrito a mi familia _____ muchos años.
10. Voy a dejar todo esto _____ el domingo.

Cooperación para el mantenimiento del Estacionamiento, atendido por ejidatarios de la zona

ALBERGUES DE LA JUVENTUD. $ 3.00

Nº 3618

146. Other uses of *por*

A. To introduce an agent (see Section 94 on the passive voice):

Es considerada por todos como persona generosa.
She is considered by all as a generous person.

B. To express means:

Es conocido por su inteligencia.
He is known by (through) his intelligence.

C. To indicate exchange:

Le daré cinco pesos por esa jarra.
I will give you five pesos for that pitcher.

D. To imply replacement:

Hoy trabajaré por mi padre.
Today I will work for (instead of) my father.

Práctica

¿**Por** o **para**? [NOTE: This exercise contains examples of all uses of **por** and **para**.]

1. No quiere salir _____ Bogotá antes de enero.
2. Te daré un regalo _____ tu esposa.
3. Pase Ud. _____ aquí, don Felipe.
4. Tengo que ganar más dinero _____ comprar una casa.
5. Lean Uds. esto _____ mañana.
6. Salen _____ Tejas el domingo próximo.
7. Murió _____ sus convicciones.
8. Este dinero es _____ mis hijos.
9. Venía _____ el camino cantando en español.
10. Con ese alcohólico en la familia sufrió _____ muchos años.
11. Todos la conocen _____ su hermosa voz.
12. El actor fue atacado _____ un espectador.
13. Es admirado _____ su espíritu alegre.
14. Voy a llamarle por teléfono _____ explicarle el problema.
15. Pedía dos mil dólares _____ su coche.

LECTURA: El oro de los Incas

gold

En los días del imperio incaico, era costumbre *enterrar*   to bury
a los *muertos* con aquellos objetos que iban a usar en «la   dead
otra vida». Por esta razón, las *tumbas* indias contienen no   tombs
sólo la *momia* del muerto sino también cerámica, ropa,   mummy
utensilios y una gran variedad de objetos artísticos. Entre
éstos los más *valiosos* son los trabajos en oro.   valuable

La historia nos dice que, después de *apresar* a Atahualpa,   imprisoning
último en la serie de «*emperadores*» incas, Pizarro *exigió* un   emperors, demanded
rescate fabuloso: todo el oro que *fuera* posible poner en una   ransom, might be
habitación de 4 × 8 metros. Otros creen que el *lugar* era más   place
grande. Dice la tradición que pronto empezaron a llegar a
Cajamarca cientos y cientos de llamas *cargadas* con hermosas   loaded
creaciones en oro. Después de varios meses de trabajo, todo
este *tesoro* fue convertido en *barras* y *enviado* a España. Su   treasure, bars, sent
valor se ha calculado entre ocho y nueve millones de dólares.   value

Después de saber los indios que Atahualpa había sido
condenado a muerte por los españoles, *escondieron* los   they hid
objetos de oro en *cuevas* y tumbas. *Afortunadamente,* los   caves, Fortunately
arqueólogos han podido encontrar parte de ese tesoro y hoy
podemos verlo en El Museo del Oro, en Lima.

Entramos en una espaciosa *sala* y *nos quedamos*   room, we are
sorprendidos al ver los *reflejos* de la *luz* en grandes *cortinas*   surprised, flashes, light, curtains
y *planchas* del precioso metal. A *ambos* lados de la sala hay   sheets, both
vitrinas con una enorme variedad de objetos de oro: brazaletes,   showcases
broches, diademas, ropas, utensilios, espejos, platos, *cuchillos.*   knives

El Museo contiene también increíbles estilizaciones
artísticas de objetos y personas, comparables en belleza a
las de los mejores artistas del siglo XX. Todas estas *maravillas*   those of, wonders
son expresiones del genio creador de oscuros artistas, que
dejaron a la posteridad su alma india y su amor por las cosas
bellas.   beautiful

CULTURAL NOTES ▶ *1. The Incas were the last of many Indian civilizations in Peru. (The word* **Inca** *does not refer to a race but to a dynasty.) Their empire reached its peak in the fifteenth and sixteenth centuries. Francisco Pizarro, the Spanish conquistador, conquered the Incas in 1532.* ▶ *2. Cajamarca was the headquarters of Atahualpa's army and the place where he met Pizarro.*

Práctica

Conteste Ud.

1. ¿Qué enterraban los indios con sus muertos?
2. ¿Cuáles eran los objetos artísticos más valiosos?
3. ¿Quién era Atahualpa?
4. ¿Qué exigió Pizarro?
5. ¿Qué empezaron entonces a llegar a Cajamarca?
6. ¿Cuál era el valor del tesoro en esa época?
7. ¿Qué hicieron después los indios?
8. ¿Dónde podemos admirar hoy los objetos de oro?
9. ¿Qué hay en el museo?
10. ¿Qué expresan estos objetos?

EXPRESIÓN ORAL

Invente oraciones originales empleando los adjetivos de A y los sustantivos de B.

A	B
1. violento	1. sorpresa
2. tremendo	2. dueño
3. real	3. mozo
4. principal	4. carnet de identidad
5. tranquilo	5. cuenta

OTRA VEZ

Exprese en español.

1. Lo hacemos (for his sake).
2. No hable Ud. (for him).
3. El telegrama es (for Mary).
4. Salieron (for Mexico) ayer.
5. Ellos caminan (along the street).
6. Estas frutas son (for our lunch).
7. Estará aquí (for two months).
8. Trabajo mucho (in order to finish) a las cuatro.
9. Esto es muy bueno (for your illness).
10. Pagaré esa deuda (for you).

VOCABULARIO ACTIVO

ADJECTIVES

cierto, -a / *(a) certain*
extremo, -a / *extreme*
tranquilo, -a / *tranquil, quiet*
violento, -a / *violent*

PREPOSITIONS

tras / *after*

IDIOMS

algo de comer / *something to eat*

Máscara funeraria incaica de oro.

NOUNS

el carnet de identidad / *identity card, ID card*
el cobarde / *coward*
cuenta / *bill*
enemigo / *enemy*
espectador, -a / *spectator*
gobierno / *government*
la orden / *order*
pago / *payment*
el papel / *role*
los pobres / *poor people*
provincia / *province*
pueblo / *village, town*
el puñal / *dagger*
vaso / *glass*

Un cuchillo de sacrificio, de la colección del Museo del Oro, Lima, Perú.

VERBS

acercarse / *to approach, draw near*
atacar / *to attack*
bastar / *to be enough*
correr / *to run*
defenderse (ie) / *to defend oneself*
intentar / *to try, attempt*
morirse (ue) de hambre / *to starve*
obtener / *to get, obtain*
ocurrir / *to happen*

Lección VEINTE Y CUATRO

TEXTO 1: El subterráneo[1]

subway

Eran las ocho, la *peor* hora para viajar en «subte», pero *no había más remedio, pues* necesitaba ir a mi *oficina* más temprano *que de costumbre*.

worst, it couldn't be helped
since, office
than usual

Llegó por fin un tren *viejísimo* e *incómodo. Todo el mundo* entró corriendo. Teníamos *menos* espacio que sardinas en *lata*.

extremely old, uncomfortable, Everybody
less, (a) can

—¡Ay! ¡Ay!—exclamó una señora. —¡Otra vez me han *pisado* el *pie!*

stepped on, foot

Cuando abrieron las puertas, la gente salió como una *tropa* de búfalos. *Llegué* al *andén* entre una *docena* de personas, casi sin *tocar* el *suelo. Subí la escalera de salida*, y entonces *me di cuenta de* que no tenía el sombrero. Pensé un momento en las maneras del hombre contemporáneo mientras veía a la gente bajar y subir con más *tumulto* que *monos en jaula*.

herd
I reached, platform, dozen
touching, floor, exit stairs, I realized

racket (hubbub), caged monkeys

CULTURAL NOTES ► *1. One of the most elegant subways in Spanish America is in Buenos Aires. Its walls are covered with tiles and mosaics; exhibitions of paintings are held there on occasion. The subway in Mexico City is very new, clean, and attractive. Subways in other cities tend to resemble those of our own large cities in terms of dirt and noise.* ► *2. In most subway systems in the Hispanic world, the fares are lower from 7:00 to 9:00 every morning for the benefit of workers.*

---

[1]In Spain and in Mexico, the subway is called **el metro.**

◄ El metro de la ciudad de México es uno de los más modernos del mundo entero.

Práctica

Conteste Ud.

1. ¿Cuáles son las diferentes maneras de viajar en una ciudad grande?
2. ¿Cuál es la más rápida? ¿La más barata? ¿La peor?
3. ¿Cuáles son las peores horas para viajar en la ciudad? ¿Por qué?
4. ¿Por qué viajan muchos en el «subte»?
5. ¿Por qué puede ser incómodo el «subte»?
6. ¿Qué hace la gente al tomar el «subte»?
7. ¿Cómo sale la gente?
8. ¿En qué animales piensa Ud. al ver a la gente que sale?

EXPLICACIÓN

147. Comparatives and superlatives: Comparisons of inequality

In Spanish, the comparative is formed by placing **más** or **menos** before an adjective; the superlative requires, in addition, a definite article. Study this chart:

POSITIVE	COMPARATIVE	SUPERLATIVE
alto	más (menos) alto	el más (menos) alto
simpática	más (menos) simpática	la más (menos) simpática
interesante	más (menos) interesante	el más (menos) interesante

Tomás es pequeño.   *Thomas is small.*
Juanito es más pequeño.   *Johnny is smaller.*
Carlos es el más pequeño del grupo.
Charles is the smallest in the group.

NOTE 1: After the superlative, *in* is expressed by **de.**
NOTE 2: The article precedes the noun when there is one:

Carlos es el estudiante más pequeño del grupo.
Charles is the smallest student in the group.

Práctica

I.   Cambie según el modelo.

Modelo: Tomás es alto. (Juanito)
Tomás es más alto que Juanito.

1. Él es muy viejo. (yo)
2. Mi oficina es pequeña. (la suya)
3. Carlos es muy inteligente. (tú)

4. Los vinos franceses son famosos. (los vinos españoles)
5. Esas montañas son hermosas. (los Andes)
6. Nuestros coches son grandes. (los europeos)
7. En los Estados Unidos las mujeres son ricas. (los hombres)
8. Buenos Aires es viejo. (Córdoba)

II. Invente oraciones según el modelo.

Modelo: La capital de este país _____.
La capital de este país es la ciudad más (menos) interesante
de América.

1. Mis padres _____.
2. Mi primo _____.
3. Nuestro subterráneo _____.
4. Mi coche nuevo _____.
5. Los exámenes de esta clase _____.
6. Los estudiantes de hoy _____.
7. Los programas de televisión _____.
8. Las películas para mayores _____.
9. Los médicos _____.
10. Los políticos _____.

148. Irregular comparisons

POSITIVE	COMPARATIVE	SUPERLATIVE
bueno *good*	mejor *better*	el mejor *the best*
malo *bad*	peor *worse*	el peor *the worst*
grande *large*	{más grande *larger* {mayor *older, larger, greater*	{el más grande *the largest* {el mayor *the oldest, largest, greatest*
pequeño *small*	más pequeño *smaller*	el más pequeño *the smallest*
menor *minor (young)*	menor *younger, lesser*	el menor *the youngest, least*

Es la peor ciudad del país, pero también el mejor centro turístico.
It's the worst city in the country, but also the best tourist center.

Elisa es mi hermana mayor y Tomás, mi hermano menor.
Elisa is my older sister and Thomas, my younger brother.

NOTE 1: **Más grande** and **más pequeño** refer to difference in size; **mayor** and
menor refer to age or special status.
NOTE 2: Usually **mejor** and **peor** precede the noun while **mayor** and **menor**
follow it.

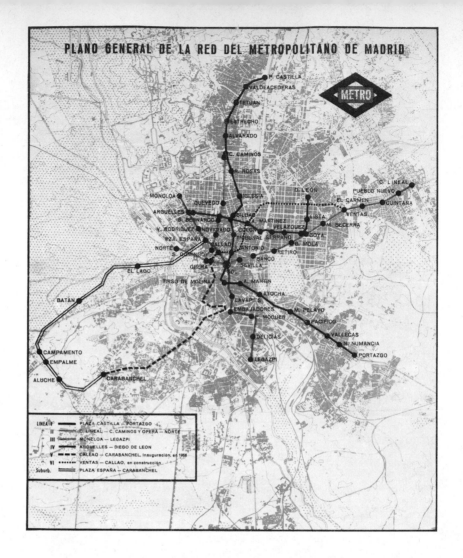

Práctica

I. Complete con el comparativo en (a) y el superlativo en (b).

Modelo: Esa silla es buena, pero ésta es _____.
Esa silla es buena, pero ésta es **mejor.**

(a) 1. Compré dos periódicos; de ellos me gusta más el segundo. Éste es _____ que el primero.

2. Me examinaron dos médicos, pero no estoy mejor que antes. En realidad creo que estoy _____.

3. Juanita es muy inteligente; sabe más que otras niñas que son _____ que ella.

4. Los dos postres son buenos, pero el mío es _____ que el tuyo.

5. Tus ideas son excelentes, pero tengo que decir, modestamente, que las mías son _____.

(b) 1. Mi hermano José es el que tiene más años. Es _____.

2. He visto muchos edificios grandes, pero creo que el Museo de Arte Moderno es _____.

3. Todos sus ferrocarriles son malos, pero éste es _____ de todos.

4. Julia tiene veinte años, Bárbara tiene quince y Violeta, doce. Julia es la hermana _____, y Violeta la _____.

5. Yo fui el único estudiante que escribió un mal examen. Por eso, el profesor cree que soy _____.

II. Conteste Ud.

1. ¿Es Ud. mayor que su compañero (compañera) de cuarto?
2. ¿Es mejor estudiar por la noche o por la mañana? ¿Por qué?
3. ¿Cuál es la mejor película que Ud. ha visto este año?
4. ¿Quién es el hombre (la mujer) más rico (rica) del mundo?
5. ¿Cuál es la ciudad norteamericana que tiene el mayor número de mexicanos y chicanos?
6. ¿Cuál es el peor programa de televisión? ¿Por qué?
7. ¿Quién es su mejor amigo (amiga)? ¿Es mayor o menor que Ud.?
8. ¿Cree Ud. que Nueva York es la ciudad más rica del mundo?
9. ¿Cuál es más interesante, la filosofía o las matemáticas? ¿Por qué?
10. ¿Cuál es peor, hablar mucho, o hablar poco? ¿Por qué?

149. Absolute superlatives

When a Spanish speaker wishes to qualify an entity (person or thing) in the highest degree without establishing a comparison, he may omit the final vowel of an adjective and add **-ísimo, -ísima, -ísimos,** or **-ísimas,** depending on the gender and number of the entity spoken of:

Fue un programa interesantísimo.
It was an extremely interesting program.

Son pueblos feísimos.   *They are exceedingly ugly towns.*
Ella estaba cansadísima.   *She was very tired.*

NOTE: As in the third example, the adjective may be separated from the noun or pronoun it describes.

Práctica

Complete según el modelo.

Modelo: Fue un examen difícil.
        Fue un examen dificilísimo.

1. Era un tren viejo.
2. Ella estaba ocupada.
3. Nos sentamos en unos asientos duros.
4. Voy a darle a Ud. una noticia importante.
5. Es un informe útil.
6. Su coche es caro.

TEXTO 2: Los piropos

Flirtatious remarks

Es costumbre en los países hispánicos reservar una hora
para dar un paseo, *ya* en la plaza principal o en alguna calle
con anchas *aceras*. A estos paseos vienen grupos de señoritas
hermosamente *vestidas*. No hay mejor oportunidad *que* ésta
para un joven que desea *echar piropos—pintorescas*
expresiones con que *alaba* a la *chica* que más admira.

whether
sidewalks
dressed, than
to pay compliments, picturesque
praises, girl

—¡Nada *alegra* el mundo *tanto como* una mujer
hermosa!—. Al oír esto, la muchacha, quien va con su madre,
no dice nada, pero mira al «*galán*» furtivamente.

cheers up, as much as

gallant

Cuando el *enamorado* vuelve a verlas en otra calle, dice:
—Hace tiempo que te espero, *soportando el aguacero*, pues ya
sabes que *te quiero*—. Esta vez, la madre, no siendo *tan*
tolerante *como* su hija, exclama: —¡Aguacero! ¡*Por eso tiene
cara de pollo mojado!*

admirer
putting up with the downpour
(of bad luck)
I love you, as . . . as
That's why he looks like a wet
rooster (looks so droopy)

CULTURAL NOTE ▶ *In Hispanic society it has long been traditional for young men to voice their admiration of young ladies
with* **piropos**. *These picturesque expressions are often very original, witty, poetic, and always in good taste. Many women enjoy
receiving such compliments, although they never reveal it.*

Práctica

I. Conteste Ud.

1. ¿Qué es costumbre en los países hispánicos?
2. ¿Quiénes vienen al paseo?
3. ¿Quiénes echan piropos?
4. ¿Qué son los piropos?
5. ¿Qué dice un joven?
6. ¿Responde algo la chica?
7. ¿Dónde vuelve a ver el «enamorado» a la chica?
8. ¿Es tolerante la madre?

II. Preguntas personales.

1. ¿Echan piropos los jóvenes norteamericanos? ¿Por qué (no)?
2. ¿Qué hacen ellos cuando ven a una simpática señorita?
3. ¿Dónde pueden los jóvenes (las jóvenes) conocer a las chicas (los chicos) de su edad?
4. ¿Cree Ud. que a las mujeres norteamericanas les gustaría oír piropos? Dé una explicación.

Los jóvenes hispánicos echan piropos a las chicas que pasan.

EXPLICACIÓN

150. Meanings of *than*

A. When two entities (persons, things, or events) are compared and are actually mentioned, *than* is expressed by **que:**

> Juanito es más alto que su hermana.
> *Johnny is taller than his sister.*
> Esas montañas son menos hermosas que las nuestras.
> *Those mountains are less beautiful than ours.*
> Decirlo es más fácil que hacerlo.
> *Talking about it is easier than doing it. (It is easier said than done.)*

B. If the comparison is between one entity (thing or person) and another, which is understood, a Spanish speaker represents the latter by one of the following constructions, depending on the gender and number of the thing understood:

TO REPRESENT SINGULAR THINGS OR PERSONS	TO REPRESENT PLURAL THINGS OR PERSONS
del que	de los que
de la que	de las que

> Ella gasta más dinero del que tiene.
> *She spends more money than (the money) she has.*
> Señor, Ud. da más exámenes de los que necesitamos.
> *Sir, you give more exams than we need.*

C. If the comparison is between two ideas (i.e., two neuter entities), one of which is expressed and the other understood, Spanish represents the latter by means of **de lo que**:

> El sombrero era más grande de lo que yo esperaba.
> *The hat was larger than I expected.*

Here the speaker compares a concept *(was larger)* with a second concept which is implied *(than I expected it to be)*.

NOTE: Before numerals *than* is expressed by **de**:

> He hablado con él en más de una ocasión.
> *I've talked to him on more than one occasion.*

Práctica

¿Cómo expresaría Ud. *than* en estas oraciones?

1. Él es más rico _____ yo pensaba.
2. Ellos le dieron menos dinero _____ él necesitaba.
3. Traía consigo más regalos _____ yo esperaba.
4. Ud. ha puesto en la mesa más platos _____ son necesarios.
5. Aquí hay menos pan _____ Ud. me prometió.
6. Creo que han venido más personas _____ yo invité.
7. Ella canta mejor _____ yo suponía.
8. Gaspar quería beber más vino _____ había en la mesa.
9. La ciudad estaba más lejos _____ yo creía.
10. Los Andes son mucho más altos _____ yo pensaba.

151. Comparisons of equality

When Spanish compares two entities with regard to a certain quality, it employs **tan** + adjective + **como**:

> Juan es tan alto como tú. *John is as tall as you (are).*
> Ella no es tan tolerante como su hija.
> *She is not as tolerant as her daughter (is).*

Práctica

Exprese una comparación según el modelo.

> Modelo: (incómodo) Estos autobuses son _____ los trenes.
> Estos autobuses son **tan incómodos como** los trenes.

1. (bonito) Estos muebles no son _____ aquéllos.
2. (interesante) Estos dramas no son _____ pensábamos.
3. (tonto) Estos jóvenes son _____ éramos nosotros en nuestra época.
4. (cómico) La película es _____ la novela.

5. (caro) ¿Son estos pasteles _____ las frutas?
6. (feo) Su pensión no es _____ yo temía.
7. (serio) Mis problemas son _____ como los suyos.
8. (aburrido) ¿Hay ahora programas _____ antes?

152. Other comparisons of equality

When comparisons are made with reference to quantity and number, Spanish uses the following forms:

A. Quantity: **tanto (-a) . . . como** *(as much . . . as)*:

Ud. gana tanto dinero como yo.
You earn as much money as I (do).

Ellos no tienen tanto tiempo como Ud.
They do not have as much time as you (do).

B. Number: **tantos (-as) . . . como** *(as many . . . as)*:

Este país tiene tantos atractivos como el nuestro.
This country has as many attractions as ours.

Aquí hay tantas mujeres como hombres.
Here there are as many women as men.

Comparisons can also be made without mentioning a noun:

¿Trabaja Ud. tanto como nosotros?
Do you work as much as we (do)?

Práctica

I. Complete Ud. con las formas necesarias para establecer una comparación de igualdad *(equality)*.

1. Yo tengo _____ dinero _____ Ud.
2. Ella tiene _____ responsabilidades _____ él.
3. No tenemos _____ hijas _____ Uds.
4. Juanita trabaja _____ él.
5. Ahora hay _____ turistas _____ el año pasado.

II. Conteste Ud.

1. ¿Es Ud. tan alto (alta) como su padre?
2. ¿Sabe Ud. tanto como su madre?
3. ¿Tiene Ud. ropas tan hermosas como su mejor amigo (amiga)?
4. ¿Tiene Ud. tantos libros como el profesor?
5. ¿Trabaja Ud. tan rápidamente como los otros alumnos?
6. ¿Tiene Ud. tanto trabajo como su padre (madre)?
7. ¿Es su auto tan viejo como el mío?
8. ¿Son sus padres tan alegres como Ud.?

LECTURA: Don Juan

En el siglo diez y siete *aparece* el personaje de don Juan
como protagonista de una famosa comedia española *El
burlador de Sevilla*. Más tarde, muchos *escritores* le hicieron
héroe de comedias, composiciones musicales y películas.

En todas estas obras, don Juan es el *amante* irresistible que
hace el amor a todas las jóvenes *bellas* que conoce. Es un
aventurero que hace siempre lo que le *dicta* su *voluntad*.

La versión más familiar de la leyenda en España cuenta
cómo don Juan conoció a doña Inés, y cómo el padre de ésta,
don Gonzalo, intentó *matarlo*. En una dramática escena de
confrontación, don Juan mató al padre. En la tumba de don
Gonzalo *se colocó* una imagen suya en *piedra*. Un día, al pasar
junto a la estatua, don Juan la invitó *en broma* a cenar
con él, queriendo *mostrar* al mundo que *ni siquiera* temía al
espíritu de un muerto. Esa noche, durante la cena, don Juan
se quedó atónito cuando, *efectivamente*, la estatua vino a su
casa. Ésta quería que don Juan le *siguiera* al *infierno*, pero el
amor puro y desinteresado entre él y doña Inés *salvó* al *galán*
en los últimos instantes de su vida.

Don Juan fue, como bien se puede ver, un personaje de
muy pocas virtudes. Hizo promesas falsas, *sedujo* a muchas
mujeres, mató a varios hombres y *desafió* a Dios. Entonces,
¿por qué vive todavía en la imaginación de muchos hombres?
Porque, en parte, es el sueño romántico de todo español; es el
amante *audaz* y determinado que vive con *fervor* y en
completa libertad. Don Juan es símbolo de esa exaltada
masculinidad que *hallamos a lo largo de* la historia de España.
Es, *en fin*, la representación perfecta de una tensión vital en
que *chocan* lo profano y lo sagrado, lo sublime y lo horrible.
En otras palabras, don Juan contrasta dos nociones
fundamentales, la del *bien* y la del *mal*.

Glosses (right margin):
- appears
- seducer, writers
- lover
- courts, beautiful
- dictates, will
- to kill him
- was placed, stone
- by, jokingly
- to show, not even
- ghost
- was, astonished, in fact
- to follow, hell
- saved, gallant
- seduced
- defied
- audacious, zeal
- we find, throughout
- in short
- collide
- good, evil

CULTURAL NOTE ▶ *Among the authors and composers who have
been attracted to the Don Juan theme are Molière* (Don Juan), *Byron*
(Don Juan), *George Bernard Shaw* (Man and Superman), *Mozart*
(Don Giovanni), *and Ingmar Bergman* (The Devil's Eye).

Práctica

I. ¿Sí o no?

1. Don Juan aparece en una comedia española del siglo XVI.
2. Entre los escritores interesados en don Juan está H. G. Wells.
3. La principal motivación de don Juan es su voluntad.
4. Don Juan mató a una hermosa dama llamada Inés.
5. En la tumba de don Gonzalo se puso una estatua de piedra.
6. Don Juan invitó al muerto para mostrar que no temía a nadie.
7. Don Juan se salvó por el amor de doña Inés.
8. Don Juan desafió a hombres e instituciones, pero no a Dios.
9. Don Juan representa la más absoluta libertad.
10. Don Juan es la representación perfecta del sueño romántico de todo español.

II. Dé Ud. una opinión personal.

1. ¿Cuáles son las características principales de don Juan?
2. ¿Cree Ud. que don Juan puede existir en la vida real?
3. ¿Por qué dicen muchos que don Juan es un personaje romántico?
4. ¿Qué famosos actores son como don Juan?
5. ¿Cree Ud. que en nuestros días el personaje de don Juan tiene tanta popularidad como antes?

Illustración de don Juan, famoso personaje de la leyenda española del siglo diez y siete.

EXPRESIÓN ORAL

¿Qué diría o haría Ud. en estas situaciones?

1. You are in very close quarters and you can hardly breathe.
2. You see a mob of people pour out of a subway during the rush hour.
3. You are strolling down the street during the **paseo** and you see a nice-looking young lady (young man).
4. You must reach a particular place earlier than usual.
5. You want to learn more about the fine points of bullfighting.
6. You need to cash some traveler's checks.

OTRA VEZ

Invente oraciones completas relacionando las tres columnas.

Modelo: No he leído / poemas / usted
No he leído tantos poemas como usted.

A	B	C
1. Ud. tiene	ideas	yo
2. No tengo	problemas	Ud.
3. Nosotros hemos viajado	países	ellos
4. Este año vinieron	turistas	el año pasado
5. Él me ha visitado	veces	tú
6. Yo no veo	programas de televisión	mis padres
7. Ahora no tengo	hambre	antes
8. Aquí no hay	ciudades grandes	Europa
9. Hoy no había	gente	ayer
10. Hemos estudiado	naciones	Uds.

VOCABULARIO ACTIVO

ADJECTIVES
incómodo, -a / *uncomfortable*
pintoresco, -a / *picturesque*
vestido, -a / *dressed*
viejísimo, -a / *extremely old, ancient*

CONJUNCTIONS
pues / *since*
ya / *whether*

IDIOMS
echar piropos / *to pay compliments*
no había más remedio / *it couldn't be helped*
que de costumbre / *than usual*
todo el mundo / *everybody*

NOUNS
acera / *sidewalk*
el andén / *platform*
chico, -a / *boy, girl*
docena / *dozen*
escalera / *stairs*
grupo / *group*
lata / *can*
oficina / *office*
el pie / *foot*
piropo / *flirtatious remark*
salida / *exit*
subterráneo / *subway*
suelo / *floor*
tropa / *herd*

VERBS
alabar / *to praise*
querer (ie) / *to love*
reservar / *to reserve, set aside*
tocar / *to touch*

Señal a la entrada de una estación del metro en la ciudad de México.

Self-test VIII

1. Complete con la forma correcta del verbo entre paréntesis.

1. (tener) No iré a menos que Luis _____ ya los boletos.
2. (llegar) Siempre le hablo cuando _____ a la oficina.
3. (traer) En caso de que ella no _____ sombrero, que use el mío.
4. (venir) Después de que _____ ellos, les di consejos.
5. (saber) Le mandamos la carta a fin de que lo _____.
6. (hacer) Nunca ganará mucho dinero, aunque _____ muy bien ese trabajo.
7. (poder) Le di el boleto para que él _____ venir con nosotros.
8. (salir) Esperé hasta que _____ el tren.
9. (levantarse) Salieron muy temprano, de modo que yo _____ pronto.
10. (decir) Cuando se lo _____ yo, él salió corriendo.

2. ¿Por o para?

1. Yo le daría veinte dólares _por_ esa pulsera.
2. Las mujeres siempre entran _por_ la puerta principal.
3. Voy a comprar esta obra _para_ mi padre.
4. El presidente saldrá _para_ Buenos Aires mañana.
5. Hagan Uds. la tercera lección _para_ el jueves.
6. Caminaban _por_ la Calle Florida cuando los vi.
7. Apenas tengo tiempo _para_ respirar.
8. Los documentos fueron firmados _por_ la cajera.

3. Exprese en español.

1. (the worst) ~~Lexer~~ Pablo _____ es _el peor_ estudiante _____ del _____ grupo _____.
2. (the oldest) _____ Tomás _____ y _____ Alberto _____ son _____ los _____ muchachos _mayores_ de _____ la _____ clase _____.
3. (the best) _____ ésa _____ es _____ la _mejor_ oficina _____ de _____ todas _____.
4. (younger) _____ yo _____ soy _menor_ que _____ tú _____.
5. (taller) _____ Juana _____ es _más alta_ que _____ su _____ hermana _____.

4. Complete con la forma correcta de *than*.

1. Él es más pobre_de lo que_ yo creía.
2. Había menos pan _del que_ Uds. me prometieron.
3. Quería comprar más discos _de los que_ había ahí.
4. Este chico es más alto _que_ su novia.
5. Parece que aquí hay menos señoritas _de las que_ invitamos.
6. Él siempre trabaja menos _que_ otros miembros.

5. Complete con la forma correcta de **tan, tanto (-a, -os, -as).**

    1. Ellos trabajan _____ rápidamente como nosotros.

    2. Él no tiene _____ interés en esto como tú.

    3. Su casa no es _____ fea como yo temía.

    4. Ella nunca hace _____ trabajo como mi madre.

    5. ¡No sois _____ aburridas como mis primas!

    6. ¡Jamás he visto _____ procesiones!

6. Exprese en español.

    1. Llegó a este país (five years ago).

    2. Entonces nos dijo: (I have been working here for two hours).

    3. Yo no podía creer que (she had been cooking for five hours).

    4. ¿(How long have you been studying) lenguas extranjeras?

    5. Cuando llegó, yo estaba todavía (sleeping).

    6. ¿Por qué anda Ud. siempre (asking for) dinero?

    7. Yo la vi (serving) el almuerzo.

    8. ¿No le parece a Ud. que estas películas son (most interesting)?

    9. La vida aquí es (exceedingly expensive).

  10. Sus problemas son (most difficult).

  11. (Everybody) llegó temprano.

  12. No lo compraré (even though) me gusta muchísimo.

  13. Espere Ud. aquí (until) yo le llame.

  14. (Furthermore) la corrida no es un deporte; es un arte.

  15. En ese momento (I realized) que estaba lloviendo.

33 IDIOMAS PARA ELEGIR :

FRANCES, INGLES, ALEMAN, ITALIANO, RUSO, JAPONES, CHINO, HOLANDES, ETC.

A cambio de este vale, usted recibirá gratuitamente y sin compromiso por su parte, información sobre el método audio-visual LINGUAPHONE y un disco de 45 rpm. que quedará de su propiedad, aun cuando usted no continue el curso.

VALE por un **DISCO GRATIS**

Lengua escogida . . . . por estudios, profesión, turismo, cultura (táchese lo que no interese).

Nombre y apellidos . . . .

Profesión . . . . Edad . . . . Teléfono . . . .

Domicilio: calle . . . . n.° . . . . . . piso . . . .

población . . . . provincia . . . .

OESTE

5-TPN-3

LINGUAPHONE - Centro Pedagógico Moderno

BALMES, 152 - 9.° - BARCELONA (8) - Tel.: 228-65-13

Centro de Enseñanza por Correspondencia

(Autorizado por el Ministerio de Educación y Ciencia, Grupo 1.°, núm. 196)

Lección VEINTE Y CINCO

TEXTO 1: Visión operática de España

En todo español hay un «toreador»[1] que sabe *tocar* la *guitarra,* cantar *apasionadamente,* y bailar flamenco con *gestos* y *posturas* dramáticas.

La mujer española tiene todas las características de Carmen,[2] entre *las cuales* la más importante es *llevar* una *flor* en los *labios.*

Los muchachos españoles *dan serenatas junto a* los *balcones* de sus *amadas, las cuales* escuchan en *éxtasis bajo* la luz de la *luna.*

Las chicas españolas, quienes jamás van por la calle sin *mantilla,* nunca *se olvidan de* llevar *castañuelas* en el *bolso... por si acaso...*

to play
guitar, passionately
gestures, postures

which, to have
flower, lips

serenade, next to (by)
balconies, beloved, who, ecstasy, under (in)
moon

shawl, they . . . forget, castanets
purse, just in case

CULTURAL NOTE ► *Flamenco refers to a style of popular Andalusian music often associated with gypsies.*

---

[1]La palabra «toreador» no existe en español. La palabra correcta es **torero.**
[2]Carmen es protagonista de la famosa ópera de Bizet, del mismo nombre.

◄ El flamenco es un tipo de música y baile que se originó en Andalucía en el sur de España.

Práctica

I. Conteste Ud.

1. ¿Cómo se dice *bullfighter* en español?
2. ¿Cuál es el origen de la visión romántica de España?
3. Según esta visión, ¿qué lleva la española en los labios?
4. ¿Dónde cantan los jóvenes?
5. ¿Qué se dice de las chicas?

II. ¿Cómo ven los extranjeros al norteamericano? Dé Ud. una opinión sobre las siguientes generalizaciones:

1. El norteamericano es siempre rico y quiere que todo el mundo lo sepa.
2. El norteamericano siempre pone los pies en las mesas.
3. El norteamericano habla un inglés que nadie entiende.
4. El norteamericano lleva ropas de muchos colores y de mal gusto.
5. El norteamericano cree que si algo vale mucho es porque cuesta mucho.

EXPLICACIÓN

153. Relative pronouns: *que, quien(es)*

Relative pronouns connect clauses, phrases, and single words. Although frequently omitted in English, they must always be expressed in Spanish.

A. The most common relative is **que** *(that, which, who, whom)*. It can be used to refer to either things or persons, singular or plural:

	THINGS		PERSONS
that	El sombrero que está en la mesa es mío.	who	El señor que está hablando es mi tío.
which	Ésas son las cartas que fueron recibidas hoy.	whom	Los señores que Ud. vio ayer son actores.

B. **Quien** may replace **que** in statements referring to persons. This usually happens when the statement containing the relative is set off by commas:

Nuestro tío, quien vive en México, vendrá a vernos.
Our uncle, who lives in Mexico, will come to see us.

C. With the more common prepositions (**a, de, en, con**), Spanish normally calls for **que** if we refer to things and **quien(es)** if the reference is to persons:

THINGS	PERSONS
El cuadro **de que** hablo es muy caro.	El señor **de quien** hablo es inglés.
La casa **en que** vivo es grande.	Es un joven **en quien** no creo.
El lápiz **con que** escribo es malo.	El hombre **con quien** trabajé hoy es mi vecino.

Práctica

I. Cambie según el modelo.

(a) Modelo: Mi tío es ese señor. Viene ahora hacia nosotros.
   Mi tío es ese señor que viene ahora hacia nosotros.

1. Mi compañero de cuarto era un español muy simpático. Bailaba flamenco.
2. Esteban es un experto en flores. Cultiva rosas blancas.
3. Carmen era una muchacha muy hermosa. Vivía en Sevilla.
4. He escrito una carta a dos chicas italianas. Vendrán a visitarnos pronto.
5. Carlos Montoya es un español famoso. Toca la guitarra.

(b) Modelo: Su amigo es colombiano. Está aquí ahora.
   Su amigo, quien es colombiano, está aquí ahora.

1. Su hija mayor es muy simpática. Es una chica muy lista.
2. Goya fue famoso en el siglo XVIII. Es un pintor de gran popularidad hoy día.
3. Esos artistas son europeos. Salieron ayer para Hispanoamérica.
4. Mi hermano mayor está ahora en Boston. Es médico.
5. El profesor García enseña esta clase. Es argentino.

II. ¿A quien(es), de quien(es), en quien(es), con quien(es) o para quien(es)?

1. Éstos son los niños _____ compré los regalos.
2. Ésa es la señorita canadiense _____ conocí ayer.
3. Ése es el jugador de fútbol _____ hablábamos hace un rato.
4. Éstos son los amigos _____ iremos a Caracas.
5. Hay algunas personas _____ no quiero pensar.

III. Complete con el relativo más apropiado.

1. Tiene algunas características _____ son realmente extraordinarias.
2. Las muchachas _____ he hablado vendrán al baile esta noche.
3. Esa joven, _____ es muy conocida por su inteligencia, es la favorita de todos.
4. La sala _____ estudiamos es muy fría.
5. Es una persona _____ yo admiro mucho.

154. More specific relative pronouns

A. If you need to be more specific when referring to persons or things, you may substitute **el cual, la cual, los cuales, las cuales,** or **el que, la que, los que, las que** for **que** or **quien(es):**

La hija del doctor, la cual (la que) llegó ayer, es una persona muy famosa.

The doctor's daughter, who arrived yesterday, is a very famous person.

Los libros de estos dos expertos, los cuales llegaron hoy, les serán utilísimos en su trabajo.

The books of these two experts, which arrived today, will be most useful to you in your work.

In the first example, **la cual (la que)** makes it clear that the speaker is referring to **la hija** *(f.)* and not to **el doctor.** In the second example, **los cuales** refers to things **(los libros)** and not to persons **(los expertos).** If the speaker had wished to refer to the second antecedent **(doctor, expertos),** he would have used **quien, quienes.**

B. Use only **el cual, la cual, los cuales, las cuales** with prepositions (other than **a, de, en, con**) such as **contra** *(against),* **entre** *(between, among),* **sin** *(without),* **sobre** *(on),* **acerca de** *(about),* **debajo de** *(under),* etc.:

Es un tema contra el cual tengo mucho que decir.

It is a theme (topic) against which I have a lot to say.

Éste es el drama acerca del cual se publicaron muchos artículos.

This is the drama about which many articles were published.

Práctica

I. Dé Ud. el relativo apropiado para referirse a la palabra en cursiva *(italics).*

1. El *novio* de mi hermana, _____ tiene un hermoso coche, vendrá a buscarnos.
2. La *hija* de don Juan, _____ trabaja en un supermercado, es una muchacha muy práctica.

Todavía hay artesanos en el mundo hispánico que hacen guitarras a mano.

3. Los *clientes* de mis padres, _____ viven en el segundo piso, son personas amables.
4. La *sobrina* del médico, _____ pasó el verano en Francia, vendrá a vernos.
5. La *hija* del Sr. García, _____ enseña el español y el francés, contesta todas sus cartas en estas lenguas.
6. Ésta es la *carta* del director, en _____ hay noticias muy interesantes.

II. Exprese en español.

1. (among which) Había muchos libros _____ estaba el mío.
2. (without which) Éstos son los documentos _____ no es posible viajar.
3. (under which) Vi un coche _____ estaba trabajando un hombre.
4. (about which) Es un problema personal _____ es mejor no decir nada.
5. (from which) Es un edificio muy alto, _____ se ve toda la ciudad.
6. (near which) Pasé por una puerta _____ había un anuncio que decía: PROHIBIDA LA ENTRADA.
7. (in front of which) Era una casa vieja, _____ había muchas flores.
8. (against which) Es un artículo de periódico, _____ no es necesario escribir.

TEXTO 2: ¡Maldito resfriado!

Confounded cold

HUGO	¿*No te sientes* bien?	Don't you feel
RAÚL	No. Estoy peor, *lo cual no me sorprende.* Tengo *dolor de garganta, jaqueca* y una *tos* horrible.	which, does not surprise me / sore throat, headache, cough
HUGO	Hombre, *acuéstate* y *tómate* una buena medicina.	go to bed, take
RAÚL	No tengo *ni pastillas* para la tos, *ni* aspirina.	neither . . . nor, tablets (cough drops)
HUGO	¿Quieres que vaya a la *farmacia?*	drugstore
RAÚL	Sí, *llévate* esa *receta;* es *la que* me dio el doctor esta mañana.	take with you, prescription, the one that
HUGO	Claro, hombre. Iré a la farmacia del señor García, pues es la que está *de guardia* esta noche. ¿Por qué *no te bebes* también una limonada con whiskey?	open / don't you drink
RAÚL	Pues, ¿sabes? eso es *lo que* más necesito.	what

CULTURAL NOTE ► *In most Hispanic towns and cities, it is required by law that one drugstore in every* **barrio** *remain open all night for possible emergencies. Usually a schedule is maintained so that all the drugstores in a given area can take turns.*

Práctica

Preguntas personales.

1. ¿Cuándo vuelve Ud. a casa con una jaqueca?
2. ¿Qué hace Ud. cuando tiene una jaqueca?
3. ¿Dónde se pueden comprar medicinas?
4. ¿Hay farmacias de guardia en nuestro país? Diga Ud. por qué sí, o por qué no.
5. ¿Qué bebida recomendaría Ud. a una persona que tiene un resfriado?
6. ¿Cómo se siente Ud. cuando tiene un resfriado? ¿Por qué?
7. ¿Qué pastillas para la tos compraría Ud.?
8. ¿Por qué son tan caras las medicinas?
9. ¿Qué hacen los pobres que tienen poco dinero para comprar medicinas, o ir al médico?
10. ¿Cree Ud. en la medicina socializada? ¿Por qué sí, o por qué no?

EXPLICACIÓN

155. Relatives with an implied antecedent: *el que, la que, los que, las que*

In many cases a relative may refer to a noun that is not actually expressed:

Los que tienen dinero no son siempre felices.
Those who have money are not always happy.

Here the sense is: Los (hombres) que tienen dinero . . . .

Práctica

Cambie según el modelo.

Modelo: Los jóvenes que no estudian no aprenden.
Los que no estudian no aprenden.

1. El señor que entró es un famoso actor.
2. Las personas que llevan ropas caras no siempre son ricas.
3. La señorita que me invitó es mi mejor amiga.
4. La señora que vino a hablar con el poeta también escribe versos.
5. El artista que tocaba la guitarra era Andrés Segovia.
6. Las chicas que vendrán esta tarde son puertorriqueñas.
7. El individuo que es perezoso prefiere no trabajar.
8. La joven que escuchaba la serenata era su novia.

◀ En las farmacias latinas de Chicago, se venden productos hispánicos y norteamericanos.

156. Neuter relative pronouns: *lo que, lo cual*

These neuter forms are similar in meaning but somewhat different in function. **Lo que** is a relative with an implied antecedent; that is, it refers to something that is understood. **Lo cual** refers to a neuter idea actually expressed before:

WITH IMPLIED ANTECEDENT	WITH EXPRESSED ANTECEDENT
Creo **lo que** me dices. *I believe what you are telling me.*	No me crees, **lo cual** me sorprende. *You don't believe me, which surprises me.*

In the example with the implied antecedent, the sense is: I believe this business (matter, thing, etc.) you are telling me.

In the second example, the antecedent of **lo cual** is the entire clause **No me crees.** Observe that **lo cual** usually follows a comma.

Práctica

¿Lo que o **lo cual?**

1. Tú no quieres llamar al médico, _____ me sorprende.
2. _____ el médico le dio fue algo para la tos.
3. Se irá hoy, _____ me parece increíble.
4. Él ya me ha dicho _____ le dijo el doctor.
5. Ella salió sola, _____ no me pareció prudente.
6. _____ debes hacer es acostarte.
7. Ya te he dicho _____ ellos necesitan.
8. Siempre gasta todo su dinero, _____ no me gusta.

157. Figurative reflexives

You studied reflexive verbs in Section 88. Now you will see that some Spanish verbs, when made reflexive, may express a variety of attitudes and feelings.

A. An event causing joy or grief, approval or disapproval:

NONREFLEXIVE FORM	REFLEXIVE FORM
Compró un sombrero. *He bought a hat.* (An objective statement.)	Se compró un sombrero. *He bought (himself) a hat.* (He is very satisfied.)
El niño murió. *The boy died.* (A matter-of-fact statement.)	El niño se murió. *The boy died.* (It is too bad!)

B. Motion or separation implying personal advantage or disadvantage:

NONREFLEXIVE FORM	REFLEXIVE FORM
Fue a Buenos Aires. *He went to Buenos Aires.* (An objective statement.)	Se fue a Buenos Aires. *He went to Buenos Aires.* (He was disgusted with his poor luck here; he had to leave the country, etc.)
Lleva este libro a tu casa. *Take this book home.* (No involvement implied.)	Llévate este libro a tu casa. *Take this book home with you.* (You will need it, you will like it, etc.)

C. Eating or drinking with an implication of pleasure or displeasure:

NONREFLEXIVE FORM	REFLEXIVE FORM
Él tomó la leche. *He drank the milk.* (No implications added.)	Él se tomó la leche. *He drank the milk.* (He enjoyed it and left none of it, drank it all up, etc.)
Bebió agua. *He drank water.* (No connotation implied.)	Se bebió el agua. *He drank the water.* (He seemed to enjoy it, and left none for anybody else, etc.)

Práctica

Exprese la idea objetivamente en (a), y subjetivamente en (b).

1. tomar dos cafés
   (a) Por la mañana yo _____.
   (b) Por la mañana yo _____.
2. comer tres tostadas
   (a) Para el desayuno él _____.
   (b) Para el desayuno él _____.
3. ir a la casa de Irene
   (a) Estaba cansada y por eso ella _____.
   (b) Estaba cansada y por eso ella _____.
4. traer su almuerzo y su cena
   (a) Mi amigo _____ ayer.
   (b) Mi amigo _____ ayer.
5. morir poco antes de casarse
   (a) La joven _____.
   (b) La joven _____.
6. venir sin dinero
   (a) Ayer yo _____ a la universidad.
   (b) Ayer yo _____ a la universidad.
7. beber un vaso de vino
   (a) Ayer tú _____ durante el almuerzo.
   (b) Ayer tú _____ durante el almuerzo.
8. pasar tres meses en Santander
   (a) Dicen que Ud. _____.
   (b) Dicen que Ud. _____.
9. saber de memoria
   (a) Ella _____ todas las palabras nuevas.
   (b) Ella _____ todas las palabras nuevas.
10. comprar un coche
    (a) ¿Es verdad que ayer Ud. _____?
    (b) ¿Es verdad que ayer Ud. _____?

LECTURA: Sueños de grandeza

grandeur

Álvar Núñez Cabeza de Vaca era hijo de una vieja
familia española. Siendo muchacho, sus padres le contaron las
gloriosas aventuras de su abuelo, el conquistador de las
Islas Canarias. El muchacho *concibió* entonces para sí una — Islands, conceived
vida de *fama* y *riquezas.* — fame, riches

Siendo todavía muy joven, vino a América, y fue, en 1528,
a la *conquista* de la Florida, *bajo* las órdenes de Pánfilo de — conquest, under
Narváez.³ El joven *aventurero* estaba feliz. Ésta era la — adventurer
oportunidad que le presentaba la suerte para realizar sus
sueños.

Los trescientos *soldados* de la expedición llegaron a la — soldiers
Bahía de Tampa, y penetraron *a caballo* y *a pie* en una — Bay, on horseback, on foot
extraña *tierra habitada* por varias *tribus* indias, todas pobres. — land, inhabited, tribes
Para continuar la expedición, fue necesario hacer cinco
embarcaciones con *madera* de palma y los *cueros* de los — vessels (ships), wood, hides
caballos, animales que *fueron devorando* día tras día, *por no* — gradually devoured, because
tener otra cosa que comer. — they didn't have

La expedición llegó a la Isla *Malhado* (Galveston Island), — Misfortune
pero aquí una terrible tempestad dispersó las embarcaciones.
Sólo unos pocos hombres llegaron a tierra.

Caminando *en busca de* tierra española, Cabeza de Vaca — in search of
pasó de una tribu a otra, y se escapó varias veces. Con el
tiempo se encontró sin ropas, ni zapatos, *obligado a* comer — forced to
insectos, *perros* y también carne humana. — dogs

En una ocasión Cabeza de Vaca *salvó* a un indio con — saved
oraciones y gestos, y desde entonces fue «*médico*», sin saber — prayers, medicine man
nada de medicina. En otro caso extremo *curó* a un indio — he cured
haciéndole una operación con una *concha.* Y ocurrió otro — shell
milagro: el indio no murió. — miracle

Después de un larguísimo viaje, bajó hacia México y llegó
por fin a Compostela⁴ más muerto que vivo. Habían pasado
nueve años desde el comienzo de su «gloriosa» *partida.* — departure

---

³Pánfilo de Narváez was an early Spanish conqueror and a rival of Cortés. He
died in a shipwreck just off the coast of Texas.
⁴Compostela was a Spanish settlement in central Mexico, south of what is
today Mazatlán.

Práctica

I. ¿Sí o no?

1. Los soldados de Narváez llegaron a la Bahía de Tampa.
2. Para no morirse de hambre, Cabeza de Vaca y sus compañeros se comieron los cueros de los caballos.
3. El abuelo de Cabeza de Vaca viajó bajo las órdenes de Pánfilo de Narváez.
4. Para comer, Cabeza de Vaca se vio obligado a vivir con varias tribus de indios.
5. Esta aventura de Cabeza de Vaca duró siete años.
6. Salvó a un indio haciéndole una operación con una concha.
7. Los indios que encontraron en la Florida dieron a los soldados ropas y zapatos.
8. Fue necesario hacer embarcaciones para continuar la expedición.
9. Al final Cabeza de Vaca volvió a Cuba con diez compañeros.
10. El ideal de Cabeza de Vaca era ganar fama y riquezas.

II. Defina Ud.

1. conquistador   4. embarcación
2. perro   5. indio
3. tribu

Durante la dominación española, los conquistadores construyeron fuertes fortalezas, como ésta en Cartagena, Colombia.

EXPRESIÓN ORAL

Preguntas típicas de un médico. ¿Qué respuestas daría Ud.?

1. —Buenos días, joven, ¿cómo se siente Ud. esta mañana?
2. Y, ¿dónde siente Ud. dolores?
3. ¿Cuánto tiempo hace que tiene tos?
4. ¿Qué medicinas ha tomado Ud. ya?
5. ¿Por qué?
6. ¿Tiene Ud. jaquecas con frecuencia?
7. Bueno, llévese Ud. esta receta. ¿Cuál es su farmacia?
8. Ud. no debe salir de casa por unos días. ¿Hay alguien que pueda comprarle las medicinas?

OTRA VEZ

Exprese en español.

1. Nunca se levanta temprano, (which) parece raro en un joven.
2. Entonces anunció: (those who) no trabajan, no comen.
3. He estado pensando mucho (about what) Ud. me dijo.
4. (He drank) toda la sangría.
5. La hija de don Pedro, (who) es muy inteligente, es también una muchacha muy simpática.
6. Nunca entiendo (what) me dice porque habla siempre en voz baja.
7. (He went away) porque en esta ciudad ha tenido muy mala suerte.
8. Me dio entonces las cartas, (without which) no podría presentarme al dueño de la tienda.
9. Oye, tú, ¿por qué (don't you buy) ropas nuevas? Te verás mejor.
10. Hablaré con (those who) desean ir a Europa este verano.

VOCABULARIO ACTIVO

ADJECTIVES
maldito, -a / *confounded*

ADVERBS
apasionadamente / *passionately*
junto a / *next to, by*

CONJUNCTIONS
ni . . . ni / *neither . . . nor*

IDIOMS
por si acaso / *just in case*

NOUNS
amado, -a / *beloved*
aspirina / *aspirin*
bolso / *purse*
característica / *characteristic*
castañuelas / *castanets*
el dolor / *pain, ache*
 — **de garganta** / *sore throat*
farmacia / *drugstore*
la flor / *flower*
gesto / *gesture*
guitarra / *guitar*
jaqueca / *headache*
labio / *lip*
limonada / *lemonade*
luna / *moon*
mantilla / *shawl*
medicina / *medicine*
pastilla / *tablet, pill*
postura / *posture*
receta / *prescription*
resfriado / *cold*
la tos / *cough*

PREPOSITIONS
bajo / *under*

VERBS
acostarse (ue) / *to go to bed*
dar serenatas / *to serenade*
olvidarse de / *to forget*
sentirse (ie) / *to feel*
sorprender / *to surprise*
tocar / *to play (an instrument)*

JULIO Y NANCY

3017 S. W.
107 Ave.

J & N PHARMACY
223-7720

6742 W.
Flagler St.,

Tel.
266-6040

Farmacentro

Recetas- Perfumes
Regalos.
Medicinas a Cuba
Entrega Gratis.
Despacho por Radio.

Equipos para enfermos:
Sillas de Ruedas,
Camas, Bastones,
Andadores, Sillas, etc.

Lección VEINTE Y SEIS

TEXTO 1: La lotería

—¡Lotería de primavera! ¡El billete más bonito! ¡A-2345677! ¡Con dos sietes!

—¡No, gracias!

—Pero, señor,...

La gente es, *por lo común,* muy supersticiosa en *todo lo relacionado* con la lotería. Muchos creen en la numerología,[1] otros *sostienen* que algunos vendedores traen *suerte,* y otros, no. Los que traen más suerte—según algunos—son los *jorobados.*

    usually
    anything connected with
    maintain
    (good) luck
    hunchbacks

No soy rico, pero todos los años siento la tentación de comprar, por lo menos un *décimo,* al ver en una ventana el *premio gordo,* bajo la mirada constante de diez policías: ¡Yo... con un millón! *¡Mi madre!* Si ganara esa cantidad, no trabajaría un instante más, *sino que* tomaría unas *vacacioncitas...* permanentes. Lo malo es que, hasta ahora, no he ganado ningún premio *sino* simples *reembolsos...¡Cochina suerte!*

    one tenth (of a ticket)
    grand prize
    Holy mackerel!
    but (on the contrary), nice vacation
    but, reimbursements, Rotten luck!

---

[1]Numerology: The belief that numbers have magical powers and can influence human life.

◄ Muchos esperan ganar el premio gordo en la lotería nacional.

CULTURAL NOTES ▶ *1. European and Hispanic nations have had official lotteries for many years. In fact, the lottery is a very important source of revenue since the government always takes a fixed percentage from the money collected.* ▶ *2. Many families buy a lottery ticket collectively and often from the same vendor. Some even insist upon buying the same number year after year.* ▶ *3. There is usually a drawing every month and special drawings on the major holidays. In some countries there are special drawings for the benefit of the blind, the aged, or other needy persons.*

Práctica

I. Conteste Ud.

1. ¿Qué opinión tiene Ud. de la lotería oficial (administrada por el gobierno)?
2. ¿Puede Ud. defender la lotería oficial?
3. ¿Qué contestan los que no desean tener una lotería oficial?
4. ¿Sabe Ud. si el gobierno pierde dinero con la lotería oficial?
5. La numerología es una ciencia falsa. ¿Conoce Ud. otras ciencias falsas?
6. ¿Por qué cree la gente en las supersticiones?
7. ¿Qué hacen muchos cuando ganan un buen premio en la lotería?
8. ¿Cómo gastaría Ud. un millón de dólares?

II. Complete Ud.

1. Esta primavera me gustaría comprar _____.
2. El premio gordo está en una ventana _____.
3. Dicen que el número que trae más suerte es _____.
4. Un amigo mío dice que los jorobados _____.
5. Cuando no gano ningún premio, exclamo: ¡ _____!

EXPLICACIÓN

158. Translations of *but*: pero, sino, sino que

A sentence containing the word *but* has two parts: He has money / but does not spend it. In order to determine which of the three forms given above is applicable, observe whether the first part is affirmative or negative, and whether the second part is a complete thought.

A. Always use **pero** after an affirmative statement:

Es inteligente, pero no estudia.
He is intelligent, but he does not study.

Es mi hermano, pero no me ayuda.
He is my brother, but he does not help me.

B. If the first part of the sentence is negative and the second part is an incomplete thought, use **sino.** In this case, a contrast is established between (a) two nouns; (b) two adjectives; or (c) two infinitives:

    (a) No prefiere el café sino el té.
        He does not prefer coffee but tea.
    (b) No es difícil sino imposible. *It isn't difficult but impossible.*
    (c) No quiere leer sino hablar. *He does not want to read but talk.*

C. If the first part is negative and *but* means *however,* use **pero:**

    No es inteligente, pero estudia mucho.
    He is not intelligent, but (however) he studies a lot.

    No tienen dinero, pero quieren vivir como ricos.
    They don't have money, but (however) they want to live like rich people.

D. If the first part is negative and *but* means *on the contrary* or *instead,* use **sino que.** In this case, the second part of the sentence is intended to replace (i.e., contradict) the first part:

    No toma el desayuno en casa, sino que va a un restaurante.
    He does not eat breakfast at home, but (on the contrary) he goes to a restaurant.

    No canta en el café, sino que toca en la orquesta.
    She does not sing in the café, but (on the contrary) she plays in the orchestra.

NOTE: When *but* follows a negative statement, it can at times be interpreted to mean *however* and *on the contrary.* The speaker can choose one or the other Spanish form according to what is meant:

    No le escribió, pero (sino que) le envió flores.
    He did not write to her, but (however, on the contrary) he sent her flowers.

Práctica

  I. **¿Pero o sino?**

      1. Mi hermano irá a Costa Rica, _____ yo no podré acompañarle.
      2. La señorita no habla al joven, _____ le mira con interés.
      3. Con frecuencia no comemos en casa _____ en un café.
      4. Mi amiga no es paraguaya _____ uruguaya.
      5. Él no quiere andar _____ correr.
      6. No es un cuadro bonito _____ feo.
      7. Es buena persona, _____ un poco aburrida.
      8. Acaba de volver, _____ quiere salir otra vez.
      9. Queríamos terminar nuestro trabajo, _____ era ya demasiado tarde.
    10. No iré al teatro _____ a una corrida.

II. ¿**Sino** o **sino que?**

1. La muchacha no miró al joven _____ a su madre.
2. No quiero acostarme _____ ver un programa de televisión.
3. El vendedor no me habló _____ me gritó.
4. No era escritor _____ un abogado famoso.
5. No hace sol _____ está lloviendo.
6. Cuando era joven yo no visitaba a mi tía _____ le hablaba por teléfono.
7. No toma vino _____ cerveza.
8. No leía una novela _____ escribía una carta.
9. No fuimos allá en primavera _____ en otoño.
10. Ud. no pone su dinero en el banco _____ lo gasta en fiestas.

III. ¿**Pero, sino** o **sino que?**

1. No querían que yo jugara al béisbol _____ al fútbol.
2. Hace sol hoy, _____ preferimos estudiar en casa.
3. Mi amigo no es alemán _____ italiano.
4. No me gustó la chaqueta verde _____ la azul.
5. No la llamarán por teléfono, _____ le escribirán.
6. Cerré la puerta de la sala, _____ dejé abierta la ventana.
7. Vio el programa, _____ no lo entendió.
8. Mi prima gasta dinero como si fuera rica, _____ no es muy feliz.
9. Buscaré la pulsera, _____ estoy casi seguro de que no la tengo.
10. No habla naturalmente, _____ contesta con oraciones muy largas.
11. A mi hermano no le gustan los dramas _____ las comedias.
12. Ayer no salió de casa, _____ trabajó en su libro.
13. No le diga que venga inmediatamente, _____ espere hasta las dos.
14. No quería vivir en esa ciudad _____ en Caracas.
15. No le gustó el espectáculo, _____ aprendió mucho.

159. *Ser* and *estar* followed by prepositions

These verbs take on special meanings when followed by certain prepositions. Study the following sentences:

ser de:

Ese coche es de mi tío.   *That car belongs to my uncle.*
Este reloj es de oro.   *This watch is made of gold.*

estar para:

Estábamos para salir cuando nos llamó.
We were about to leave when he called us.

estar por:

Estoy por comprar un billete de lotería.
I am inclined to buy (in favor of buying) a lottery ticket.

Práctica

Conteste Ud. empleando los verbos entre paréntesis.

1. (ser de) Si creo que el dueño de la maleta es Pedro, ¿qué pregunto?
2. (estar por) ¿Prefiere Ud. ir al norte del Canadá en coche o en avión?
3. (ser de) ¿Por qué le gusta a Ud. esta pulsera?
4. (estar para) Cuando Ud. miró el reloj, corrió a la estación de ferrocarriles. ¿Por qué?
5. (ser de) Si yo deseo saber si un examen sin nombre fue escrito por la señorita Albornoz, ¿qué puedo preguntarle?
6. (estar por) ¿Qué ha dicho Carmen Rosa sobre un posible viaje a Venezuela?
7. (ser de) Yo sé que estos objetos no son míos. Sé que _____.
8. (estar para) Cuando entré en la estación de autobuses, un empleado me dijo: —¡Vamos! ¡Suba rápidamente porque _____.
9. (ser de) ¿No quiere Ud. comprar un reloj barato? Éste _____.
10. (estar por) Alberto ha pensado mucho en el matrimonio. Acaba de decirme que _____.

Algunos vendedores traen suerte, y otros no. La gente es, por lo común, muy supersticiosa en todo lo relacionado con la lotería.

TEXTO 2: El secreto de mi inspiración

Tenía que escribir algo para *demostrar* que sé bien los
verbos con problemas *ortográficos*. *Saqué papel,* y *comencé* a
escribir palabras. *¡Nada! Terminé destruyendo*[2] los papeles.

demonstrate (prove)
spelling, I took out, paper,
I began
It was no use!, I ended by
destroying

* * * * *

Ahora *me dirijo* a mi cama, pongo los pies en la *pared* y
cojo mi *pluma.*

I go, wall

I grab, pen

* * * * *

Por fin he comenzado. *Escogí* un *título* y *seguí* escribiendo[2]
rápidamente haciendo cambios, *releyendo* siempre para
corregir errores. Después de media hora *llegué* al *final.*

I chose, title, continued
rereading
to correct, I reached, end

* * * * *

¡Caramba! Veo que he puesto once buenos ejemplos. ¡No
está tan mal!

Good heavens!

Práctica

I. Busque Ud. en el Texto 2 los once ejemplos de verbos que contienen
problemas ortográficos.

II. Conteste Ud.

1. ¿Con qué intención escribí algo en español?
2. ¿Qué saqué?
3. ¿Qué comencé a escribir?
4. ¿Cómo terminé mi primer trabajo?
5. ¿Adónde me dirijo ahora?
6. ¿Dónde pongo los pies?
7. ¿Qué escogí?
8. ¿Qué seguí haciendo?
9. ¿Por qué releí mi trabajo?
10. ¿Cuándo llegué al final?

EXPLICACIÓN

160. Orthographic changes: Group I

In Spanish there are several verbs that, in various tenses, undergo a spelling
change in the last letter of their stem in order to preserve the original sound
of the infinitive throughout the conjugation. Study the following chart:

---

[2]Observe the use of the gerund after the verbs **terminar** and **seguir**.

c > qu buscar (sacar, explicar)		z > c comenzar (empezar)		g > gu llegar (pagar)	
PRET.	PRES. SUBJ.	PRET.	PRES. SUBJ.	PRET.	PRES. SUBJ.
busqué	busque	comencé	comience	llegué	llegue
buscaste	busques	comenzaste	comiences	llegaste	llegues
buscó	busque	comenzó	comience	llegó	llegue
buscamos	busquemos	comenzamos	comencemos	llegamos	lleguemos
buscasteis	busquéis	comenzasteis	comencéis	llegasteis	lleguéis
buscaron	busquen	comenzaron	comiencen	llegaron	lleguen

Práctica

Dé Ud. la forma verbal indicada.

	PRETERITE	PRESENT SUBJUNCTIVE
1. buscar	yo	Uds.
2. comenzar	nosotros	tú
3. llegar	él	nosotros
4. sacar	yo	Ud.
5. pagar	ellos	ella
6. empezar	yo	tú
7. llegar	vosotros	ellas
8. explicar	nosotros	Uds.
9. empezar	tú	yo
10. buscar	ellos	nosotros
11. pagar	yo	Uds.
12. comenzar	Ud.	yo

161. Orthographic changes: Group II

g > j coger (escoger)		dirigir (corregir)		gu > g seguir (distinguir)	
PRES. IND.	PRES. SUBJ.	PRES. IND.	PRES. SUBJ.	PRES. IND.	PRES. SUBJ.
cojo	coja	dirijo	dirija	sigo	siga
coges	cojas	diriges	dirijas	sigues	sigas
coge	coja	dirige	dirija	sigue	siga
cogemos	cojamos	dirigimos	dirijamos	seguimos	sigamos
cogéis	cojáis	dirigís	dirijáis	seguís	sigáis
cogen	cojan	dirigen	dirijan	siguen	sigan

Práctica

I. Complete con la forma correcta del verbo entre paréntesis.

1. (escoger) El profesor prefiere que nosotros _____ los papeles.
2. (seguir) Es posible que él _____ con la misma idea.
3. (buscar) Quiero que Ud. _____ trabajo hoy.
4. (dirigir) Espero que Ud. _____ la carta a su casa y no a su oficina.
5. (comenzar) Le mando que _____ a firmar los documentos.
6. (llegar) Esperamos que Uds. _____ temprano.
7. (corregir) ¡_____ Ud. estas composiciones!
8. (coger) No quiero que Ud. _____ un resfriado.
9. (pagar) ¿Quiere Ud. que nosotros _____ ahora?
10. (sacar) ¡_____ Ud. todo su dinero del banco!

II. Conteste Ud.

1. ¿Cuándo comenzó Ud. a estudiar el español?
2. ¿Quiere Ud. que sus padres paguen todas sus cuentas? ¿Por qué?
3. ¿Cuándo llegó Ud. por primera vez a esta ciudad?
4. ¿Cuántas asignaturas sigue Ud. este semestre?
5. ¿Qué hace Ud. cuando coge un resfriado?
6. ¿Dónde pone Ud. los pies cuando trabaja?
7. ¿Qué debe Ud. tomar si tiene jaqueca?
8. ¿Qué me recomienda Ud. para el dolor de garganta?
9. ¿Cómo sabe Ud. que tiene un resfriado?
10. ¿Qué hace un español que necesita una medicina durante la noche?

Tenía que escribir algo para mi clase. Saqué papel y pluma y comencé...

Busqué cierto libro en la biblioteca, pero no lo encontré.

162. Unexpected prepositions

In Section 98 you studied five verbs that require no preposition in Spanish but do require one in English. Here are some verbs which present the opposite situation: They require a preposition in Spanish but not in English:

asistir a:	No asiste **a** todas sus clases.
	He does not attend all his classes.
casarse con:	Se casó **con** María. *He married Mary.*
darse cuenta de:	Entonces me di cuenta **de** que había perdido el sombrero.
	Then I realized (that) I had lost my hat.
dudar de:	Dudo **de** sus buenas intenciones.
	I doubt his good intentions.
entrar en:	Entró **en** la estación del ferrocarril.
	She entered the railroad station.
jugar a:	Él juega muy bien **al** fútbol. *He plays soccer very well.*
olvidarse de:	Ella siempre se olvida **de** sus ropas deportivas.
	She always forgets her sports clothes.

Práctica

Conteste Ud.

1. ¿A cuántas clases asistió Ud. la semana pasada?
2. ¿Duda Ud. de los periódicos? ¿Por qué?
3. ¿En dónde entraría Ud. para hacer efectivo un cheque?
4. ¿Se olvidó Ud. de algo esta mañana? ¿De qué?
5. ¿En qué estaciones jugamos al béisbol en los Estados Unidos?
6. ¿Con quién va a casarse Ud.?
7. Cuando los políticos no dicen la verdad, ¿se da Ud. cuenta de lo que están haciendo?

LECTURA: Un cuento: El pájaro azul

short story, bird

De los muchos artistas que iban a nuestro café —pintores, escultores, escritores, poetas— *el más querido* era el pobre Garcín. Triste casi siempre, este incorregible *soñador* nunca *se emborrachaba.*

> the best liked
> dreamer, got drunk

Cuando le preguntábamos por qué miraba *al cielo raso,* contestaba: —Camaradas: *habéis de* saber que tengo un pájaro azul en el *cerebro.*

> toward the, ceiling
> you must
> brain

A Garcín le gustaba ir al *campo* en primavera a *recoger* violetas para Niní, su *vecina,* una muchacha *sonrosada* que tenía los ojos muy azules.

> countryside, to gather
> neighbor, rosy cheeked

Miraba con indiferencia a los *elegantes* y a las mujeres hermosas. Prefería examinar las ediciones *lujosas* de libros en verso, pensando en su futuro poema. Entonces *volvía* la cara al *cielo* y *suspiraba.*

> dandies
> luxurious
> he would turn
> sky, sighed

Un doctor, amigo nuestro, creía que Garcín era un caso de monomanía. Muy probablemente estaba loco…

      *   *   *   *   *

Un día recibió una carta de su padre: «*Sé* tus *locuras* ahí. No te daré un centavo más, si no vuelves inmediatamente. Ven a *llevar* los libros de mi *almacén*».

> I know about, crazy stunts
> keep, store

—¿Y te irás?

—¿No te irás?

—¿Aceptas?

—¡No!—. Y Garcín explica su decisión:

> Señores, yo soy un *gandul,*
> cosa que mucho celebro,
> pues yo tengo en mi cerebro
> la *jaula* de un pájaro azul.

> rascal
> cage

—¡Bravo, Garcín!—. Ese día comenzó un poema titulado «El pájaro azul».

      *   *   *   *   *

Hoy Garcín habla y habla, pero está muy triste porque su bella vecina ha muerto.

—Ahora sólo tengo que escribir el epílogo de mi poema…

Garcín está muy pálido y *desolado.* —¡Amigos míos! ¡Un *abrazo!* Sí, un abrazo con todo el *corazón*… El pájaro azul *vuela*…

> desolate
> embrace, heart
> is flying

Adaptado de Rubén Darío, «El pájaro azul», *Cuentos de Rubén Darío.*

Todos dijimos: Garcín va a volver a la provincia.

—¡Eh! ¡Una *copa* por Garcín! Nuestro poeta ha decidido
ser hombre rico…

toast

Al día siguiente, terrible noticia: Garcín está muerto en su
habitación, triste como siempre, con una *bala* en el cráneo. En
su mesa encontramos el famoso poema. En la última página,
estas palabras:

The following day
room, bullet

¡Hoy abro la jaula del pájaro azul!

* * * * *

¡Ay, Garcín, cuántos llevan tu misma enfermedad!

Práctica

Conteste Ud.

1. ¿Quiénes iban al café?
2. ¿Quiénes no le interesaban a Garcín?
3. ¿Quién es Niní?
4. ¿Qué anunció Garcín?
5. ¿Cómo termina el cuento?
6. ¿Qué representa Garcín en el cuento?
7. ¿Dónde trabaja el padre?
8. ¿Por qué están todos contentos cuando
Garcín anuncia que no volverá a la
provincia?
9. ¿Qué significa, simbólicamente, el
«pájaro azul»?
10. ¿Qué dice Garcín al mundo en la última
página del poema?

Monumento dedicado a Rubén Darío (1867–1916), poeta y
escritor nicaragüense, en León, Nicaragua.

EXPRESIÓN ORAL

Complete Ud.

1. En clase yo quiero demostrar que _____.
2. La gente supersticiosa cree que _____.
3. Siempre tengo jaqueca cuando _____.
4. Cuando tengo que escribir una composición _____.
5. No voy a poner mi dinero en el banco sino que _____.
6. A los amigos que llegan tarde cuando los invito a mi casa les digo: _____.
7. Cuando tengo tos _____.
8. Según una concepción falsa, las mujeres españolas _____.

OTRA VEZ

I. ¿Pero, sino o sino que?

   1. No pienso trabajar todo el día _____ tengo la intención de salir de aquí antes de las cuatro.
   2. No es muy rico _pero_ siempre ayuda a los pobres.
   3. Sí, me interesa mucho _____ no puedo comprarlo a ese precio.
   4. No visitaremos a mis tíos hoy _____ a mis abuelos.
   5. No tengo mucho tiempo _____ iré con Uds.
   6. No estoy hablando de un río pequeño _____ del Amazonas.
   7. No le llamaré por teléfono _____ iré a verle personalmente.
   8. Es muy inteligente _____ no trabaja.
   9. No llevaré ropas elegantes _____ ropas deportivas.
  10. No le hablaré hoy _____ se lo diré mañana.

II. Cambie según el modelo.

    Modelo: Quiero *comenzar* ahora.
           Pues, **comience** Ud.

   1. Quiero *pagar* mis deudas.
   2. Quiero *seguir* estudiando.
   3. Quiero *sacar* mi dinero del banco.
   4. Quiero *buscar* una casa.
   5. Quiero *llegar* a las dos en punto.

VOCABULARIO ACTIVO

ADJECTIVES

gordo, -a / *fat, grand*
supersticioso, -a / *superstitious*

ADVERBS

rápidamente / *rapidly*

IDIOMS

¡caramba! / *good heavens!*
hasta ahora / *up to now*
por lo común / *usually*
todos los años / *every year*

NOUNS

la cantidad / *amount, quantity*
el error / *error, mistake*
el final / *end*
el instante / *instant*
lotería / *lottery*
el papel / *paper*
la pared / *wall*
pluma / *pen*
el policía / *policeman*
premio / *prize*
secreto / *secret*
la tentación / *temptation*
título / *title*

VERBS

coger / *to grab, pick up*
corregir (i) / *to correct*
demostrar (ue) / *to demonstrate, prove*
destruir / *to destroy*
dirigirse / *to go, direct oneself*
escoger / *to choose*
releer / *to reread*
seguir (i) / *to continue*
sostener (ie) / *to maintain*

Self-test IX

1. Complete con el pronombre relativo más apropiado.

    1. La mantilla _____ está en la silla es de Carmen.
    2. El capitán, _____ charla con las dos señoritas, es mi tío.
    3. La esposa del doctor Calcerrada, _____ está sentada en el patio, habla cuatro idiomas.
    4. Éstos son los niños para _____ compré los dulces.
    5. La cuenta _____ tú pagaste era la mía.
    6. _____ me cuentas, Carlitos, no es la verdad.
    7. Es una persona en _____ yo veo buenas intenciones.
    8. A ella no le gustó la comida, _____ me sorprendió mucho.
    9. Ésa es la señorita mexicana a _____ yo conocí ayer.
    10. Había muchos estudiantes allí, entre _____ se encontraban mis dos primos.

2. Dé Ud. la forma correcta del verbo entre paréntesis.

    1. (buscar) El director quiere que yo _____ una secretaria inteligente.
    2. (llegar) Ayer yo _____ a mi oficina a las diez.
    3. (comenzar) Anoche yo _____ a preparar la cena a las ocho.
    4. (dirigir) Ellos desean que yo _____ la excursión.
    5. (empezar) Esperamos que la función _____ pronto.
    6. (sacar) No quiero que tú _____ todo tu dinero del banco.

3. Exprese en español.

    1. (We were about to eat) cuando llegó.
    2. Estos boletos (belong to) mi tío.
    3. Ella (is in favor of buying) la casa ahora.
    4. Este reloj (is made of) plata.

4. ¿Pero, sino o sino que?

    1. No miré a la joven _____ a su madre.
    2. No quería trabajar _____ leer novelas.
    3. Acaba de llegar, _____ quiere salir otra vez.
    4. No me hablaron _____ me gritaron.
    5. No te escribiré _____ te llamaré por teléfono.
    6. Es un buen chico, _____ un poco aburrido.

5. Complete con la preposición apropiada. (Algunas oraciones no necesitan preposición.)

    1. La señorita Urrutia no volvió _____ salir aquella noche.
    2. Deseamos _____ visitar el Museo del Prado.
    3. Ellos se olvidaron _____ comprar el billete de lotería.
    4. ¿Es verdad que Ud. va a casarse _____ Julita?

APPENDICES

Appendix I   Verbs

A. REGULAR VERBS

INFINITIVE

hablar, *to speak*   aprender, *to learn*   vivir, *to live*

PRESENT PARTICIPLE

hablando, *speaking*   aprendiendo, *learning*   viviendo, *living*

PAST PARTICIPLE

hablado, *spoken*   aprendido, *learned*   vivido, *lived*

SIMPLE TENSES

INDICATIVE MOOD

PRESENT

I speak, do speak, am speaking, etc.	*I learn, do learn, am learning, etc.*	*I live, do live, am living, etc.*
hablo	aprendo	vivo
hablas	aprendes	vives
habla	aprende	vive
hablamos	aprendemos	vivimos
habláis	aprendéis	vivís
hablan	aprenden	viven

IMPERFECT

I was speaking, used to speak, spoke, etc.	*I was learning, used to learn, learned, etc.*	*I was living, used to live, lived, etc.*
hablaba	aprendía	vivía
hablabas	aprendías	vivías
hablaba	aprendía	vivía
hablábamos	aprendíamos	vivíamos
hablabais	aprendíais	vivíais
hablaban	aprendían	vivían

PRETERITE

I spoke, did speak, etc.	*I learned, did learn, etc.*	*I lived, did live, etc.*
hablé	aprendí	viví
hablaste	aprendiste	viviste
habló	aprendió	vivió
hablamos	aprendimos	vivimos
hablasteis	aprendisteis	vivisteis
hablaron	aprendieron	vivieron

FUTURE

I shall (will) speak, etc.	*I shall (will) learn, etc.*	*I shall (will) live, etc.*
hablaré	aprenderé	viviré
hablarás	aprenderás	vivirás
hablará	aprenderá	vivirá
hablaremos	aprenderemos	viviremos
hablaréis	aprenderéis	viviréis
hablarán	aprenderán	vivirán

CONDITIONAL

I should (would) speak, etc.	*I should (would) learn, etc.*	*I should (would) live, etc.*
hablaría	aprendería	viviría
hablarías	aprenderías	vivirías
hablaría	aprendería	viviría
hablaríamos	aprenderíamos	viviríamos
hablaríais	aprenderíais	viviríais
hablarían	aprenderían	vivirían

SUBJUNCTIVE MOOD

PRESENT

(that) I (may) speak, etc.	*(that) I (may) learn, etc.*	*(that) I (may) live, etc.*
hable	aprenda	viva
hables	aprendas	vivas
hable	aprenda	viva
hablemos	aprendamos	vivamos
habléis	aprendáis	viváis
hablen	aprendan	vivan

IMPERFECT

(that) I might speak, etc.	(that) I might learn, etc.	(that) I might live, etc.
hablara	aprendiera	viviera
hablaras	aprendieras	vivieras
hablara	aprendiera	viviera
habláramos	aprendiéramos	viviéramos
hablarais	aprendierais	vivierais
hablaran	aprendieran	vivieran
hablase	aprendiese	viviese
hablases	aprendieses	vivieses
hablase	aprendiese	viviese
hablásemos	aprendiésemos	viviésemos
hablaseis	aprendieseis	vivieseis
hablasen	aprendiesen	viviesen

IMPERATIVE MOOD

speak	*learn*	*live*
habla tú	aprende tú	vive tú
hablad vosotros	aprended vosotros	vivid vosotros

PERFECT TENSES

INDICATIVE MOOD

PERFECT INFINITIVE

to have spoken	*to have learned*	*to have lived*
haber hablado	haber aprendido	haber vivido

PERFECT PARTICIPLE

having spoken	*having learned*	*having lived*
habiendo hablado	habiendo aprendido	habiendo vivido

PRESENT PERFECT

I have spoken, etc.	*I have learned, etc.*	*I have lived, etc.*
he hablado	he aprendido	he vivido
has hablado	has aprendido	has vivido
ha hablado	ha aprendido	ha vivido
hemos hablado	hemos aprendido	hemos vivido
habéis hablado	habéis aprendido	habéis vivido
han hablado	han aprendido	han vivido

PLUPERFECT

I had spoken, etc.	*I had learned, etc.*	*I had lived, etc.*
había hablado	había aprendido	había vivido
habías hablado	habías aprendido	habías vivido
había hablado	había aprendido	había vivido
habíamos hablado	habíamos aprendido	habíamos vivido
habíais hablado	habíais aprendido	habíais vivido
habían hablado	habían aprendido	habían vivido

PRETERITE PERFECT

I had spoken, etc.	*I had learned, etc.*	*I had lived, etc.*
hube hablado	hube aprendido	hube vivido
hubiste hablado	hubiste aprendido	hubiste vivido
hubo hablado	hubo aprendido	hubo vivido
hubimos hablado	hubimos aprendido	hubimos vivido
hubisteis hablado	hubisteis aprendido	hubisteis vivido
hubieron hablado	hubieron aprendido	hubieron vivido

FUTURE PERFECT

I shall (will) have spoken, etc.	*I shall (will) have learned, etc.*	*I shall (will) have lived, etc.*
habré hablado	habré aprendido	habré vivido
habrás hablado	habrás aprendido	habrás vivido
habrá hablado	habrá aprendido	habrá vivido
habremos hablado	habremos aprendido	habremos vivido
habréis hablado	habréis aprendido	habréis vivido
habrán hablado	habrán aprendido	habrán vivido

CONDITIONAL PERFECT

I should (would) have spoken, etc.	*I should (would) have learned, etc.*	*I should (would) have lived, etc.*
habría hablado	habría aprendido	habría vivido
habrías hablado	habrías aprendido	habrías vivido
habría hablado	habría aprendido	habría vivido
habríamos hablado	habríamos aprendido	habríamos vivido
habríais hablado	habríais aprendido	habríais vivido
habrían hablado	habrían aprendido	habrían vivido

SUBJUNCTIVE MOOD

PRESENT PERFECT

(that) I may have spoken, etc.	*(that) I may have learned, etc.*	*(that) I may have lived, etc.*
haya hablado	haya aprendido	haya vivido
hayas hablado	hayas aprendido	hayas vivido
haya hablado	haya aprendido	haya vivido
hayamos hablado	hayamos aprendido	hayamos vivido
hayáis hablado	hayáis aprendido	hayáis vivido
hayan hablado	hayan aprendido	hayan vivido

PLUPERFECT

(that) I might have spoken, etc.	*(that) I might have learned, etc.*	*(that) I might have lived, etc.*
hubiera hablado	hubiera aprendido	hubiera vivido
hubieras hablado	hubieras aprendido	hubieras vivido
hubiera hablado	hubiera aprendido	hubiera vivido
hubiéramos hablado	hubiéramos aprendido	hubiéramos vivido
hubierais hablado	hubierais aprendido	hubierais vivido
hubieran hablado	hubieran aprendido	hubieran vivido
hubiese hablado	hubiese aprendido	hubiese vivido
hubieses hablado	hubieses aprendido	hubieses vivido
hubiese hablado	hubiese aprendido	hubiese vivido
hubiésemos hablado	hubiésemos aprendido	hubiésemos vivido
hubieseis hablado	hubieseis aprendido	hubieseis vivido
hubiesen hablado	hubiesen aprendido	hubiesen vivido

B. IRREGULAR VERBS

andar   *to walk, go*

Preterite   anduve, anduviste, anduvo, anduvimos, anduvisteis, anduvieron
Imperfect subj.   anduviera, anduvieras, etc.
anduviese, anduvieses, etc.

caer   *to fall*

Present participle   cayendo
Past participle   caído
Present indicative   caigo, caes, cae, caemos, caéis, caen
Preterite   caí, caíste, cayó, caímos, caísteis, cayeron
Present subj.   caiga, caigas, caiga, caigamos, caigáis, caigan
Imperfect subj.   cayera, cayeras, etc.
cayese, cayeses, etc.

conducir   *to conduct, drive*

Present indicative   conduzco, conduces, conduce, conducimos, conducís, conducen
Preterite   conduje, condujiste, condujo, condujimos, condujisteis, condujeron
Present subj.   conduzca, conduzcas, conduzca, conduzcamos, conduzcáis, conduzcan
Imperfect subj.   condujera, condujeras, etc.
condujese, condujeses, etc.

dar   *to give*

Present indicative   doy, das, da, damos, dais, dan
Preterite   di, diste, dio, dimos, disteis, dieron
Present subj.   dé, des, dé, demos, deis, den
Imperfect subj.   diera, dieras, etc.
diese, dieses, etc.

decir   *to say, tell*

Present participle   diciendo
Past participle   dicho
Present indicative   digo, dices, dice, decimos, decís, dicen
Preterite   dije, dijiste, dijo, dijimos, dijisteis, dijeron
Present subj.   diga, digas, diga, digamos, digáis, digan
Imperfect subj.   dijera, dijeras, etc.
dijese, dijeses, etc.
Future   diré, dirás, etc.
Conditional   diría, dirías, etc.
Imperative   di

estar   *to be*

Present indicative   estoy, estás, está, estamos, estáis, están
Preterite   estuve, estuviste, estuvo, estuvimos, estuvisteis, estuvieron
Present subj.   esté, estés, esté, estemos, estéis, estén
Imperfect subj.   estuviera, estuvieras, etc.
                              estuviese, estuvieses, etc.

haber   *to have*

Present indicative   he, has, ha, hemos, habéis, han
Preterite   hube, hubiste, hubo, hubimos, hubisteis, hubieron
Present subj.   haya, hayas, haya, hayamos, hayáis, hayan
Imperfect subj.   hubiera, hubieras, etc.
                              hubiese, hubieses, etc.
Future   habré, habrás, etc.
Conditional   habría, habrías, etc.
Imperative   he

hacer   *to do, make*

Past participle   hecho
Present indicative   hago, haces, hace, hacemos, hacéis, hacen
Preterite   hice, hiciste, hizo, hicimos, hicisteis, hicieron
Present subj.   haga, hagas, haga, hagamos, hagáis, hagan
Imperfect subj.   hiciera, hicieras, etc.
                              hiciese, hicieses, etc.
Future   haré, harás, etc.
Conditional   haría, harías, etc.
Imperative   haz

ir   *to go*

Present participle   yendo
Past participle   ido
Present indicative   voy, vas, va, vamos, vais, van
Imperfect indicative   iba, ibas, iba, íbamos, ibais, iban
Preterite   fui, fuiste, fue, fuimos, fuisteis, fueron
Present subj.   vaya, vayas, vaya, vayamos, vayáis, vayan
Imperfect subj.   fuera, fueras, etc.
                              fuese, fueses, etc.
Imperative   ve

oír   *to hear*

Present participle   oyendo
Past participle   oído
Present indicative   oigo, oyes, oye, oímos, oís, oyen
Preterite   oí, oíste, oyó, oímos, oísteis, oyeron
Present subj.   oiga, oigas, oiga, oigamos, oigáis, oigan
Imperfect subj.   oyera, oyeras, etc.
                    oyese, oyeses, etc.
Imperative   oye

poder   *to be able, can*

Present participle   pudiendo
Present indicative   puedo, puedes, puede, podemos, podéis, pueden
Preterite   pude, pudiste, pudo, pudimos, pudisteis, pudieron
Present subj.   pueda, puedas, pueda, podamos, podáis, puedan
Imperfect subj.   pudiera, pudieras, etc.
                    pudiese, pudieses, etc.
Future   podré, podrás, etc.
Conditional   podría, podrías, etc.

poner   *to put, place*

Past participle   puesto
Present indicative   pongo, pones, pone, ponemos, ponéis, ponen
Preterite   puse, pusiste, puso, pusimos, pusisteis, pusieron
Present subj.   ponga, pongas, ponga, pongamos, pongáis, pongan
Imperfect subj.   pusiera, pusieras, etc.
                    pusiese, pusieses, etc.
Future   pondré, pondrás, etc.
Conditional   pondría, pondrías, etc.
Imperative   pon

querer   *to wish, want*

Present indicative   quiero, quieres, quiere, queremos, queréis, quieren
Preterite   quise, quisiste, quiso, quisimos, quisisteis, quisieron
Present subj.   quiera, quieras, quiera, queramos, queráis, quieran
Imperfect subj.   quisiera, quisieras, etc.
                    quisiese, quisieses, etc.
Future   querré, querrás, etc.
Conditional   querría, querrías, etc.
Imperative   quiere

reír *to laugh*

Present participle riendo
Past participle reído
Present indicative río, ríes, ríe, reímos, reís, ríen
Preterite reí, reíste, rió, reímos, reísteis, rieron
Present subj. ría, rías, ría, riamos, riáis, rían
Imperfect subj. riera, rieras, etc.
　　　　　　　　riese, rieses, etc.
Imperative ríe

saber *to know*

Present indicative sé, sabes, sabe, sabemos, sabéis, saben
Preterite supe, supiste, supo, supimos, supisteis, supieron
Present subj. sepa, sepas, sepa, sepamos, sepáis, sepan
Imperfect subj. supiera, supieras, etc.
　　　　　　　　supiese, supieses, etc.
Future sabré, sabrás, etc.
Conditional sabría, sabrías, etc.

salir *to go out, leave*

Present indicative salgo, sales, sale, salimos, salís, salen
Present subj. salga, salgas, salga, salgamos, salgáis, salgan
Future saldré, saldrás, etc.
Conditional saldría, saldrías, etc.
Imperative sal

ser *to be*

Present indicative soy, eres, es, somos, sois, son
Imperfect indicative era, eras, era, éramos, erais, eran
Preterite fui, fuiste, fue, fuimos, fuisteis, fueron
Present subj. sea, seas, sea, seamos, seáis, sean
Imperfect subj. fuera, fueras, etc.
　　　　　　　　fuese, fueses, etc.
Imperative sé

tener *to have*

Present indicative tengo, tienes, tiene, tenemos, tenéis, tienen
Preterite tuve, tuviste, tuvo, tuvimos, tuvisteis, tuvieron
Present subj. tenga, tengas, tenga, tengamos, tengáis, tengan
Imperfect subj. tuviera, tuvieras, etc.
　　　　　　　　tuviese, tuvieses, etc.
Future tendré, tendrás, etc.
Conditional tendría, tendrías, etc.
Imperative ten

traer *to bring*

Present participle trayendo
Past participle traído
Present indicative traigo, traes, trae, traemos, traéis, traen
Preterite traje, trajiste, trajo, trajimos, trajisteis, trajeron
Present subj. traiga, traigas, traiga, traigamos, traigáis, traigan
Imperfect subj. trajera, trajeras, etc.
                    trajese, trajeses, etc.

valer *to be worth*

Present indicative valgo, vales, vale, valemos, valéis, valen
Present subj. valga, valgas, valga, valgamos, valgáis, valgan
Future valdré, valdrás, etc.
Conditional valdría, valdrías, etc.
Imperative vale

venir *to come*

Present participle viniendo
Present indicative vengo, vienes, viene, venimos, venís, vienen
Preterite vine, viniste, vino, vinimos, vinisteis, vinieron
Present subj. venga, vengas, venga, vengamos, vengáis, vengan
Imperfect subj. viniera, vinieras, etc.
                    viniese, vinieses, etc.
Future vendré, vendrás, etc.
Conditional vendría, vendrías, etc.
Imperative ven

ver *to see*

Past participle visto
Present indicative veo, ves, ve, vemos, veis, ven
Imperfect indicative veía, veías, veía, veíamos, veíais, veían
Preterite vi, viste, vio, vimos, visteis, vieron
Present subj. vea, veas, vea, veamos, veáis, vean

C. RADICAL-CHANGING VERBS

1. e > ie and o > ue

comenzar   *to begin*

Present indicative   comienzo, comienzas, comienza, comenzamos,
                        comenzáis, comienzan
Present subj.   comience, comiences, comience, comencemos, comencéis,
                        comiencen
Imperative   comienza

volver   *to return*

Present indicative   vuelvo, vuelves, vuelve, volvemos, volvéis, vuelven
Present subj.   vuelva, vuelvas, vuelva, volvamos, volváis, vuelvan
Imperative   vuelve

Some other common verbs of this type are:

acordarse (ue)   *to remember*   **jugar (ue)**   *to play*
acostarse (ue)   *to go to bed*   **llover (ue)**   *to rain*
cerrar (ie)   *to close*   **mostrar (ue)**   *to show*
contar (ue)   *to count, tell*   **negar (ie)**   *to deny*
costar (ue)   *to cost*   **nevar (ie)**   *to snow*
doler (ue)   *to hurt*   **pensar (ie)**   *to think*
empezar (ie)   *to begin*   **perder (ie)**   *to lose*
encontrar (ue)   *to meet*   **sentarse (ie)**   *to sit down*
entender (ie)   *to understand*

2. e > ie, i and o > ue, u

preferir   *to prefer*

Present participle   prefiriendo
Present indicative   prefiero, prefieres, prefiere, preferimos, preferís,
                        prefieren
Preterite   preferí, preferiste, prefirió, preferimos, preferisteis, prefirieron
Present subj.   prefiera, prefieras, prefiera, prefiramos, prefiráis, prefieran
Imperfect subj.   prefiriera, prefirieras, etc.
                        prefiriese, prefirieses, etc.
Imperative   prefiere

dormir   *to sleep*

Present participle   durmiendo
Present indicative   duermo, duermes, duerme, dormimos, dormís,
                       duermen
Preterite   dormí, dormiste, durmió, dormimos, dormisteis, durmieron
Present subj.   duerma, duermas, duerma, durmamos, durmáis, duerman
Imperfect subj.   durmiera, durmieras, etc.
                    durmiese, durmieses, etc.
Imperative   duerme

Other verbs with similar changes are:

divertirse (ie, i)   *to enjoy oneself*
mentir (ie, i)   *to lie*
morir (ue, u)   *to die*
sentir (ie, i)   *to feel*

3. e > i

pedir   *to ask for*

Present participle   pidiendo
Present indicative   pido, pides, pide, pedimos, pedís, piden
Preterite   pedí, pediste, pidió, pedimos, pedisteis, pidieron
Present subj.   pida, pidas, pida, pidamos, pidáis, pidan
Imperfect subj.   pidiera, pidieras, etc.
                    pidiese, pidieses, etc.
Imperative   pide

Other **-ir** verbs of this type are:

repetir (i)   *to repeat*
seguir (i)   *to follow*
servir (i)   *to serve*
vestirse (i)   *to dress oneself*

D. VERBS WITH ORTHOGRAPHIC CHANGES

1. c > qu

buscar   *to look for*

Preterite   busqué, buscaste, buscó, etc.
Present subj.   busque, busques, busque, busquemos, busquéis, busquen

Like **buscar: explicar** *(to explain),* **sacar** *(to take out),* **significar** *(to mean),* **tocar** *(to play music).*

2. z > c

comenzar   *to begin*

Preterite   comencé, comenzaste, comenzó, etc.
Present subj.   comience, comiences, comience, comencemos, comencéis, comiencen

Like **comenzar: empezar** *(to begin),* **organizar** *(to organize).*

3. g > gu

llegar   *to arrive*

Preterite   llegué, llegaste, llegó, etc.
Present subj.   llegue, llegues, llegue, lleguemos, lleguéis, lleguen

Like **llegar: jugar** *(to play a game),* **negar** *(to deny),* **pagar** *(to pay),* **rogar** *(to beg).*

4. g > j

coger   *to seize, take*

Present indicative   cojo, coges, coge, etc.
Present subj.   coja, cojas, coja, cojamos, cojáis, cojan

Like **coger: corregir** *(to correct),* **dirigir** *(to direct),* **escoger** *(to choose).*

5. gu > g

seguir   *to follow*

Present indicative   sigo, sigues, sigue, etc.
Present subj.   siga, sigas, siga, sigamos, sigáis, sigan

Like **seguir: distinguir** *(to distinguish).*

Appendix II   Answers for Self-tests

SELF-TEST I

1. 1. la   2. la   3. la   4. el   5. la   6. el
2. 1. ingleses   2. españoles   3. voces   4. lecciones   5. profesores
  6. cuadros
3. 1. Tú   2. Él (Ella, Ud.)   3. Vosotros (Vosotras)   4. Nosotros
  (Nosotras)
4. 1. miras   2. como   3. charlan   4. tienen   5. digo   6. hago
  7. tomamos   8. voy   9. trabajan (trabajáis)   10. sabes   11. vamos
  12. vivimos   13. veo   14. doy   15. dice   16. sé
5. 1. tres más (y) siete son diez   2. dos más (y) seis son ocho   3. nueve
  menos cuatro son cinco   4. uno más (y) siete son ocho
6. 1. Mi   2. Tu   3. Sus   4. Nuestra   5. Su
7. 1. un restaurante famoso   2. muchas señoritas   3. una profesora
  mexicana   4. toda la responsabilidad
8. 1. el libro de mi hermana   2. Voy a trabajar   3. al profesor (a la
  profesora)   4. Vamos a ver   5. un buen hijo

SELF-TEST II

1. 1. Estoy estudiando   2. estamos discutiendo   3. estás haciendo
2. (a) 1. este   2. estos   3. esta   4. estos
  (b) 5. Esos   6. Ese   7. Esa   8. esas
  (c) 9. éste   10. ésas   11. ésos   12. ésa
3. 1. cuarenta menos once son veinte y nueve (veintinueve)   2. noventa
  y ocho menos sesenta y uno son treinta y siete   3. cincuenta y uno
  más (y) veinte y seis (veintiséis) son setenta y siete
4. 1. none   2. a   3. a   4. none
5. 1. Compren   2. Habla   3. Escribe   4. Vendan   5. Gaste
6. 1. eres   2. está   3. somos   4. estoy   5. son   6. es   7. estoy
  8. es
7. 1. pueden   2. entiendo   3. piensa   4. comienza   5. queremos
  6. Vuelves   7. vienen   8. salgo   9. ponemos   10. dejas
8. 1. viernes   2. miércoles   3. padres   4. sobrinos   5. cliente

SELF-TEST III

1. 1. Fuimos   2. hicieron   3. Vio   4. Dieron   5. Fuimos
2. 1. invítale (invítalo)   2. Quiero verlas (Las quiero ver)   3. verla
  4. llámenos   5. No queríamos comprarla (No la queríamos comprar)
3. 1. Véndanos   2. darle (a ella)   3. Me   4. escribirles (a ellos)
  5. comprándole
4. 1. veían   2. éramos   3. ibas   4. teníais   5. trabajaban   6. quería

5. 1. salí 2. quería 3. entré 4. Fui 5. estaban 6. hablaban
7. Discutían 8. volví 9. estaba 10. Eran

6. 1. Son las doce y media. 2. Es la una y quince (cuarto). 3. Son las diez menos veinte y cinco. 4. Son las seis menos cinco. 5. Son las once menos quince (cuarto).

7. 1. ¡Qué casa más (tan) hermosa! 2. el séptimo día 3. Carlos Quinto 4. el tercer hombre 5. el otoño 6. la primavera 7. lo interesante 8. Debo ir. (Tengo que ir.)

8. 1. piscina 2. semana 3. nombre 4. primas 5. hace calor 6. hambre

SELF-TEST IV

1. 1. me lo vendió 2. comprártelas (te las iba a comprar) 3. no se los dé 4. se la explica

2. 1. Roberto se lo da. 2. Yo se lo pedí. 3. Devuélvaselos Ud. 4. Están dándoselos. (Se los están dando).

3. 1. pusieron 2. vino 3. estuvo 4. tuve 5. dije

4. 1. le gustan 2. me gusta 3. nos gustan 4. te gusta 5. nos gustan 6. les gustan

5. 1. he tomado 2. hemos visto 3. ha dicho 4. ha puesto

6. 1. el tres de mayo 2. acaba de salir 3. el diez de octubre 4. al llegar 5. después de comer

7. 1. conozco 2. Saben 3. conocemos 4. sabes

8. (a) 1. entrará 2. abrirán 3. devolveremos
(b) 1. irías 2. preferiríamos 3. pediría

9. 1. había devuelto 2. habían muerto 3. no habían hecho 4. habías roto

10. 1. reloj 2. piñata 3. billete (boleto) 4. bebidas 5. Vieja 6. Navidades 7. pastelería 8. cocinar

SELF-TEST V

1. (a) 1. haremos 2. pondrán 3. vendrás 4. podrás 5. dirás
(b) 1. saldríais 2. vendría 3. Sabrían 4. querría 5. tendrían

2. (a) 1. Serán las ocho. 2. Estarán en casa. 3. Dormirá.
(b) 1. Las pondría en la mesa. 2. Tendría cincuenta años. 3. Iría en 1930.

3. 1. se bañó 2. Se afeitó 3. se desayunó 4. nos levantamos 5. se preguntaron

4. 1. levantarse 2. mirándonos 3. preparándonos 4. ponerse 5. peinarnos 6. se afeita 7. te despiertas 8. sentarme

5. 1. pudo 2. Trajeron 3. supe

6. 1. Habrá 2. Busco 3. mirar 4. Conocí 5. Supo 6. Pida

7. 1. Las cartas son contestadas por mi tío en español.   2. Las puertas son abiertas por el agente a las seis.   3. Las invitaciones son recibidas por la familia con mucho gusto.   4. Los platos son puestos en la mesa por la hija.

8. 1. Se presentan los dramas con entusiasmo.   2. Se vendió el libro inmediatamente.   3. Se escriben las oraciones en español.   4. Se venderán los productos mañana.

9. 1. —Las comidas están servidas.   2. —El pan está hecho.   3. —Las puertas están abiertas.   4. La jarra está rota.

SELF-TEST VI

1. 1. invite   2. sepan   3. traiga   4. salgamos   5. ponga   6. esté
7. haya   8. tengas   9. es   10. vaya   11. hagan   12. vienen
13. entiendan   14. conoce   15. quiera   16. vaya   17. te levantes
18. digan   19. vuelva   20. venga   21. salir   22. ponga   23. compre
24. sentarse   25. leyendo   26. cierre   27. repitan   28. pidiendo
29. sirva   30. estés   31. tomando   32. pidieron   33. durmiendo
34. hacer   35. sacando

2. 1. no salgas   2. No me digas   3. no hagas   4. no pongas   5. no vayas

3. 1. Que entre él. (Déjele entrar.)   2. Salgamos pronto.   3. Que lo hagan ellos.   4. Pedro, no lo traigas a clase.

4. 1. partido   2. jugadores (futbolistas)   3. entradas   4. espíritu
5. moderados   6. punto

SELF-TEST VII

1. 1. Esperaban que yo fuera capaz.   2. Temía que él no supiera hacerlo.
3. Deseaba que no pusiera eso en la mesa.   4. ¿Por qué querías que pidiéramos dinero a tu padre?   5. Era imposible que una persona durmiera doce horas.   6. No era verdad que él solo hiciera todo el trabajo.

2. 1. Qué   2. Cuáles   3. Qué   4. Cuál   5. Cuál   6. Qué

3. 1. Si viniera pronto, le daría la carta.   2. Si no estuviera prohibido, haría el cambio.   3. Si quisieras saberlo, me lo preguntarías.   4. Si tuviera ganas de ir, me lo diría.   5. Si aprendieras la lección, recibirías un regalo.

4. 1. u   2. y   3. y   4. oigo   5. debiera   6. cayó

5. 1. cuesten   2. sabe   3. vayan   4. diga   5. quisiera   6. tiene
7. reciban   8. fuera   9. prefiriera   10. trabajara

6. 1. él   2. mí   3. consigo   4. sí misma   5. ellos   6. conmigo

7. 1. los tuyos   2. la mía   3. los vuestros   4. nuestro   5. míos
6. el suyo

8. 1. cuyas   2. De quién   3. cuyos   4. cuyos   5. de quién

SELF-TEST VIII

1. 1. tenga   2. llega   3. traiga   4. vinieron   5. sepan (supieran)
6. hace (haga)   7. pudiera   8. salió   9. me levanté   10. dije

2. 1. por   2. por   3. para   4. para   5. para   6. por   7. para   8. por

3. 1. el peor estudiante   2. los muchachos mayores   3. la mejor oficina
4. menor que tú   5. es más alta que

4. 1. de lo que   2. del que   3. de los que   4. que   5. de las que
6. que

5. 1. tan   2. tanto   3. tan   4. tanto   5. tan   6. tantas

6. 1. hace cinco años   2. —Hace dos horas que trabajo aquí.   3. hacía
cinco horas que cocinaba   4. Cuánto tiempo hace que estudia
5. durmiendo   6. pidiendo   7. sirviendo   8. interesantísimas
9. carísima   10. dificilísimos   11. Todo el mundo   12. aunque
(aun cuando)   13. hasta que   14. Además   15. me di cuenta de que

SELF-TEST IX

1. 1. que   2. quien   3. la cual (la que)   4. quienes   5. que   6. Lo que
7. quien   8. lo cual   9. quien   10. los que (los cuales)

2. 1. busque   2. llegué   3. comencé   4. dirija   5. empiece   6. saques

3. 1. Estábamos para comer   2. son de (pertenecen a)   3. está por
comprar   4. es de

4. 1. sino   2. sino   3. pero   4. pero (sino que)   5. pero (sino que)
6. pero

5. 1. a   2. none   3. de   4. con

Appendix III Punctuation, Capitalization, and Syllabication

A. PUNCTUATION

Generally speaking, Spanish uses punctuation marks very much as English does. Note, however, the following exceptions.

1. The comma is used more frequently in Spanish to separate adjectival and adverbial phrases of more than three or four words:

   Más hermosa que nunca, se presentó en la recepción, acompañada por su hermana.

2. Spanish uses dashes, and not quotation marks, to separate the discourse of different speakers:

   —Se lo daré ahora mismo—dijo el vendedor.

3. Spanish reserves quotation marks for words or phrases that are not being used in their normal sense, or to indicate that a passage is being quoted textually. In all such instances all punctuation marks go outside the second quotation marks:

   Luego afirmó: «Reformarse es vivir».

4. Spanish uses inverted initial interrogation and exclamation marks:

   ¿Cómo se llama Ud.?
   ¡Qué clase!

B. CAPITALIZATION

The main differences between Spanish and English capitalization are

1. Spanish does not capitalize adjectives of nationality, days of the week, or names of months. In some Spanish American countries, however, the names of months are capitalized:

   Era un señor uruguayo.
   Vendrá el lunes, 24 de noviembre.

2. In Spanish only the first letter of a title is capitalized:

   Elogio de la inteligencia y la imaginación

C. DIVIDING WORDS INTO SYLLABLES

This type of syllabication has a limited use. It permits us to determine where to cut words at the end of a line and which syllable is to bear a written accent. For pronunciation purposes, however, use *Pronunciación: Unión de palabras* in the First Day Activities.

1. Single consonants form a new syllable with the following vowel(s). Remember that **ch, ll,** and **rr** are single consonants in Spanish:

ca-ma	gui-ta-rra
mu-cho	ca-ba-llo

2. Most consonants plus **l** or **r** form an indivisible consonantal group, which counts as one consonant:

la-bra-dor	Pe-dro
a-pli-ca-ción	ha-blo

3. Groups of two consonants are divided in the middle. Remember that **bl, br, pl, pr, tl, tr,** etc., count as one consonant:

Car-men	es-tu-dia
Al-fre-do	Mar-ga-ri-ta

4. If more than two consonants occur between vowels, the last consonant or consonantal group forms a new syllable with the following vowel(s):

cons-truc-ción	pers-pec-ti-va

Summary

v = vowel; c = consonant (consonantal group)

v	c v	Mó-ni-ca
v c	c v	Mi-ran-da, li-bro
v c c	c v	ins-ti-tu-ción

Observe that one consonant or consonantal group is always left to start the following syllable.

GLOSSARY Spanish/English

A

a to, at, from; not translated when used to indicate a personal direct object
abandonar to abandon
abierto, -a open, opened; frank
abogado lawyer
abrazo embrace
el abril April
abrir to open
absolutamente absolutely
absoluto, -a absolute
abuela grandmother
abuelo grandfather; pl. grandparents
abundancia abundance
abundante abundant
abundar to abound
aburrido, -a bored; boring, tiresome
acá here
acabar to end, finish; — con to put an end to; — de to have just
acaso chance, accident; por si — just in case
el accidente accident
la acción action; voluntad de — the will to act
aceptar to accept
acera sidewalk
acerca de about, concerning
acercarse (a) to approach, draw near
acompañar to accompany
aconsejar to advise
acostarse (ue) to go to bed
acostumbrarse (a) to be accustomed (to)
acrobacias acrobatics
la actitud attitude
acto act
la actriz actress
acuerdo agreement; de — con in agreement (accordance) with; estar de — to agree, to be in agreement
acusar to accuse
la adaptación adaptation
adaptar to adapt
adelante onward, forward; ¡ —! get going!
adelanto advance, progress
además besides, furthermore
adiós goodbye
admirar(se) to admire (oneself)
admitir to admit
¿adónde? where?
adorar to adore, worship

adorno adornment, decoration
aduana customs, customhouse
adverbio adverb
aeropuerto airport
afeitarse to shave (oneself)
aficionado fan
afirmar to affirm
afirmativamente affirmatively
afortunadamente fortunately
el agente agent
agosto August
agradable agreeable, pleasant
agradecido, -a grateful, thankful; muy — much obliged
agricultura agriculture
el agua (f.) water
aguacero downpour
el aguafuerte etching
aguamarina aquamarine (color)
aguantar to stand, put up with
ahí there; de — thus
ahora now; — mismo right now
el aire air; al — libre outdoors
aislado, -a isolated
ajustado, -a tight
al (contraction of a + el) to (at) the; al + inf. upon (doing something)
alabar to praise
alarmado, -a alarmed
alcohólico, -a alcoholic
alegrar to cheer up; —se (de) to be glad (of)
alegre happy, cheerful
alegría happiness, joy
alemán German
Alemania Germany
algo something; adv. somewhat
alguien someone
algún shortened form of alguno, used before m. sing. nouns
alguno, -a some, any
el alma (f.) soul
el almacén (almacenes) department store
almuerzo lunch
alojamiento lodging
alquilar to rent
el alquiler rent
alto, -a tall; loud; en voz —a aloud, out loud
alumno, -a student
allá over there, yonder
allí there

amable friendly, kind, pleasant
amablemente kindly, pleasantly
amado, -a loved one; *adj.* beloved
amante *(m.* or *f.)* lover
amar to love
amarillo, -a yellow
ambicioso, -a ambitious
el **ambiente** atmosphere, environment, climate
ambos, -as both
ambulante ambulant, roving; **vendedor —** peddler
amenazante threatening
americano, -a American
amigo, -a friend
el **amor** love; **carta de —** love letter; **hacer el —** to court; **mal de amores** love pangs
amoroso, -a amorous, loving
ancho width; *adj.* wide
andaluz, -a Andalusian
andar to go, walk; to be; **— bien (mal)** to work (function) well (badly); **— con suerte** to be in luck
el **andén** platform
anécdota anecdote
anoche last night
anteayer day before yesterday
antes *adv.* before, formerly; **— de** *prep.* before (in time); **— de que** *conj.* before; **— que** rather than
la **antigüedad** antique, antiquity
antiguo, -a ancient, old, antique
anunciar to announce
anuncio sign, announcement; **— comercial** commercial
añadir to add
año year; **— Nuevo** New Year's; **el — pasado** last year; **tener . . . —s** to be . . . years old; **todos los —s** every year
aparecer to appear
la **aparición** appearance
apartamento apartment
apasionadamente passionately
apenas hardly, scarcely, barely
aperitivo aperitif
apetito appetite
aplaudir to applaud
apoyo support
aprender to learn; **— de memoria** to memorize
apresar to imprison
apropiado, -a appropriate
aproximadamente approximately
aquel, aquella (-os, -as) that, those
aquél, aquélla (-os, -as) that (one), those; the former

aquello that; that thing (matter)
aquí here; **— (lo) tiene Ud.** here (it) is; **por —** this way
el **árbol** tree
argentino, -a Argentine, Argentinian
aritmética arithmetic
arqueológico, -a archaeological
arqueólogo archaeologist
arrancar to pull out
arrepentimiento repentance
arriba upstairs; up, above
el **arroz** rice
el **arte** art; **bellas — s** fine arts
artículo article
artista *(m.* or *f.)* artist; **— de barrio** street performer
artístico, -a artistic
así so, thus; like this, like that, in this (that) way; **así así** so-so; **— es** that's true; **— que** so that
asiento seat
asignatura course
asistir (a) to attend
la **asociación** association
asociado: estado libre — commonwealth
asombroso, -a astonishing, amazing
aspecto aspect, appearance
aspirina aspirin
astronómico, -a astronomical
astrónomo astronomist
astuto, -a astute, clever
atacar to attack
la **atención** attention
aterrizar to land
atónito, -a astonished
atractivo attraction, charm
atrapar to trap, catch
atreverse (a) to dare (to)
atroz atrocious
audacia audacity
audaz audacious, daring
aun even, still; **— así** even so; **— cuando** even though, although
aún still, yet; **más —** even more
aunque although
autobiografía autobiography
el **autobús** bus
el **autor** author
la **autoridad** authority
avenida avenue
aventura adventure
aventurero adventurer
el **avión** airplane
ayer yesterday
ayuda help

ayudar to help
azteca (*m.* or *f.*) Aztec
el **azúcar** sugar
azul blue; — **verdoso** blue green

B

bahía bay
bailar to dance
el **bailarín** dancer
el **baile** dance
bajar to go (get) down
bajo, -a short; low; *prep.* under
bala bullet
el **balcón** balcony
el **balde** bucket
bancario, -a banking
banco bank
banquero banker
bañarse to bathe, take a bath
baño bath; **cuarto de** — bathroom
barato, -a cheap
barbaridad nonsense; ¡**qué**—! good grief!
la **barbarie** barbarism, barbarity
barco boat, ship
barra bar (of metal)
barrio district, neighborhood; **artista de** —
  street performer
bastante enough; quite, rather
bastar to be sufficient, enough
el **bebedor** drinker; **simpático** — social drinker
beber to drink
bebida beverage, drink
el **béisbol** baseball
belleza beauty
bello, -a lovely, beautiful; **bellas artes** fine
  arts
biblioteca library
bien well; **está** — all right; **más** — (**que**)
  rather (than); ¡**Qué** —! Great!
el **billete** ticket; bill, bank note
blanco, -a white; **en**— blank
boca mouth
boleto ticket (in Spanish America)
boliviano, -a Bolivian
bolso purse
bollo roll
bombilla sipper
bonito, -a pretty
borracho drunkard
el **botón** button
brasileño, -a Brazilian

el **brazalete** bracelet
breve short, brief
el **broche** brooch, clasp
broma: en— jokingly
buen shortened form of **bueno,** used before *m.*
  sing. nouns
bueno, -a good; all right; ¿ — ? Hello? (telephone usage in Mexico); **buenos días** good
  morning; **en hora buena** at the right time
búfalo buffalo
burguesía bourgeoisie
el **burlador** seducer
burro donkey
busca: en — **de** in search of
buscar to look for, seek

C

caballero gentleman
caballo horse; **a** — (on) horseback; **montar**
  a — to ride horseback
cabaña cabin
cabeza head; **dolor de** — headache
el **cacahuete** peanut; **manteca de** — peanut butter
cacharro jalopy
cada each
caer to fall; — **en la cuenta** to realize
el **café** coffee; café (restaurant)
cafetería coffee shop, cafeteria
caída fall
cajero, -a cashier
el **cajón** drawer
calabacita small gourd
el **calcetín** sock
calcular to calculate
cálculo calculation
calendario calendar
caliente hot
calma calmness, tranquility
el **calor** heat, warmth; **hacer** — to be hot or
  warm (weather); **tener** — to be (feel) warm
calzado: fábrica de — shoe factory
la **calle** street
cama bed; — **matrimonial** double bed
cámara camera
camarada (*m.* or *f.*) comrade, companion
camarera waitress
camarero waiter
cambiar to change, exchange
cambio change, exchange; **tipo de**— rate of
  exchange

caminar to walk, travel
camino way, road, highway
camioneta station wagon, pickup, small truck
camisa shirt
campanada stroke (of a bell)
campo field; country, countryside; **casa de —** country house
canadiense Canadian
¡canastos! good heavens!
la **canción** song
cancioncita little song
candidato candidate
canela cinnamon .
cansado, -a tired; tiresome
cantante (*m.* or *f.*) singer
cantar to sing
la **cantidad** amount, quantity
canto song, canto
la **capacidad** capacity
capaz capable
capilla chapel
capítulo chapter
capricho caprice
cara face; **tener — de** to look like
el **carácter** character
característica characteristic
¡caramba! for Pete's (heaven's) sake!, good gracious (grief)!
cardo thistle
cargar to load (up); **— de** to load with
Caribe Caribbean
la **carne** meat
el **carnet de identidad** identity card, ID card
caro, -a expensive, dear
carretera highway
carro cart; car
carta letter; map, chart
cartero mailman
casa house; **a —** home; **— de campo** country house; **— de correos** post office; **en —** at home
casar to marry; **— se (con)** to get married (to)
casero landlord, inn keeper
casi almost
caso case; **en — de (que)** in case; **en uno u otro —** in one way or the other
castañuelas castanets
castellano, -a Castilian
castillo castle
catorce fourteen
causa cause
causar to cause
la **celebración** celebration
celebrar to celebrate
celeste celestial

cena dinner, supper
cenar to eat supper, dine
centavo cent
centenario centenary
centímetro centimeter
centro center, downtown
centroamericano, -a Central American
cerámica ceramics
cerca fence
cerca de near
cerdo pig; pork
cerebro brain
cereza cherry
cero zero
cerrar (ie) to close, shut
cerveza beer
cielo sky, heaven; **— raso** ceiling
ciencia science
científico scientist
ciento, cien one hundred; **cientos de** hundreds of; **por —** percent
cierto, -a (a) certain; **es —** it is true
cima top, summit
cinco five
cincuenta fifty
el **cine** the movies, cinema; movie theater
cínico cynic
el **cinturón** belt
la **ciudad** city; **— universitaria** (university) campus
ciudadano, -a citizen
la **civilización** civilization
claro, -a clear; light; **¡—!** of course, naturally!; **verde —** light green
la **clase** class; type, kind; **compañero, -a de —** classmate; **de toda —** of all kinds
clásico, -a classic, classical
clasificado, -a classified
el **cliente** customer, client
el **cobarde** coward
cocina kitchen; cuisine
cocinar to cook
el **coctel** cocktail, drink
el **coche** car
cochino, -a rotten; **¡ —a suerte!** rotten luck!
cofradía religious association
coger to grab, catch, take, pick up
coincidencia coincidence
la **colección** collection
colgar (ue) to hang (up)
colocar to place
colombiano, -a Colombian
colonia colony
colorido picturesqueness, coloring
columna column

la **combinación** combination
comedia comedy
el **comedor** dining room
comenzar (ie) to begin
comer to eat; **—se** to eat up
comercial commercial; **anuncio —** (television) commercial
comercio commerce
cómico comedian; **— sin gracia** insipid comedian; *adj.* comical
comida (midday) meal, dinner, food
comienzo beginning; **a —s de** around the beginning of, (at) the first of
comisionado commissioner
el **comité** committee
como since, as, like, as if I were; **— si** as if; **— siempre** as usual; **tan pronto —** as soon as; **tan . . .—** as . . . as; **tanto(s) —** as much (many) as
¿cómo? how? what? how come? what do you mean?; **¡ — no!** of course!
la **comodidad** comfort
compañero, -a companion; **— de clase** classmate; **— de cuarto** roommate; **— de trabajo** fellow worker
compañía company
la **comparación** comparison
competencia competition
competir (i) to compete
la **complejidad** complexity
completamente completely
completar to complete, finish
completo, -a complete
complicado, -a complicated
la **composición** composition
compota compote
compra purchase; **ir de —s** to go shopping
comprador, -a buyer, shopper
comprar to buy
comprender to understand
común common; **por lo —** usually, generally
la **comunicación** connection; communication
comunicar to communicate
con with; **— tal (de) que** provided that
concebir to conceive
la **concepción** conception
concha shell
condenar to condemn
la **condición** condition
condicional conditional
conférencia lecture
el **confite** candy
la **confrontación** confrontation
confundir to confuse
congregar to congregate, gather together

conmemorar to commemorate
conmigo with me, with myself
conocer to know, be acquainted with
conocimiento knowledge
conquista conquest
conquistar to conquer
conseguir (i) to get, obtain
consejo (piece of) advice
conservar to preserve, keep
la **consideración** consideration
considerar to consider
consigo with him (her, them, you), with himself (herself, themselves, yourself, yourselves)
constante constant; faithful
constantemente constantly
la **construcción** construction
construido, -a built, constructed
construir to build, construct
consultar to consult
el **contador** accountant, CPA
contar (ue) to tell, relate; to count
contemporáneo, -a contemporary
contener (ie) to contain
contento, -a happy, satisfied
la **contestación** answer, reply, response
contestar to answer, reply, respond
contigo with you, with yourself
continuar to continue
contra against
contrario, -a contrary; **al —** on the contrary; **por el —** on the contrary, on the other hand
contrastar to contrast
el **contraste** contrast
contribuir to contribute
convencer to convince
la **conversación** conversation
conversar to converse
convertir (ie) to convert; **—se** to be converted
el **coñac** cognac, brandy
copa (wine) goblet; toast (for a person)
el **corazón** heart
corbata (neck)tie
cordero lamb
corona crown
correcto, -a correct
corregir (i) to correct
correr to run
correspondencia correspondence
corresponder to correspond
corrida de toros bullfight
cortina curtain
corto, -a short
cosa thing; **una —** something
costa coast
costar (ue) to cost

la **costumbre** custom, habit; **de —** usual, customary
cráneo skull, cranium
la **creación** creation
creador, -a creative
crear to create
creer to believe
crepuscular *adj.* twilight
cristiano, -a Christian
Cristo Christ
crítica criticism; *adj.* critical
crónico, -a chronic
la **cruz** cross
cuaderno workbook
cuadro picture, painting
cual as, such as; **el (la) —** (**los cuales, las cuales**) which, who, whom; **lo —** which
¿cuál? what? which (one)?
la **cualidad** quality
cuando when; **aun —** even though
¿cuándo? when?
cuanto: en — as soon as; **en — a** as for
¿cuánto(s)? how much? (how many?); **¡— gusto!** so pleased (to meet you)!; **unos —s** a few
cuarenta forty
cuarto room; fourth; quarter (hour); **compañero (-a) de —** roommate; **— de baño** bathroom
cuatro four
cuatrocientos, -as four hundred
cubano, -a Cuban
cubierto, -a (de) covered (with)
cuchillo knife
cuello neck
cuenta bill; **darse — de** to realize, become aware of
cuento (short) story, tale
cuero leather, hide
cuerpo body
la **cuestión** matter, issue, question
cueva cave
culpar to blame
cultivar to cultivate, develop, raise
cultura culture, social upbringing
cúpula cupola, dome
curar to cure
curiosear to act from curiosity; to browse
cursi pretentious, corny
cursiva: en — in italics
curso course, class
cuyo, -a whose

CH

chaperona chaperone
chaqueta jacket; **— deportiva** sport jacket
charlar to chat
el **charlatán** charlatan, "big talker"
el **cheque** check; **— de viajeros** traveler's check
chica girl
chicano, -a person of Mexican descent born in the United States
chico boy
chichería tavern, bar
chileno, -a Chilean
el **chinche** bedbug
el **chiste** joke
chocar to clash, collide
el **chófer** chauffeur, driver

D

dama lady
dar to give; **— las gracias** to say thanks; **— serenatas** to serenade; **— un paseo** to take a walk; **—se cuenta de** to realize; **—se prisa** to hurry
de of, from, in; about; than (before a numeral)
debajo *adv.* below, underneath; **— de** *prep.* under, below, beneath
deber to owe, be obliged to; must, ought to, have to; **debido a** owing to
el **débil** weakling; *adj.* weak
década decade
decadencia decadence
decidir to decide
décimo tenth part (of a lottery ticket); *adj.* tenth
decir to say, tell; **es —** that is (to say); **querer —** to mean
la **decisión** decision
la **declaración** declaration
declinar to decline
la **decoración** decoration
decorativo, -a decorative
dedicar(se) to devote (oneself)
defecto defect
defender(se) (ie) to defend (oneself)
defensa defense
el **defensor** defender
definido, -a definite
dejar to leave; to let, permit
del (contraction of **de + el**) of the, from the, in the

delante *adv.* in front, ahead; **— de** *prep.* in front of
delgado, -a thin, slender
demasiado too much, excessively
demócrata *(m. or f.)* democrat
demonio demon, devil; **¡qué —s!** what the devil!
demostrar (ue) to demonstrate, prove
demostrativo, -a demonstrative
dentista *(m. or f.)* dentist
dentro inside, within
depender (de) to depend (on)
el **deporte** sport, recreation
deportivo, -a sport
derecha right side; **a la —** on (to) the right
derecho law; *pl.* duties, fees; **—s de matrícula** registration fees
desafiar to defy, challenge
desagradable disagreeable, unpleasant
desaparecer to disappear
desarrollo development, unfolding
el **desastre** disaster
desayunarse to have (eat) breakfast
desayuno breakfast; **tomar el —** to eat breakfast
descansar to rest
descanso rest, break
desconocido stranger
describir to describe
descubrir to discover
desde since, from
desear to desire, want
desempleo unemployment
deseo desire, wish
la **desigualdad** inequality
desinteresado, -a disinterested
desolado, -a desolate
despertarse (ie) to wake up, awaken
después *adv.* afterwards, later; **— de** *prep.* after; **— (de) que** *conj.* after
destruir to destroy
desvanecer to vanish, cause to disappear
detener(se) to detain (oneself)
determinar to determine
deuda debt
devolver(ue) to return (something)
devorar to devour
el **día** day; **al —** per day; **al — siguiente** the following day; **buenos —s** good morning; **— de los tontos** April Fool's Day; **hoy —** nowadays; **todos los —s** every day
diablo devil; **¡qué —s!** what the devil!
diadema diadem, tiara
diálogo dialogue

diario diary; *adj.* daily
dibujo drawing
diccionario dictionary
el **diciembre** December
dictado dictation; *pl.* dictates
el **dictador** dictator
dictar to dictate
dicha happiness, blessing
dicho said; **mejor —** rather
dichoso, -a happy, fortunate
diecinueve nineteen
dieciocho eighteen
dieciséis sixteen
diecisiete seventeen
diez ten; **a las —** at ten o'clock
diferencia difference
diferente different
difícil difficult
dificilísimo, -a extremely difficult
la **dificultad** difficulty
¿diga? yes? hello? (telephone response in Spain); **¡no me —s!** you don't say!
diligencia diligence
diligente diligent
dinero money
Dios God; **¡— mío!** oh my goodness!; **¡por —!** good heavens! good grief!; **si — quiere** God willing
diplomático diplomat; *adj.* diplomatic
la **dirección** direction; address
directo, -a direct
dirigir to direct, manage; **—se (a)** to address oneself (to); to go (to)
disco record
discoteca discotheque
discreto, -a discreet
discurso short speech
discutir to discuss
dispensar to excuse
dispersar to disperse
disponible available
la **distinción** distinction
distinguir to distinguish
distinto, -a distinct, different
distraído, -a absent-minded
distrito district
la **diversión** diversion, amusement
divorcio divorce
el **doble** double
doce twelve
docena dozen
documento document
el **dólar** dollar

el **dolor** pain, ache; **— de cabeza** headache; **— de garganta** sore throat; **— de muelas** toothache

domingo Sunday

dominio dominion, domain

don untranslatable title of respect used before given names of men, "mister"; **—Nadie** Mr. Nobody

donde where; **de —** from where, whence; **en —** where, in which

¿dónde? where?; **¿de —?** from where?

doña untranslatable title of respect used before given names of women, "miss"

dorado, -a gilt, golden

dormido, -a asleep; **medio —** half asleep

el **dormilón** sleepyhead

dormir (ue) to sleep; **—se** to go to sleep, fall asleep; **— como un lirón** to sleep like a log; **— la siesta** to take a nap

dos two

doscientos, -as two hundred

dramático, -a dramatic

dramaturgo playwright

duda doubt; **sin —** undoubtedly

dudar (de) to doubt

dueño, -a owner

el **dulce** candy; *pl.* sweets, candies; *adj.* sweet

durante during

duro, -a hard

E

e and (before words beginning with **i** or **hi**)

economía economy; economics

económico, -a economical

ecuatoriano, -a Ecuadorian

echar to throw; to pour; to mail; **— piropos** to pay compliments, say flattering remarks

la **edad** age

la **edición** edition, issue

edificio building, edifice

la **educación** education

educar to educate

educativo, -a educational

efectivamente in fact, as a matter of fact

efectivo, -a effective; **hacer —** to cash (a check)

efecto effect

el **ejemplar** pattern, model, example

ejemplo example; **por —** for example

ejercicio exercise

el (*pl.* **los**) the (*m.*)

él he, it (*m.*), him

elegante elegant; **un —** a sharp dresser, dandy

elegir (i) to elect, choose, select

ella she, it (*f.*), her

ellos, -as they, them

la **embarcación** embarkation; vessel, ship

embargo: sin — nevertheless, however

emborracharse to get drunk

la **emoción** emotion

emocional emotional

el **emperador** emperor

empezar (ie) to begin

empleado, -a employee

emplear to employ, use

empleo job, employment

en in, at, on, about

enamorado suitor, admirer; *adj.* enamored, in love

encantado, -a enchanted, charmed, delighted (to meet someone)

encantador, -a enchanting, charming, delightful

encantar to enchant, charm, delight

encanto enchantment, charm, delight

enciclopedia encyclopedia

encima above, at the top; **— de** on top of, on; **por — de** over, above; **tengo —** piled up (on my shoulders)

encontrar (ue) to find, encounter; **—se** to meet

encuentro encounter, clash

encuesta public opinion poll, survey

enemigo enemy

enérgico, -a energetic, lively

enero January

enfadado, -a angered

la **enfermedad** illness

enfermera nurse

enfermo, -a ill, sick; **un —** a "nut"

engañar to deceive

enorme enormous, great

ensalada salad

enseñanza teaching

enseñar to teach, show

entender (ie) to understand

entero, -a whole, entire

enterrar (ie) to bury

la **entonación** intonation

entonces then

entrada entrance; ticket

entrar (en) to enter

entre between, among, amidst

entregar to deliver

entusiasmo enthusiasm

enviar to send

epílogo epilogue

época epoch, times

equipo team; equipment; — **de lujo** deluxe equipment

equivocado, -a wrong, mistaken

era era, age, period

el **error** error, mistake

la **erudición** erudition, learning

escalera staircase, stairs; — **de salida** exit stairs

escapar (se) to escape

escena scene

escoger to choose, select, elect

esconder to hide, conceal

escribir to write; — **a máquina** to type

escrito, -a written

escritor, -a writer

escuchar to listen (to)

escuela school

escultura sculpture

ese, esa (esos, esas) that, those

ése, ésa (ésos, ésas) that (one), that fellow, that character; those

esencial essential

esfuerzo effort

eso that, that thing; **a — de** about

espacio space; — **en blanco** blank space (fill-in)

espacioso, -a spacious

espalda back; **a la —** on one's back; **de —s** with one's back turned

España Spain

español Spanish

especial special

la **especialidad** specialty, major field of studies

especialista *(m.* or *f.)* specialist

la **especialización** specialization, major

especializado, -a specialized

especializarse to specialize

especialmente especially

la **especie** kind

específico, -a specific

espectáculo spectacle, pageantry

espectador, -a, spectator; *pl.* audience

espejo mirror

espera wait, waiting; **sala de —** waiting room

esperanza hope

esperar to wait for; to hope (for), expect

el **espíritu** spirit; soul

espiritual spiritual

espontáneo, -a spontaneous

esposa wife

esposo husband; *pl.* husband and wife

esquiar to ski

esquina corner

establecer to establish; **—se** to establish oneself

la **estación** station; season; — **de ferrocarriles** railroad station

estado state; — **libre asociado** commonwealth

Estados Unidos United States

estar to be; — **de guardia** to be open; — **para** to be about to; — **por** to be inclined to, in favor of

estatua statue

el **este** east

este, esta (estos, estas) this, these

éste, ésta (éstos, éstas) this (one), these; the latter

estela stele

la **estilización** stylization

estilo style

esto this, this thing; — **es** that is (to say); **por —** for this reason

estómago stomach

estrategia strategy

estrecho, -a narrow

estrella star; puff pastry in star shape

estreno premiere, first performance

estudiante *(m.* or *f.)* student

estudiar to study

estudio study; *pl.* curriculum

estupendo, -a stupendous, wonderful

europeo, -a European

evitar to avoid

exactamente exactly

exacto, -a exact, correct

la **exageración** exaggeration

exaltar to exalt

el **examen** examination

examinar to examine

excelente excellent

la **excepción** exception

excepcional exceptional

la **exclamación** exclamation

exclamar to exclaim

excluir to exclude

la **excursión** excursion, trip; picnic

la **exhibición** exhibition, exhibit, exposition

exhibir to exhibit

exigir to demand, expect

exilado exile

existir to exist

éxito success

la **expedición** expedition

experiencia experience

experto, -a expert

la **explicación** explanation

explicar to explain

expresar to express

la **expresión** expression

el **éxtasis** ecstasy

extender (ie) to extend
extranjero, -a foreigner; **en el —** abroad; *adj.* foreign
extraño, -a strange; **lo más —** the strangest thing; *n.* stranger
extraordinario, -a extraordinary
extremo, -a extreme

F

fábrica factory
fabricar to manufacture
fabuloso, -a fabulous
fácil easy
fácilmente easily
la **facultad** faculty; college; **— de Filosofía y Letras** College of Letters and Science
falda skirt
falso, -a false
faltar to lack, be lacking
fama fame
familia family
la **familiaridad** familiarity
famosísimo, -a extremely famous
famoso, -a famous
fantástico, -a fantastic
farmacia pharmacy, drugstore
el **farsante** phony, joker
fascinar to fascinate, enchant
la **fatalidad** fatality; fate
el **favor** favor; **haga el —** please; **por —** please
favorito, -a favorite
febrero February
fecha date
feísimo extremely ugly
feliz happy, joyful; **¡Felices Pascuas!** Merry Christmas!
femenino, -a feminine
feminista *(m.* or *f.)* feminist
fenomenal great, phenomenal
fenómeno phenomenon; **es un —** he is terrific
feo, -a ugly; **palabra fea** dirty word
el **ferrocarril** railroad
el **fervor** fervor, zeal
la **ficción** fiction
fiesta party, holiday; **— de las buenas** (a) "blast"
figura figure; physique
el **filete** steak, fillet of beef or fish
filosofía philosophy
el **fin** end, conclusion; **a — de que** so that, in order that; **al —** finally; **en —** in short; **— de semana** weekend; **por —** finally, at last

el **final** end; final; **al —** at the end
finalmente finally
financiero, -a financial
fino, -a fine, dainty, delicate; gracious, courteous
firmamento firmament, heaven
firmar to sign
física physics; *adj.* physical
flamenco flamenco dancing
el **flan** custard
la **flor** flower; **— de jamaica** fruit punch
flotar to float
fomentar to foster, foment, encourage
fondo background; rear; bottom
forma form
formular to formulate
fortaleza strength; fortress
fortuna fortune, fate
la **foto** shortened form of **fotografía**
fotografía photograph; photography
fotográfico, -a photographic
fracaso failure
fragmento fragment
francamente frankly
francés French
franco, -a frank, open
franqueza frankness
la **frase** sentence, phrase
frecuencia frequency; **con —** with frequency, frequently
frecuente frequent
la **frente** forehead; **— a** *adv.* in front of; **hacia el —** ahead
fresco rascal; fresco; *adj.* fresh; cool, mild; **hace —** it is cool
el **frijol** bean
frío, -a cold; **hacer —** to be cold (weather); **tener —** to feel cold
frito, -a fried; **patatas —s** French fries
fruta fruit
fuego fire; **—s artificiales** fireworks
la **fuente** fountain
fuera out, outside
fuerte strong
fuerza strength, force; **sin —s** without energy
la **función** function; show, performance
fundir to fuse, melt
funerario, -a funeral
furtivamente furtively
el **fútbol** soccer, football
futuro future

G

galería gallery
gallina chicken, hen
gallo rooster; **Misa del —** Midnight Mass
gana desire, urge; **con pocas —s** with little enthusiasm; **sentir —s de** to feel like; **tener —s de** to feel like
ganar to earn; to win
el **gandul** rascal
garantizar to guarantee
garganta throat; **dolor de —** sore throat
gastar to spend
gaucho Argentine cowboy
gelatina jello
la **generalización** generalization
generalmente generally
generoso, -a generous
genio genius
la **gente** people
geografía geography
geográfico, -a geographical
geología geology
gerundio gerund
gesto gesture
gimnasia calisthenics
glorioso, -a glorious
el **gobernador** governor
gobierno government
el **gol** goal, point
golfo lazybones; gulf
golpear to hit, strike
gordo, -a fat, stout; **premio —** grand prize
gracia grace, personal charm; wit; **sin —** insipid
gracias thanks, thank you; **dar las —** to say thanks
gracioso, -a witty, funny; graceful
gran shortened form of **grande,** used before *m. sing.* nouns
grande large, great
grandeza greatness, grandeur
el **grandote** big fellow
gris gray
gritar to shout
grupo group
guapo, -a beautiful, handsome
guardar to keep; to guard; **— cama** to stay in bed
el **guardia** guard, policeman; **estar de —** to be open (on an emergency basis)
el **guateque** party
guerra war

guía guide, directory; **— de teléfonos** telephone directory
guirnalda garland
guitarra guitar
gustar to be pleasing (to), like
gusto pleasure; taste, preferences; **tengo mucho — en conocer a Ud.** pleased to meet you; **¡cuánto —!** so pleased (to meet you)!

H

haber to have, be (auxiliary verb); **— de +** *inf.* must, to be (expected) to; **no hay más remedio** it can't be helped
la **habitación** room
el **habitante** inhabitant
habitar to inhabit
hablar to speak; **¡mejor ni —!** forget it!
hacer to do, make; **— años** years ago; **— buen (mal) tiempo** to be good (bad) weather; **— calor (frío)** to be hot (cold); **— efectivo** to cash (a check); **— el amor** to court; **— el papel** to play a role; **— preguntas** to ask questions; **— un trueque** to barter; **— una reverencia** to bow; **— viento (fresco)** to be windy (cool); **—se** to become
hacia toward; about; **— adelante** forwards; **— el frente** ahead
hallar to find
el **hambre** (*f.*) hunger; **tener —** to be hungry
hasta up to, until; even; **— ahora** up to now; **— luego** see you later, see you soon; **— que** until; **— un rato** a while ago
hay there is, there are; **— que** one must, it is necessary
hebilla buckle
hecho fact, deed; *adj.* made, done; **— polvo** "shot," very tired
herencia inheritance
hermana sister
hermano brother; *pl.* brother(s) and sister(s)
hermosamente beautifully
hermosísimo, -a exceedingly beautiful, lovely
hermoso, -a beautiful, lovely, handsome
el **héroe** hero
heroicamente heroically
heroico, -a heroic
hija daughter
hijito, -a little child, sonny
hijo son; *pl.* children
hispánico, -a Hispanic
hispanoamericano, -a Spanish American

historia history; story
histórico, -a historic
el **hogar** home; homeland
hoja leaf; sheet (of paper)
hola hello
el **hombre** man; ¡—, **por Dios!** man alive!
honrar to honor
hora hour, time; **¿a qué —?** at what time?; **— de comer** dinner time; **en buena —** at the right time; **¿Qué — será?** What time can it be?
horario schedule
el **horizonte** horizon
hospedar to lodge, put up
hostal hostelry, inn
hoy today; **— día** nowadays
huevo egg; **— en polvo** powdered eggs; **jamón con —s** ham and eggs
la **humanidad** humanity
humano, -a human
humilde humble
el **humor** disposition; **de buen —** good natured; **de mal —** in a bad mood
humorístico, -a humorous
el **huracán** hurricane
¡hurra! hurrah!

I

la **identidad** identity; **carnet de —** identity card, ID card
ídolo idol
iglesia church
ignorancia ignorance
ignorante (*m.* or *f.*) ignoramus; *adj.* ignorant
igual equal; **— a** the same as, just like
la **ilusión** illusion
la **imagen** image
la **imaginación** imagination
la **imitación** imitation
la **imperfección** imperfection
imperfecto, -a imperfect
imperio empire
importado, -a imported
importancia importance
importante important; **lo —** the important thing, what is important
importar to matter, be important
imposible impossible
la **impresión** impression
impresionante impressive, sensational
impresionar to impress

impresionista impressionistic
impuesto tax
impulsar to impel
inca (*m.* or *f.*) Inca, Incan
incaico, -a Incan
incapaz incapable
el **incidente** incident
incierto, -a uncertain
inclinar to incline; to bow
incluir to include
incluso even, including
incómodo, -a uncomfortable; inconvenient
incorporar to incorporate; **—se a** to join (a society)
incorregible incorrigible
increíble incredible, unbelievable
indeciso, -a undecided
indefenso, -a defenseless
indefinido, -a indefinite
independencia independence
indicado, -a indicated
indicar to indicate
indicativo indicative
el **índice** index
indiferencia indifference
indígena (*m.* or *f.*) indigenous, native
indio, -a Indian
indirecto, -a indirect
individualismo individualism
individuo individual
inesperado, -a unexpected
infanta princess
infierno hell
la **infinidad** infinity
el **informe** report; *pl.* information
ingeniero engineer
ingenioso, -a ingenious
Inglaterra England
inglés English
ingresar to enter
inicial initial
iniciar to begin, initiate
inmediatamente immediately
la **innovación** innovation
inocente innocent; **un —** "a babe in the woods"
la **inscripción** inscription; draft
insecto insect
insertar to insert
insinuar to insinuate
insistencia insistence, persistence
la **inspiración** inspiration
el **instante** instant
la **institución** institution

insultar to insult
intelectual intellectual
inteligencia intelligence
inteligente intelligent
inteligentísimo, -a extremely intelligent
la **intención** intention
la **intensidad** intensity
intenso, -a intense
intentar to try, attempt
intento attempt
el **interés** interest
interesado, -a interested
interesante interesting
interesar to interest
internacional international
la **interpretación** interpretation
interpretar to interpret
interrumpir to interrupt
la **introducción** introduction
inútil useless
inventar to invent
invierno winter
la **invitación** invitation
invitado, -a guest
invitar to invite
la **inyección** injection, shot; **poner —** to give a shot
ir to go; **— a** to be going to; **— de compras** to go shopping; **— de juerga** "to paint the town red," go on a spree; **— de viaje** to go on a trip; **—se** to go away, leave
ironía irony
irónico, -a ironic
irreal unreal
italiano, -a Italian
izquierdo, -a left, left-handed; **a la —** on (to) the left

J

el **jabón** soap
jamaica: flor de — fruit punch popular in Mexico
jamás never, ever
el **jamón** ham; **— con huevos** ham and eggs
jaqueca headache
el **jardín** garden
jarra pitcher, earthen vase
jaula cage
el **jefe** boss
jeroglífico, -a hieroglyphic
el **jersey** sweater
el **jesuita** Jesuit

Jesucristo Jesus Christ
Jesús Jesus; **¡—, María y José!** good heavens!
jorobado hunchback
joven (*m.* or *f.*) youth, young person; *adj.* young
juego game
juerga spree
el **jueves** Thursday; **nada del otro —** nothing special
el **jugador** player
jugar (ue) to play (a sport)
juicioso, -a judicious, wise
julio July
junio June
junto near; **— a** next to, by; *adj.* together
justicia justice
justo, -a just
la **juventud** youth, young people

K

kilo(gramo) kilo(gram)
kilómetro kilometer

L

la (*pl.* **las**) the (*f.*); her, it (*f.*)
labio lip
laboratorio laboratory
ladera slope (of a mountain)
lado side
el **ladrón** thief
lago lake
el **lápiz** pencil
largo, -a long; **a lo — de** along, throughout
larguísimo, -a extremely long
las them (*f.*), you
lata can
lateral lateral, side; **nave —** aisle
latinoamericano, -a Latin American
lavar(se) to wash (oneself)
le him, to (for) him; you, to (for) you; to (for) her
la **lección** lesson
lector, -a reader
lectura reading
la **leche** milk
leer to read
legislatura legislature
lejano, -a distant

lejos far, distant
lengua language
les them, to (for) them; you, to (for) you
levantarse to get up
la **ley** law
leyenda legend
la **libertad** liberty, freedom
libre free
libremente freely
librería bookstore
libro book
limonada lemonade
línea line; figure
lingüístico, -a linguistic
líquido liquid
lirón dormouse; **dormir como un —** to sleep like a log
lista menu, list
listo, -a smart, clever; ready
literario, -a literary
literatura literature
lo him, it (*m. and neuter);* **— cual** which; **— que** what; **— + *adj.*** the . . . thing (aspect, etc.)
locamente madly
loco, -a crazy, mad, insane
locura madness
lograr to succeed in
los the; them, you; **— que** those who
lotería lottery
lucha struggle, fight
luego then, later; **hasta —** see you later, see you soon
el **lugar** place; **en — de** instead of, in place of
lujo luxury; **de —** deluxe
lujoso, -a luxurious
luna moon
el **lunes** Monday
la **luz** light

LL

llamar to call; **—se** to be called, named
llegada arrival
llegar to arrive
llenar to fill; **—se** to be filled
lleno, -a (de) full (of), filled (with)
llevar to wear; to take, carry; **—se** to carry, take away
llorar to cry
llover (ue) to rain
lluvia rain

M

macabro, -a macabre
madera wood
la **madre** mother; **¡mi —!** holy mackerel!
maestro, -a master, teacher
magnífico, -a magnificent
Magos: Los Reyes — Three Wise Men, Magi
el **maíz** corn
el **mal** evil, harm; *adv.* badly; *adj.* shortened form of **malo,** used before *m. sing.* nouns; **de — humor** in a bad mood; **— de amores** love pangs; **salir —** to fail (flunk)
maldito, -a confounded, cursed
maleta suitcase
malo, -a bad, evil; **de malas pulgas** cranky; **estar —** to be sick
mamá mama, mom
mancha spot, stain
mandar to order; to send
mandato command
manera manner, way; **de — que** so that
la **mano** hand; **a —** by hand; **dar la —** to shake hands; **en —s de** in (the) hands of
manteca lard, shortening; **— de cacahuete** peanut butter
mantener (ie) to maintain, support
mantequilla butter
mantilla mantilla, shawl
manzana apple; city block
mañana tomorrow; morning; **de la —** in the morning; **por la—** in the morning
máquina machine; **(escrito) a —** typewritten; **papel de —** typing paper
maquinilla small machine; **— eléctrica** electric shaver
el **mar** sea
maravilla marvel, wonder
maravilloso, -a marvelous, wonderful
marca brand
marcar to dial
marcha progress
marchar to go, function; **—se** to go away
marido husband
el **martes** Tuesday
marzo March
mas but
más more, most; plus; any longer; **— aún** even more; **— bien (que)** rather (than); **— de** more than; **— o menos** more or less; **— tarde** later; **por — que** no matter how much; **¿qué —?** what else?; **sin — ni —** just like that
masa mass; *pl.* the masses

máscara mask
la **masculinidad** masculinity
masculino, -a masculine
matar to kill
el **mate** maté, a tea-like drink native to Paraguay, Uruguay, Argentina, and southern Brazil (also called **yerba mate**)
matemáticas mathematics
matemático, -a mathematical
materia material
matrícula registration
matrimonio matrimony, marriage; married couple
mausoleo mausoleum
maya (*m.* or *f.*) Mayan
mayo May
mayor major; greater, greatest; older, oldest; **el — ** the eldest; **— de edad** of age; **sólo para — es** for adults only
los **mayores** elders
me me, to (for) me; (to) myself
mecanógrafa typist
la **medianoche** midnight
medicina medicine
médico doctor
medio middle; *pl.* means; *adj.* half
el **mediodía** noon
la **meditación** meditation
meditar to meditate
mejor better, best; **— dicho** rather; **lo — de lo —** the best of the best; **¡— ni hablar!** forget it!
mejorar to improve
melancólico, -a melancholy, sad
memoria memory; **de —** by heart
el **memorión** person with photographic memory
mencionar to mention
menor minor; younger, youngest; less, lesser, least; smaller, smallest; **de — categoría** second rate; **el —** youngest, least
menos minus; less, least, fewer; except; **a — que** unless; **más o —** more or less; **por lo —** at least
el **menú** menu
mercado market; **— negro** black market
merienda evening snack
el **mes** month
mesa table
meseta plateau
mesita small table
el **mesón** inn
metódico, -a methodical
metro subway, *abbreviation* of **metropolitano**; meter (unit of measurement slightly longer than a yard)

mexicano, -a Mexican
mezcla mixture
mezclar to mix
mi my
mí me, myself
miedo fear; **tener —** to be afraid
miembro member
mientras (que) while; **— tanto** meanwhile
el **miércoles** Wednesday
mil (a) thousand; **¡— perdones!** please excuse me!
milagro miracle
milla mile
el **millón** million
minuto minute
mío, -a (-os, -as) mine, of mine
mirada gaze, look, glance
mirar to watch, look at
misa mass; **— del Gallo** Midnight Mass
mismo, -a same, very; self; **ahora —** right now; **al — tiempo** at the same time; **lo —** the very thing; **lo — que** the same as; **sí —** oneself
misterio mystery
la **mitad** half
mito myth
moda mode, style, fashion
modelo model, example
moderado, -a moderate
moderno, -a modern
modestamente modestly
modestia modesty
modesto, -a modest
modismo idiom
modisto fashion expert
modo mode, manner; **de este —** in this way; **de — que** so that, in order that; **de todos —s** in any case, just the same
mojar to wet, drench, soak; **tiene cara de pollo mojado** (he) looks like a wet rooster
molestar to bother
molestia bother, inconvenience
molido fatigued, worn out
momento moment
momia mummy
moneda money, coin; mint
monja nun
mono monkey
monstruo monster
montaña mountain
montar to mount, ride; **— a caballo** to ride horseback
monumento monument
morada residence, home, abode
moreno, -a brunette

morir (ue) to die; **—se de hambre** to starve
morisco, -a Moorish
mostrar (ue) to show
la **motivación** motivation
movimiento movement
mozo youth, lad; fellow; waiter; **buen —** handsome
muchacha girl
muchachita little girl
muchacho boy
mucho, -a much, a lot (of), a great deal; *pl.* many
mudo, -a mute, silent
los **muebles** furniture
muela tooth; **dolor de —s** toothache
la **muerte** death
muerto, -a dead person; *adj.* dead; lifeless
muestra sample
la **mujer** woman; wife
multa fine
la **multitud** crowd, multitude
mundo world; **todo el —** everybody
museo museum
música music
muy very

N

nacer to be born
nacimiento birth; nativity scene
la **nación** nation
nacional national
nada nothing, not anything; **¡—!** it was no use!; **de —** you're welcome; **— del otro jueves** nothing special
nadar to swim
nadie no one, nobody, not anyone, not anybody; **don —** Mr. Nobody
napoleónico, -a Napoleonic
la **nariz** nose
naturaleza nature
naturalmente naturally
la **Navidad** Christmas; *pl.* Christmas holidays
necesario, -a necessary
la **necesidad** necessity, need
necesitar to need, necessitate
necio, -a foolish
negar (ie) to deny
negativamente negatively
negativo, -a negative
negocio business; **hombre de —s** businessman
negro, -a black; **mercado —** black market
nervio nerve

neutro neuter
ni neither, nor; **ni . . . ni** neither . . . nor; **— siquiera** not even; **no tengo —** I don't even have
nicaragüense Nicaraguan
nicho niche
nieta granddaughter
nieto grandson; *pl.* grandchildren
ningún shortened form of **ninguno**, used before *m. sing.* nouns
ninguno, -a no, none, not any
niña little girl, child
niñito, -a little child, baby
niño little boy, child; *pl.* children
el **nivel** level
no no, not; **ya —** no longer
la **noción** notion
la **noche** night; evening; **buenas —s** good night, good evening; **de la —** in the evening, at night; **de —** at night; **esta —** tonight; **— Vieja** New Year's Eve; **por la —** at night; **todas las —s** every night (evening)
Nochebuena Christmas Eve
nombrar to name, appoint
el **nombre** name
normalmente normally
noroeste northwest
norte north
norteamericano, -a North American
nos us, to (for) us; (to) ourselves
nosotros, -as we, us
nota note, grade
notable notable, noteworthy; good (grade)
noticia notice, news item; *pl.* news
novecientos, -as nine hundred
novela novel
novelista *(m.* or *f.)* novelist
noveno, -a ninth
noventa ninety
novia girlfriend, sweetheart, bride, fiancée
el **noviembre** November
novio boyfriend, sweetheart, groom, fiancé; *pl.* bride and groom
la **nube** cloud
nuestro, -a (-os, -as) our, ours
nueve nine
nuevo, -a new; **de —** again; **lo —** the new thing
número number
numerología numerology
numeroso, -a numerous
nunca never, not ever

Ñ

ñoño, -a   asinine

O

o   or, either
obispo   bishop
objetivo, -a   objective
objeto   object
la obligación   obligation
obligar   to oblige, obligate
obra   work; deed
obrero   worker
la observación   observation
observar   to observe
la obsesión   obsession
obtener (ie)   to get, obtain
la ocasión   occasion; opportunity
océano   ocean
octavo, -a   eighth
el octubre   October
ocupado, -a   occupied, busy
ocurrir   to occur, happen
ochenta   eighty
ocho   eight
ochocientos, -as   eight hundred
odio   hate, hatred
ofender   to offend
oficial   official
oficina   office
ofrecer   to offer
oír   to hear
¡ojalá!   I hope (that)! would (that)!
ojo   eye; ¡—!   careful! look out!
¡olé!   bravo!
óleo   oil; pintura al —   oil painting
olvidado, -a   forgotten
olvidar   to forget; — se de   to forget to
ominoso, -a   ominous
once   eleven
la operación   operation
operático, -a   operatic
la opinión   opinion
la oportunidad   opportunity
optimismo   optimism
optimista   optimistic
la oración   sentence; prayer
el orangután   orangutan
la orden   order, command, directive
ordenar   to order
oreja   ear; adornos para las —s   earplugs

organizar   to organize
orgullo   pride
orgulloso, -a   proud
el origen   origin
originalmente   originally
oro   gold
orquesta   orchestra
ortiga   nettle
ortográfico, -a   spelling
os   you, to (for) you; (to) yourself
oscuro, -a   dark, obscure
oso   bear
otoño   autumn, fall
otro, -a   other, another; — a vez   again
la ovación   ovation
¡oye!   listen! hey (you)!

P

el padre   father; pl. parents
pagano, -a   pagan
pagar   to pay
página   page
pago   payment; facilidades ·de —   easy payments (convenient terms)
el país   country
pájaro   bird
palabra   word; — fea   dirty word
palacio   palace; — real   royal palace
pálido, -a   pale
palito   twig, little stick; crosspiece
palma   palm tree
palmera   pastry (roll) in shape of palm leaf
palo   stick
el pan   bread
panadería   bakery
el pantalón   (generally pl.) pants; —es de punto   double-knit trousers; —es vaqueros   blue jeans
pañuelo   handkerchief
el papá   papa, dad
el papel   paper; role; hacer el —   to play a role; — carbón   carbon paper; — de máquina   typing paper; — de seda   onionskin paper
papelería   stationery store
el paquete   package; — postal   parcel post
para   for, in order to, to; — que   so that, in order that; — sí   to (for) himself (herself, yourself, yourselves, themselves)
el paraguas   umbrella
paraguayo, -a   Paraguayan
pardo, -a   brown
parecer   to seem, look like

la **pared** wall
el **paréntesis** parenthesis
el **pariente** relative
el **parlanchín** chatterbox
el **parque** park
  parrillada mixed grill
la **parte** part; **por (en) todas** —s everywhere; **por su** — in turn
  participar to participate
  participio participle
  particular particular; private; **en** — in particular
  partida departure
  partido prospect; game, match
  partir to leave
  pasado, -a past, last; **el año** — last year
el **pasaje** passage
  pasajero passenger
el **pasaporte** passport
  pasar to spend (time), pass; — **por** to be taken for; to go by; — **sin** to do without; ¡**pase Ud.!** come in!
  Pascuas Easter, Christmas; ¡**Felices** —! Merry Christmas!
el **pase** pass
  pasear (se) to stroll, take a walk
  paseo walk, stroll, promenade; **dar un** — to take a walk
  pasivo, -a passive
  paso footstep; float
  pasta paste, dough; — **dentífrica** tooth paste
el **pastel** pastry
  pastelería pastry shop
  pastilla tablet, pill, cough drop
  patata potato; —s **fritas** French fries
  patético, -a pathetic
  patria homeland
  patrimonio heritage
el **patriota** patriot
el **patrón** pattern
  pavo turkey
la **paz** peace
  peculiarmente peculiarly
  pedacito little piece
  pedazo piece
  pedir (i) to ask (for)
  peinarse to comb one's hair
  película film, movie
  peligro danger
  peligroso, -a dangerous
  pelo hair; **corte de** — haircut
  peluquería barber shop
  penetrar to penetrate
  pensar (ie) to think; — **en** to think about; — + *inf.* to intend to

la **pensión** boarding house, inn
el **peón** farmhand
  peor worse, worst; **lo** — the worst (thing)
el **peperoni** pepperoni
  pequeño, -a small, little
  perder (ie) to lose; to miss; —**se** to lose oneself, get lost
el **perdón** pardon; ¡**mil** —**es!** please forgive me!
  perdonar to pardon, forgive
  peregrino pilgrim, wayfarer
  perezoso, -a lazy person, lazybones; *adj.* lazy
la **perfección** perfection
  perfeccionar to perfect
  perfectamente perfectly
  perfecto, -a perfect
  periódico newspaper, journal
  periodista *(m. or f.)* journalist
  permanente permanent
  permiso permission
  permitir to permit, allow, let
  pero but
  perplejo, -a perplexed
  perrito little dog
  perro dog
  persona person
el **personaje** personage, character
la **personalidad** personality
  personalmente personally
  perspectiva perspective
  peruano, -a Peruvian
la **perversión** perversion
  pesadilla nightmare
el **pesar** sorrow, regret; **a** — **de** in spite of
  pescado fish
  pescar to fish
el **pesebre** manger
  peseta the official currency of Spain
  pesimismo pessimism
  peso weight; Mexican monetary unit
  piadoso, -a merciful, pious, devout
el **pie** foot; **a** — on foot; **de** — standing up
  piedra stone
  pierna leg
  pintar to paint
el **pintor** painter
  pintoresco, -a picturesque
  pintura painting; — **mural** mural painting; — **al óleo** oil painting
  piñata earthen vase decorated with colorful paper and containing candy, etc.; children break it during parties
la **pirámide** pyramid
  piropo compliment, flirtatious remark; **echar** —**s** to pay compliments

pisar to trample, step on
piscina swimming pool
piso floor; apartment; **el primer —** the second floor
pizarra chalkboard
el **placer** pleasure
plancha sheet
planta: —baja ground floor
plata silver
plataforma platform
plato plate, dish
playa beach
plaza plaza, square
plazuela small plaza
plenamente fully
pluma (fountain) pen
pobre poor; **un—** a poor man
pobremente poorly
poco, -a little, small, not very; *pl.* (a) few; **con pocas ganas** with little enthusiasm; **de todo un —** a little of everything; **—a—** little by little; **— después** shortly afterward; **un — de** a little of
poder (ue) to be able; **querer es —** where there's a will, there's a way
el **poder** power, branch of power
el **poema** poem
poesía poetry
poeta (*m.* or *f.)* poet
poético, -a poetic
policía police; *m.* policeman
política politics
político, -a politician; *adj.* political
polvo dust, powder; **hecho—** pulverized, "shot," very tired; **huevo en—** powdered eggs
pollo chicken, rooster; **tiene cara de— mojado** (he) looks like a wet rooster
poner to put, place; **— fin a** to put an end to; **— inyección** to give a shot; **— un telegrama** to send a telegram; **—se** to put on
la **popularidad** popularity
por for; through; on, in; because of; along, by; per; for the sake of, on behalf of; **— ahí** that way; **— aquí** this way; **— ciento** percent; **¡— Dios!** for heaven's sake!; **— ejemplo** for example; **— el contrario** on the other hand; **— eso** for that reason, therefore; **— esto** for this reason; **— favor** please; **— fin** finally; **— lo común** usually; **— lo menos** at least; **—lo tanto** therefore; **— más que** no matter how much; **¿— qué?** why?; **— si acaso** just in case; **— supuesto** of course
el **porcentaje** percentage
pornográfico, -a pornographic

porque because
el **portal** main doorway
portero doorman
portugués Portuguese
posada inn, dwelling place, lodging; *pl.* traditional Mexican Christmas carols
la **posesión** possession
posesivo possessive
la **posibilidad** possibility, expectation
posible possible
la **posición** position
postal postal; **paquete —** parcel post; **tasa —** postal rate
la **posteridad** posterity
el **postre** dessert; **de —** for dessert
postura posture, pose
práctica practice; exercise
practicar to practice
práctico, -a practical
Prado: Museo del — famous museum in Madrid
preceder to precede
precio price
precioso, -a precious
precisamente precisely
preciso, -a precise; **es —** it is necessary
predecir to predict
preferir (ie) to prefer
pregunta question
preguntar to ask (a question)
prehispánico, -a prehispanic
premio prize; **— gordo** first prize, grand prize
preocupado, -a worried, concerned, preoccupied
la **preparación** preparation
preparar to prepare
la **preposición** preposition
presenciar to witness
presentar to present, introduce
el **presente** present; **tener —** to have (keep) in mind
el **presidente** president
prestar to lend
prestigio prestige
presumir to presume; **— de** to presume to be
pretérito preterite, past
primavera spring(time)
primer shortened form of **primero,** used before *m. sing.* nouns
primero, -a first
primo, -a cousin
principal principal, main
principalmente principally
principio principle; **al —** in (at) the beginning
prisa haste; **darse —** to hurry

privado, -a private
la **probabilidad** probability
probablemente probably
el **problema** problem
la **procesión** procession
proceso process
producir to produce
producto product
profano, -a profane
la **profesión** profession
profesional professional
profesor, -a professor, teacher
profundo, -a profound, deep
el **programa** program
la **progresión** progression
progresivo, -a progressive
progreso progress
prohibir to prohibit, forbid
promesa promise
prometer to promise
el **pronombre** pronoun
pronto soon; **tan — como** as soon as
la **pronunciación** pronunciation
pronunciar to pronounce
la **propiedad** property
propina tip
propio, -a (one's) own
proponer to propose, suggest
la **proposición** proposition
prosa prose
protagonista (*m.* or *f.*) protagonist
proteger to protect
provincia province
provinciano, -a provincial
próximo, -a next
prudente prudent
psicología psychology
publicar to publish
público public, audience
pueblo village, town; people
puerta door
puerto port, pass
puertorriqueño, -a Puerto Rican
pues well, then; since; for; **¿ —?** why?
puesto position, job
pulga flea; **de malas —s** cranky
pulsera bracelet
punto point; **de —** double-knit; **en —** sharp, on the dot
el **puñal** dagger
puro, -a pure

Q

que that, which, who, whom; than; **el (la, los, las) —** that, which, who, whom, he (she, they, the ones) who; **de lo—** than; **lo —** that which, what; **para —** so that, in order that; **tener —** to have to; **ya —** since
¿qué? what? which?; **¿con —?** with what? with which?; **¿de —?** of what?; **¿ — más?** what else?; **¿ — tal?** how are you?
¡qué! how! what (a)!; **¡— barbaridad!** good grief!; **¡— bien!** (how) great!; **¡— demonios!** what the devil!
quedarse to remain; to be
querer (ie) to want; to love; **— decir** to mean; **— es poder** where there's a will, there's a way; **si Dios quiere** God willing
querido, -a dear; **el más —** best liked
queso cheese
quien who, whom
¿quién? who?; **¿a —?** whom? to whom?; **¿con —?** with whom?; **¿de —?** whose?
quince fifteen
quinientos, -as five hundred
quinto, -a fifth
quisiera I (he, she) should (would) like, should really like
quitar(se) to remove, take off
quizá(s) perhaps, maybe

R

radicalmente radically
radio (*m.* and *f.*) radio; **locutor de —** radio announcer
la **raíz** root
rápidamente rapidly
rápido, -a rapid, quick
raro, -a rare, strange; **¡qué —!** how strange!
raso: cielo — ceiling
rastro· flea market
rato a while, short period of time
raza race
la **razón** reason; **por esta —** for this reason; **tener —** to be right
la **reacción** reaction
real real; royal
la **realidad** reality; **en —** in reality, really
realizar to fulfill, carry out, accomplish
realmente really
rebaja discount
el **rebelde** rebel

la **rebelión**   rebellion
la **recepción**   reception
la **receptividad**   receptivity, susceptibility
el **receptor**   receiver
   receta   recipe; prescription
   recibir   to receive
   recoger   to gather, pick
   recomendable   commendable
la **recomendación**   recommendation
   recomendar (ie)   to recommend
   reconocer   to recognize
la **reconstrucción**   reconstruction
   recordar (ue)   to remember
   recrear   to recreate, amuse oneself
   rechazar   to refuse
   reducido, -a   reduced
   reducir   to reduce
   reembolso   reimbursement
   referirse (ie)   to refer
   reflejar   to reflect
   reflejo   reflection; flash
   reforma   reform
   reformado, -a   reformed, remodeled
el **reformador**   reformer
   reformar   to reform
   refresco   refreshment, cold drink
   refugio   refuge; welfare office
   regalo   gift, present
   regañar   to scold; to grumble, quarrel
el **régimen**   regime; diet
la **región**   region
   regocijo   joy, rejoicing
   regular   regular, average, okay
   reina   queen
   reír   to laugh; **—se de todo**   to laugh at everything
la **relación**   relation, relationship
   relacionado, -a   related; **todo lo — con**   anything relating to (with)
   relacionar   to relate
   relativo, -a   relative
   releer   to reread
la **religión**   religion
   religioso, -a   religious
el **reloj**   watch; clock
   remedio   remedy, help; **no hay más —**   it can't be helped
   rendido, -a   worn out, tired, exhausted
   rendirse (i)   to surrender; to become exhausted
la **reparación**   repair
   repaso   review
   repente: de —   suddenly
   repetir (i)   to repeat
la **representación**   representation; performance
   representar   to represent; to perform

republicano, -a   Republican
el **rescate**   ransom
   reservar   to reserve, set aside
   resfriado   cold (illness)
   residencia   residence; dormitory
   resignarse   to resign (oneself)
   resistencia   resistance
   resistir   to resist
la **resolución**   resolution
   resolver (ue)   to resolve, solve; **—se**   to be resolved
   respetar   to respect
   respeto   respect
   respirar   to breathe
   responder   to respond, answer
la **responsabilidad**   responsibility
   respuesta   answer, response
el **restaurante**   restaurant
   resto   the rest; *pl.* remains
   resultado   result
   resultar   to turn out (to be); result
el **retintín**   tinkling
   retratar   to portray
   retrato   portrait
la **reunión**   meeting, reunion
   reunirse   to meet, gather
   revelar   to reveal
   reverencia   reverence, bow; **hacer una —**   to bow
   revista   revue, journal, magazine
el **rey**   king; **Día de los Reyes**   Epiphany; **Reyes Magos**   Wise Men, Magi
   rico, -a   rich; delicious
   ridículo, -a   ridiculous
   río   river
   riqueza   riches, wealth
   risa   laugh; *pl.* laughter
   rítmico, -a   rhythmic, rhythmical; **trote —**   jogging
   robar   to rob, steal
   rodeado, -a (de)   surrounded (by)
   rogar (ue)   to beg, request, plead
   rojo, -a   red; **vestido de —**   dressed in red
   romano, -a   Roman
   romántico, -a   romantic
   romper   to break
   ropa(s)   clothes, clothing; **—s menores**   underclothes; **tienda de —**   clothing store
   rosa   rose
   rosquita   pastry (roll) in shape of a curl
   roto, -a   broken
   rubio, -a   blond; **un(a) —**   a blond
   ruido   noise
   ruina   ruin; **en —s**   in ruins
   ruta   route, pathway

S

sábado Saturday

sabelotodo know-it-all

saber to know; — + *inf.* to know how to

sabio, -a learned, wise; **un —** wise one, learned one

sacar to get, obtain; to take out

el **sacerdote** priest

saeta traditional religious song sung during Holy Week celebrations

sagrado, -a sacred

la **sal** salt

sala room; **— de clase** classroom; **— de espera** waiting room

salario salary

salchicha sausage

salida exit, departure; **escalera de —** exit stairway; **— del sol** sunrise

salir to leave, go out; **— con suerte** to come out lucky; **— bien (mal)** to pass (fail)

el **salón** living or assembly room

saludar to greet, salute

saludo greeting

salvar to save

San shortened form of **Santo**

la **sangre** blood

sangría wine punch

santo, -a saint; *adj.* saintly, holy, blessed; **Semana —** Holy Week

sardina sardine

sargento sergeant; **voz de —** drill sergeant's voice

la **sartén** frying pan

satírico, -a satiric, satirical

se *used for* **le, les,** to him, her, it, them, you; (to) himself, herself, itself, oneself, themselves, yourself, yourselves; (to) each other, one another

la **sección** section

secretario, -a secretary

secreto secret; *adj.* secret

la **sed** thirst; **tener —** to be thirsty

seda silk; **papel de —** onionskin paper

seducir to seduce

seguido, -a continued, followed; **en —a** at once, immediately; **horas —as** hours in a row

seguir (i) to follow; to continue

según according to

segundo, -a second

seguro, -a sure; **estar —** to be sure

seis six

seiscientos, -as six hundred

semana week; **fin de —** weekend; **— que viene** next week; **— Santa** Holy Week; **una vez por —** once a week

el **semestre** semester

sencillo, -a simple

la **sensibilidad** sensitivity

sentarse (ie) to sit down

sentido sense; **— común** common sense

sentimiento feeling, sentiment

sentir(se) (ie) to feel; to regret, be or feel sorry for; **lo siento** I'm sorry; **— ganas de** to feel like

la **señal** sign; indication

señas address, forwarding address

el **señor** gentleman, man, sir, Mr.; *pl.* Mr. and Mrs., ladies and gentlemen

señora lady, woman, madam, Mrs.; wife

señorita young lady, young woman, Miss

el **septiembre** September

séptimo, -a seventh

ser to be; **— de** to belong to; to be made of

serenata: dar —s to serenade

sereno, -a serene

la **serie** series, set

serio, -a serious

servicio service

servidor servant, humble servant; **su —** at your service

servilleta napkin

servir (i) to serve; **¿En qué puedo —le?** What can I do for you?; **— de** to serve as; **— para** to be good for

sesenta sixty

la **sesión** session; **— de verano** summer session

setecientos, -as seven hundred

setenta seventy

seudónimo pseudonym

sexto, -a sixth

si if

sí yes, indeed, really; **creer (esperar, temer) que —** to believe (to hope, to fear) so; *pron. reflex.* himself, herself, itself, oneself, themselves, yourself, yourselves; **para —** to himself (herself, yourself)

siempre always; **como —** as usual; **para — forever

siesta nap; **dormir la —** to take a nap

siete seven

siglo century

significar to signify, mean

significativo, -a significant

signo sign

siguiente following; **al día —** the following day

silbar to whistle

silencio silence
silla chair
símbolo symbol
simpatía friendliness
simpático, -a nice, pleasant, likeable; **un —
bebedor** social drinker
simplemente simply
sin without; **— duda** undoubtedly; **—
embargo** nevertheless; **— gracia** insipid; **—
más ni más** just like that
la **sinceridad** sincerity
sincero, -a sincere
sino but, except; **— que** but, on the contrary
siquiera even; **ni —** not even
sirviente (*m.* or *f.*) servant
el **sistema** system
sitio site; room, place
la **situación** situation
el **sobre** envelope
sobre on, upon; over, above; concerning,
about
sobremesa after-dinner conversation
sobresaliente (a grade of) excellent
sobresalir to excel
sobrina niece
sobrino nephew
socializar to socialize
la **sociedad** society
sociología sociology
el **sol** sun; Peruvian monetary unit; **de —** sunny,
in the sun; **salida del —** sunrise
soldado soldier
la **solicitud** solicitude; application blank
solo, -a alone, single; **a —as** alone
sólo only
soltero, -a bachelor, unmarried person; *adj.*
unmarried, single
la **solución** solution
sombra shadow, shade; **de —** in the shade
sombrerería hat shop
sombrero hat
sonrisa smile
sonrosado, -a rosy-cheeked
soñador, -a dreamer
soñar to dream; **— con** to dream about (of)
sopa soup
soportar to put up with
sor sister
sordo, -a deaf
sorprender to surprise
sorpresa surprise
sostener (ie) to sustain, maintain, support
sótano basement
su her, his, their, your, its
subir to go up, climb; to board, get on

subjuntivo subjunctive
el **subte** short for **subterráneo**
subterráneo subway
sucio, -a dirty
Sud América South America
sudamericano, -a South American
suelo floor
sueño dream; sleep, slumber (inaction)
la **suerte** luck; **andar con —** to be in luck;
¡cochina —! rotten luck!; **salir con —** to
come out lucky
suficiente enough, sufficient
sufrir to suffer; to stand, bear
sugerir to suggest
sujeto subject
supermercado supermarket
la **superpoblación** overpopulation
la **superstición** superstition
supersticioso, -a superstitious
suponer to suppose
supuesto: por — of course
el **sur** south
suspirar to sigh
sustantivo noun
la **sustitución** substitution
sutil subtle
suyo, -a his, her, your, their; of his, of hers, of
yours, of theirs; **el (la, los, las) —** his, hers,
yours, theirs

T

tacaño, -a stingy
tal such (a); **con — de que** provided that; **¿qué
—?** how are you?
también also, too
el **tambor** drum
tampoco neither, not either
tan so, as; **— . . . como** as . . . as; **— pronto
como** as soon as
tanto, -a (-os, -as) as much, so much (great); as
many, so many; **mientras —** meanwhile; **por
lo —** therefore; **— . . . como** as much
(many) . . . as
las **tapas** appetizers
la **tarde** afternoon; **buenas —s** good afternoon;
de la — in the afternoon, evening; **esta —**
this afternoon, this evening; **por la —** in the
afternoon; *adv.* late; **más —** later, afterwards; **— o temprano** sooner or later
tarjeta card, calling card
tarta cake, pie; **— de fresas** strawberry cake
taza cup

te you, to (for) you; (to) yourself
el **té** tea
teatro theater
técnica technique
tejano, -a Texan
tejedor, -a weaver
tejido weaving
tela cloth, fabric
telefónico, -a telephonic
teléfono telephone; **guía de —s** telephone directory; **por —** by (on the) telephone
el **telegrama** telegram; **poner un —** to send a telegram
la **televisión** television
el **tema** theme, topic
temer to fear
la **tempestad** storm
templo temple
temprano early; **tarde o —** sooner or later
tener to have; **aquí (lo) tiene Ud.** here (it) is; **no — nada** not to have anything wrong; **¿qué tiene Ud.?** what's wrong with you?; **— . . . años** to be . . . years old; **— calor (frío)** to be (feel) hot (cold); **— cara de** to look like; **— ganas de** to feel like; **— hambre (sed)** to be hungry (thirsty); **— miedo** to be afraid; **— presente** to keep in mind; **— que** to have to; **— razón** to be right; **— vergüenza** to be ashamed
el **tenis** tennis; **jugar al —** to play tennis
la **tensión** tension
la **tentación** temptation
teoría theory
teórico, -a theoretic(al)
tercer shortened form of **tercero**, used before *m. sing.* nouns
tercero, -a third
terminar to end
terraza terrace
terrorífico, -a frightful
tertulia social gathering
tesoro treasure
testimonio testimony
ti you, yourself
tía aunt
tiempo time; weather; **a —** on time; **al mismo —** at the same time; **en todo —** in all kinds of weather; **hace buen (mal) —** the weather is good (bad)
tienda store; **— de ropa** clothing store
tierra land; earth, world; **en mi —** at home
tinta ink
tinto (glass of) red wine
tintorería dry cleaner's
tío uncle; guy; *pl.* aunt(s) and uncle(s)

típico, -a typical
tipo type; character; **— de cambio** rate of exchange
tirar to throw; to shoot
título title, degree; **— universitario** college degree
tocar to touch; to play (a musical instrument)
todavía still, yet; **— no** not yet
todo, -a all, every; everything; **con — a seriedad** in all seriousness; **de — clase** of all kinds; **de — un poco** a little of everything; **de —s modos** in any case; **lo + verb —** . . . all of it; **por (en) —as partes** everywhere; **— el mundo** everybody; **—s los días** every day
tolerante tolerant
tolteca *(m. or f.)* Toltec
tomar to take, drink; **— el desayuno** to have breakfast; **—se** to drink up
tonada type of Chilean song
tonto, -a fool; *adj.* stupid, dumb, silly; **Día de los —s** April Fool's Day; **— solemne** downright fool
torero bullfighter
tormenta storm; torment
toro bull; **corrida de —s** bullfight
tortilla omelet; *(Am.)* tortilla, cornmeal cake; **— española** potato omelet
la **tos** cough
tostada (piece of) toast
tostar to toast
totalmente totally
trabajar to work; **¡a —!** let's get to work!
trabajo work, job; **compañero (-a) de —** fellow worker
la **tradición** tradition
tradicional traditional
tradicionalista *(m. or f.)* traditionalist
la **traducción** translation
traducir to translate
traer to bring
tráfico traffic
tragar to swallow
tragedia tragedy
traicionero, -a treacherous
el **traje** suit; **— de baño** swimming suit
tranquilamente calmly, tranquilly
la **tranquilidad** tranquility
tranquilo, -a tranquil, calm, quiet
la **transacción** transaction
transformar to transform
tras after
tratar to treat, deal with; **— de** to try to
través: a — (de) through, across
trece thirteen
treinta thirty

tremendo, -a tremendous
el **tren** train; **en —** by train
tres three
trescientos, -as three hundred
la **tribu** tribe
triste sad
tristeza sadness
tropa herd
el **trote** trot; **— rítmico** jog, jogging
el **trueque: hacer un —** to barter
tu your
tú you
tumba tomb
tumulto tumult
el **tunante** crook, highwayman
el **túnel** tunnel
turista (*m.* or *f.*) tourist
turístico, -a tourist, touring
turquesa turquoise
tuyo, -a, -os, -as your, of yours; **el (la, los, las) —** yours

U

u or (before words beginning with **o** or **ho**)
Ud(s). *abbreviation* of **usted(es)**
último, -a last, latest; **estos —s** the latter
un, una, uno a, an, one
único, -a only, unique; **el —** only (one)
la **unidad** unity
el **uniforme** uniform
la **unión** union, linking
la **universidad** university
universitario, -a pertaining to a university; **ciudad —a** campus; **título —** college degree
universo universe
unos, -as some, several, a bunch of; **a —** about
urbano, -a urban
urgente urgent; **carta —** special delivery letter
uruguayo, -a Uruguayan
usar to use
uso use
usted you
utensilio utensil
útil useful
utilísimo, -a extremely useful
uva grape

V

vaca cow; **carne de —** beef
vacacioncitas nice (little) vacation
las **vacaciones** vacation
valer to be worth
valiente valiant, brave
valioso, -a valuable
el **valor** valor, courage; value
vaquero cowboy; **pantalones —s** blue jeans
variado, -a varied
variar to vary
la **variedad** variety
varios, -as several, various
vaso glass
vasto, -a vast
vecino, -a neighbor
la **vegetación** vegetation
vehículo vehicle
veinte twenty
veinte y cinco twenty-five
veintidós twenty-two
veintiocho twenty-eight
veintiún shortened form of **veintiuno**
veintiuno twenty-one
vendedor, -a seller; **— ambulante** peddler
vender to sell
venezolano, -a Venezuelan
venir (ie) to come
ventana window
ver to see; **— para creer** seeing is believing
verano summer(time)
verbo verb
la **verdad** right, truth; **¿—?** really? right?; **es —** it is true
verdadero, -a real, true
verde green; **— claro** light green
verdoso, -a: azul — blue green
verduras green vegetables
vergüenza shame; **tener —** to be ashamed
verso verse
vestido dress; **— de novia** wedding gown; *adj.* dressed
vestir(se) (i) to dress; **— de negro** to dress in black
la **vez** time; **a veces** at times; **alguna —** some time; **otra —** again; **una —** once; **una — por semana** once a week
viajar to travel
el **viaje** trip; **ir de —** to go on a trip
viajero traveler; **cheque de —s** traveler's check
el **vicepresidente** vice-president
víctima (*m.* or *f.*) victim

vida life
viejísimo, -a extremely old, ancient
viejo, -a old; **lo —** the old part; **Noche —** New Year's Eve
viento wind; **hacer —** to be windy
el **viernes** Friday
vino wine
violento, -a violent
la **Virgen** the Virgin (Mary)
la **virtud** virtue
la **visión** vision
visita visit; visitor
visitar to visit
vista view
visto, -a seen
la **vitalidad** vitality
vitamina vitamin
vitrina display case, showcase
vivir to live
vivo, -a alive, living, live; lively, vivid
vocabulario vocabulary
volar (ue) to fly
el **volumen** volume
la **voluntad** will, willpower; **— de acción** the will to act
volver (ue) to return; **— a +** *inf.* to . . . again

vosotros, -as you, yourselves
la **voz** voice; **en — alta** aloud, out loud; **en — baja** in a low voice (undertone)
vuelta turn; return trip
vuestro, -a, -os, -as your, of yours; **el (la, los, las) —** yours

Y

y and
ya still, yet; already, now, any longer; whether, or; **— lo sé** don't I know; **— no** no longer; **— que** since
yo I

Z

zapatería shoe store
zapato shoe
zarzuela musical comedy
zona zone
zorro fox

Index

Picture Credits

Cover

Top Row: left, Doyle Ennis, by courtesy of *Span* magazine, Standard Oil Co. (Indiana); center, Robert Frerck; right, Archie Lieberman
Bottom Row: left, Archie Lieberman; center, Linda Kagan Lloyd; right, Doyle Ennis, by courtesy of *Span* magazine, Standard Oil Co. (Indiana)

Color Section

Plate 1:   Robert Frerck
Plate 2:   top left, Robert Frerck; top right, Archie Lieberman; bottom right, Louis Villota
Plate 3:   top, Oscar Buitrago; bottom, Dorka Raynor
Plate 4:   top, Oscar Buitrago; bottom, Archie Lieberman
Plate 5:   top left, bottom, Archie Lieberman; top right, Louis Villota
Plate 6:   top, Victor Englebert; center, Archie Lieberman
Plate 7:   top left, Oscar Buitrago; top right, bottom, Doyle Ennis, by courtesy of *Span* magazine, Standard Oil Co. (Indiana)
Plate 8:   top left, Archie Lieberman; top right, Robert Frerck; bottom, Oscar Buitrago
Plate 9:   top, Louis Villota; center, Archie Lieberman; bottom, Victor Englebert
Plate 10:   top, bottom left, Archie Lieberman; center left, bottom right, Robert Frerck; center right, Victor Englebert
Plate 11:   top, Louis Villota; center left, Archie Lieberman; center right, J. Burke Quinn; bottom, Oscar Buitrago
Plate 12:   All Archie Lieberman
Plate 13:   top left, Robert Frerck
Plate 14:   top left, bottom left and right, Robert Frerck; top right, by courtesy of the Spanish National Tourist Office
Plate 15:   top left, Louis Villota; top right, center right, Robert Frerck; center left, Archie Lieberman; bottom, J. Burke Quinn
Plate 16:   top, Susan Richter; center left and right, bottom left and right, Victor Englebert

Black and White

p.   8   Carl Frank – Photo Researchers
p.   15   Victor Englebert
p.   22   top, Louis Villota
p.   25   Peter Menzel
p.   33   Peter Menzel – Stock, Boston
p.   36   Dorka Raynor
p.   46   Carl Frank
p.   57   Victor Englebert
p.   60   Helena Kolda – Monkmeyer
p.   68   Leo Touchet – Photo Circle
p.   72   By courtesy of Spanish National Tourist Office
p.   73, 77, 82   Peter Menzel
p.   94   Victor Englebert
p.   95   Peter Menzel
p.   98   Charles Maden Fitch – F. P. G.
p. 102   Peter Menzel
p. 105   Victor Englebert
p. 116   Oscar Buitrago
p. 119   Victor Englebert
p. 123, 128   Peter Menzel
p. 132   Carl Frank – Photo Researchers
p. 135   Jeffrey Blankfort – B. B. M.
p. 136   Sven Simon – Katherine Young
p. 148   Peter Menzel
p. 150   Louis Villota
p. 154   Peter Menzel
p. 160   Carl Frank
p. 162, 165   Dorka Raynor
p. 169   Carl Frank – Photo Researchers
p. 172   Peter Menzel
p. 176   John Drake – Photo Researchers
p. 181   By courtesy of the Spanish National Tourist Office
p. 187   Nat Norman – Photo Researchers
p. 192, 197   Dorka Raynor
p. 203   Alinari – Scala
p. 206   Nicholas Sapheia – Stock, Boston
p. 213   Helena Kolda – Monkmeyer
p. 217   By courtesy of O. A. S.
p. 218   Katrina Thomas – Photo Researchers
p. 223   Josef Koudeka – Magnum
p. 229   Lee Boltin
p. 231   James Motlow – Jeroboam
p. 232   (both) Ernest Lowe – B. B. M.
p. 244   Peter Menzel – Stock, Boston
p. 247   Peter Menzel
p. 249   Victor Englebert
p. 250   Carl Frank
p. 254   Yoram Lehman – Peter Arnold
p. 260   George Holton – Photo Researchers

p. 262   Lee Boltin
p. 263   left, Carl Frank; right, Peter Menzel
p. 264   Carl Frank
p. 265   Lee Boltin
p. 266   Frank Siteman – Stock, Boston
p. 269   Photo Mas
p. 272   Romano Cagnoni – Magnum
p. 277   Carl Frank
p. 282   top right, Dorka Raynor
p. 289   Peter Menzel
p. 299   Dorka Raynor
p. 306   "¡Que Valor!" from *Los desastres de la guerra,* Goya (mm13446 p. 128); By courtesy of the Metropolitan Museum of Art
p. 307   "Y no hay remedio" from *Los desastres de la guerra,* Goya (mm2212 p. 128); By courtesy of the Metropolitan Museum of Art
p. 308   "El sueño de la razon produce monstruos" from *Los Caprichos,* Goya (mm2149 p. 837); By courtesy of the Metropolitan Museum of Art.
p. 312   Leo Touchet – Photo Circle
p. 316, 318   Victor Englebert
p. 322   Bruce Davidson – Magnum
p. 323, 328   Peter Menzel

p. 330   Carl Frank – Photo Researchers
p. 333   Peter Menzel – Stock, Boston
p. 334   Peter Menzel
p. 335   Magnum
p. 342, 347, 349   Victor Englebert
p. 355   top, George Holton – Photo Researchers; bottom, Lee Boltin
p. 356   Peter Menzel
p. 367   Bettmann
p. 369   Robert Frerck
p. 372   Oscar Buitrago
p. 383   Victor Englebert
p. 391, 397   Louis Villota

Photographs by Archie Lieberman

Pages 5, 6, 11, 17, 22 (bottom), 27, 39, 42, 43, 49, 54, 63, 75, 78, 85, 90, 106, 110, 120, 126, 127, 129, 139, 143, 157, 161, 179, 184, 188, 194, 219, 220, 236, 240, 257, 275, 282 (top left, bottom), 296, 300, 310, 340, 363, 377, 386, 394, 395.